青年引领城市气候行动

青年引领城市气候行动

城市，让生活更美好
Better City, Better Life

上海手册

21 世纪城市可持续发展指南 · 2024 年度报告

SHANGHAI
MANUAL

A Guide for Sustainable Urban Development
in the 21st Century · 2024 Annual Report

联合国人居署 国际展览局 上海市人民政府 主编
中华人民共和国住房和城乡建设部 支持

序一

如何激发城市的绿色经济潜力、吸引年轻人参与以推动绿色增长？青年在转变人们对气候变化的基本信念和行为模式以建立社区气候意识的过程中扮演着什么角色？科技和数字创新在推动青年领导的气候行动中发挥何种作用？今年的《上海手册：21世纪可持续城市发展的指南·2024年度报告》（简称2024版《上海手册》）旨在解答上述诸类问题，力求为世界各国的城市决策者们呈现可扩展的解决方案。

2024版《上海手册》是联合国人居署、国际展览局和中华人民共和国上海市人民政府之间多边合作的成果。本手册围绕2024年世界城市日年度主题"青年引领城市气候行动"，聚焦世界各国城市在经济、社会、环境、文化、治理和国际合作等领域的最佳实践，并特别关注青年领导城市气候行动中的科技和数字创新。此外，本手册还介绍了2024年全球可持续发展城市奖（上海奖）获奖城市的最佳实践。

在全球城市区域面临空前严峻环境挑战的当下，青年、雄心勃勃的创新人士和变革者成为应对气候危机的关键力量。为了动员年轻一代、释放他们的能力，城市必须为青年赋能，让他们行动起来，加入应对气候变化的斗争。

2024版《上海手册》展示了各国城市为青年领导的气候行动扫除障碍的创新举措。通过最佳实践的展示，强调了发挥青年领导作用以采取紧急气候行动的必要性。本报告呈现了18个来自不同地区的案例研究，并提出了23项重要政策建议，为城市决策者加快可持续城市发展提供了宝贵的参考。

我对2024版《上海手册》的出版表示最热烈的祝贺，并鼓励合作伙伴深入阅读并反思本报告中的案例。我相信，这份报告将为城市领导者和利益相关者提供实用的指导和灵感，助力城市在气候行动、可持续城市化，以及实现2030年可持续发展议程和新城市议程中发挥潜力。

阿纳克劳迪娅·罗斯巴赫
联合国副秘书长、人居署执行主任

序二

在全球城市化进程加速的背景下，城市处在应对气候变化挑战的最前沿。作为空前繁华的经济舞台和文化中心，城市为了更加美好的明天，需要践行可持续发展理念。

2010年上海世博会以"城市，让生活更美好"为主题。其间，城市对促进社会、经济和技术进步的重要性得到了广泛认可。上海世博会聚焦于改善城市生活，并强调了加强教育、提高意识与赋能青年三大关键要素对推动可持续发展的关键作用。来自数百个国家的代表齐聚中国，共同创想新的城市生活形态，交流如何打造出以健康、可持续和社区精神为本的未来城市。

作为上海世博会的重要遗产，《上海手册：21世纪城市可持续发展指南》（简称《上海手册》）汇集了来自现实生活的城市政策、实验和惯例的优秀实践案例。本手册在中华人民共和国住房和城乡建设部的支持下，由国际展览局、联合国人居署、上海市人民政府联合主编，为塑造更加宜居和可持续的城市提供了重要资源。

以"青年引领城市气候行动"为主题，2024版《上海手册》将目光聚焦于城市化、气候行动与青年领导力三者交汇的领域。今天，青年所作的选择将对未来产生深远的影响。凭借其独特优势，青年能够推动创新，提供可扩展和可推广的解决方案，来创建具有可持续性和包容性的城市。他们的积极参与对于应对当前挑战以及为子孙后代塑造更加绿色的城市而言至关重要。

在历年版本中可资借鉴的知识与经验基础之上，2024版《上海手册》阐明了青年引领的气候行动对在全球城市层面产生实际影响的重要性。该版手册中着重介绍的突出贡献和案例研究强调了跨部门合作的重要性，并强调了鼓励市民参与城市决策的必要性，以此赋能青年参与气候行动，构建更具韧性的城市系统。

后文章节介绍了城市可采取的一系列行动策略，采用这些策略可以打造一个能让年轻人以变革者的姿态茁壮成长的环境。这些策略不仅可确保青年主导的创新和理念得到重视，还能在地方层面得到落实。在2010年世博会合作精神的鼓舞下，这些案例研究和政策建议为城市应对气候危机的复杂性提供了路线图，同时赋能新一代领导者建设更可持续、更具韧性的未来。

借助当代青年的活力、创造力和坚定决心，我们有能力将城市打造成安全舒适的生活和工作场所，并为构建一个具有可持续性和包容性的未来奠定坚实基础。

迪米特里·科肯彻斯
国际展览局秘书长

致谢

本年度报告的编撰得益于众多人士的贡献。

感谢联合国人居署执行主任阿纳克劳迪娅·罗斯巴赫女士对《上海手册》年度报告修编工作的关心与支持，同时感谢前执行主任麦慕娜·莫哈德·谢里夫女士积极促成《上海手册》年度报告作为践行联合国《2030可持续发展议程》和《新城市议程》工作文件的帮助和努力。感谢联合国人居署区域项目司的杨榕、塞缪尔·吉列特、陈思齐三位专家和编辑斯蒂芬妮·布里格斯的辛勤付出。感谢联合国人居署亚洲及太平洋区域办事处、非洲区域办事处、印度国家办公室、欧盟办公室，以及全球解决方案司提供案例支持并审稿。

感谢国际展览局迪米特里·科肯切斯秘书长、安托万·布迪克斯先生及其团队对《上海手册》及年度报告的修编工作给予的一贯支持与帮助，使"城市，让生活更美好"的上海世博会精神借由《上海手册》及年度报告的发布持续发扬。

感谢中华人民共和国住房和城乡建设部领导与同仁在本年度报告的编写与评审中给予支持并提供建议。

感谢上海市委书记陈吉宁，上海市人民政府龚正市长、张小宏副市长、王为人副秘书长对本年度报告撰写工作的大力支持和关怀。同时，向时任上海市建设交通工作党委书记、时任上海市住房和城乡建设管理委员会主任胡广杰，上海市住房和城乡建设管理委员会副主任金晨、总工程师刘千伟、综合规划处处长彭波及副处长丁建，上海世界城市日事务协调中心党支部书记徐骞、主任成键、副主任龚樱，以及王婵雅、荣煜、毛颖娟、贺甜甜等参与人员在本年度报告编写与协调工作中付出的努力深表谢意。

上海世界城市日事务协调中心组织了多个专家团队参与本年度报告各章节的编写工作。各团队的领衔专家（按照章节顺序）分别是：联合国环境规划署－同济大学环境与可持续发展学院王信副院长；上海国际问题研究院于宏源研究员、朱云杰博士；华东师范大学城市发展研究院院长曾刚教授、朱贻文副教授；复旦大学于海教授，同济大学钟晓华副教授；同济大学可持续发展与管理研究所陈海云博士；上海图书馆（上海科学技术情报研究所）杨荣斌研究员、盛阳助理研究员；同济大学党委副书记彭震伟教授、陈晨副教授。其中，彭震伟教授作为首席专家负责本报告的主题演绎和框架设计。同时，我们希望借此机会向参与本报告各章节撰写的团队成员所作出的杰出贡献，表达最衷心的感谢与诚挚的敬意。

本书的编审工作还得到了上海市人民政府发展研究中心的大力支持。特别感谢中心主任祁彦、副主任濮海虹，城市研究处处长史晓琛、副处长柴慧提出的宝贵专业意见。这些意见极大地提升了本书的质量。

最后，感谢本书的出版单位上海科学技术出版社和翻译单位上海译国译民翻译服务有限公司为本书文稿所做的严格细致的工作！

目录

第一章　总论 ··· 1

第二章　第二届全球可持续发展城市奖（上海奖）获奖城市
　　　　最佳实践案例 ··· 11

引言 ··· 13
摩洛哥阿加迪尔 ··· 14
卡塔尔多哈 ··· 21
墨西哥伊斯塔帕拉帕 ··· 29
澳大利亚墨尔本 ··· 37
印度特里凡得琅 ··· 43

第三章　青年共享的国际交流合作平台 ······························· 51

引言 ··· 53
参考案例 ··· 54
越南胡志明市：基于城市政府与国际组织合作的青年气候治理多维度参与 ··· 54
南南合作环境与可持续发展能力建设 ································· 61
印度 Prajatantra：国家层面的城市治理青年节 ······················ 66
意大利罗马：Youth4Climate——"点亮解决方案的火花"活动 ··········· 70
阿拉伯联合酋长国迪拜：第二十八届缔约方大会（COP 28） ············ 72
政策建议 ··· 73

第四章　青年力量推动气候行动与经济绿色发展 ·············· 75

引言 ·············· 77

参考案例 ·············· 79

南非约翰内斯堡:"源头分类计划"向回收经济转型 ·············· 79

中国昆明:"青年合伙人"提升翠湖公园生态价值 ·············· 82

巴西里约热内卢:"我们的花园"创造城市绿色空间 ·············· 87

尼日利亚拉各斯:妇女和青年赋权回收计划(RESWAYE) ·············· 92

中国九江:柴桑区青年友好型低碳公园社区建设 ·············· 93

政策建议 ·············· 95

第五章　青年引领促进社会凝聚和包容 ·············· 97

引言 ·············· 99

参考案例 ·············· 100

中国南宁:社区议事支持下的青年引领"社区低碳建造行动" ·············· 100

肯尼亚内罗毕/坦桑尼亚达累斯萨拉姆:DARAJA——共同设计城市非正式住区的天气和气候信息服务 ·············· 106

中国上海杨浦:青年与街区共荣——长白228街坊的可持续更新实践 ·············· 110

中国香港:绿汇学苑——历史建筑绿色转型,引领低碳生活方式 ·············· 116

摩洛哥马拉喀什:Pikala自行车——通过生态导游培训 ·············· 118

政策建议 ·············· 119

第六章　青年参与低碳与韧性城市建设 ·············· 121

引言 ·············· 123

参考案例 ·············· 124

英国利物浦：城市绿化倡议 124
中国香港：安达臣道石矿场用地发展 129
中国上海徐汇：厚植绿色、生态惠民——徐汇共治共享高品质口袋公园 133
印度尼西亚万隆：青年气候行动倡导计划 138
政策建议 139

第七章 青年传承与创新低碳文化理念 141

引言 143
参考案例 144
荷兰阿姆斯特丹："时尚向善"行动 144
希腊哈兰德里：Cultural H.ID.RA.N.T 倡议——利用文化遗产实现蓝绿城市再生 150
中国成都：麓湖公园社区的青年力量 155
新加坡：Youth4Climate 节 162
"我们的未来"（Future Yetu）项目：以数字叙事手段参与社区气候行动 163
政策建议 165

第八章 青年建设城市与社区共治平台 167

引言 169
参考案例 170
阿根廷布宜诺斯艾利斯：布宜诺斯艾利斯气候行动平台——推动市民主导的城市气候行动 170
美国洛杉矶："市长气候行动青年委员会"（MYCCA） 174
秘鲁利马："利马青年行动"——促进青年参与地方治理 176

肯尼亚蒙巴萨：沿海城市社区基于青年主导的红树林生态系统

　　韧性和气候适应行动 ………………………… 179

政策建议 ……………………………………… 185

第九章　青年领导的城市气候行动中的科技与数字创新 …………… 187

引言 …………………………………………… 189

运用智能数字技术和绿色技术推动城市气候行动 …… 189

智能数字技术在构建气候友好型城市中的作用 …… 189

整合绿色技术，保障城市的可持续未来 …………… 191

荷兰阿姆斯特丹市：Energiesprong 项目 …………… 192

巴西库里提巴市：太阳能金字塔项目 ……………… 193

支持青年城市创新者开展绿色教育、培训和创业 …… 194

发展包容青年的绿色职业道路 ……………………… 194

"青年代理市场"（Youth Agency Marketplace）…… 195

支持青年主导的绿色创业和创新 …………………… 196

数字化弥合城市与青年之间的鸿沟 ………………… 198

爱沙尼亚塔林市：克林迪公园（Klindi Park）项目

　　——整合数字公民参与解决方案 ………………… 199

结论 …………………………………………… 203

第一章 总论

引言[1]

城市处于气候变化的最前线。作为知识与创新的中心，它们也是应对气候不利影响和推动富有雄心的气候行动的主要力量。尽管年轻人和未来世代将首当其冲地承受气候变化带来的影响，但现在，他们在推动本地行动及创造全新的创新气候解决方案中起到了主导作用。城市作为变革的引擎，亟需促进包容性气候行动，将了解和倾听青年气候创新者的想法和声音纳入本地决策过程。为呼应2024年世界城市日主题"青年引领城市气候行动"，《上海手册》详细阐述了当代推动本地气候行动的城市发展实践，特别关注了青年主导的行动。此外，2024版《上海手册》还强调了全球范围内提高青年城市气候行动影响力的机遇与挑战。

除此以外，本手册还介绍了第二届全球可持续发展城市奖（上海奖）的5个获奖城市的实践，剖析了涵盖国际合作、经济、社会、环境等领域的18个核心案例，并从中提炼出二十多项可借鉴的政策建议，为包括市长、市政府、城市规划师和政策制定者在内的全球城市行动者提供参考，以支持和推进青年领导的城市气候行动。与此同时，本手册还探讨了科技和数字创新在赋能青年推动城市气候行动中的潜力。

时代背景：在城市气候行动中为青年赋能

气候变化无疑是21世纪最为复杂的挑战之一。《联合国气候变化框架公约》（United Nations Framework Convention on Climate Change，简称UNFCCC），以及《巴黎协定》（Paris Agreement）呼吁全球共同努力，将全球平均气温较工业化前水平的增幅控制在1.5℃以内。虽然各国已做出承诺，但实际的气候行动距实现这一关键目标仍存在巨大差距。国际能源署（International Energy Agency，简称IEA）报告显示，2023年全球二氧化碳排放量创下历史新高，仅能源相关的碳排放就高达374亿吨，显示了国际社会面临的挑战有多么严峻。

随着全球70%的城市采取行动应对气候变化，现代社会跨入了一个充满活力但错综复杂的新时代[2]。在气候变化加剧城市不平等和脆弱性的背景下，通过整体的代际团结加速本地行动变得尤为重要。在这个前所未有的时代，潜力无限的青年群体充当着创新创造者和变革推动者的角色，他们雄心勃勃且数字素养良好，拥有应对气候变化的坚

---

[1] 本章由联合国人居署撰写。
[2] 联合国亚洲及太平洋经济社会委员会。URL: https://www.unescap.org/sites/default/d8files/event-documents/Concept%20Note_Youth-Led%20Digital%20Innovations%20for%20Sustainable%20Development%20and%20Climate%20Action%20in%20Asia%20and%20the%20Pacific%20_1.pdf.

定决心。正如联合国秘书长安东尼奥·古特雷斯（António Guterres）所言："在联合国及更广泛的环境中，青年参与的广泛性、多样性和有效性对推进人权发展、应对气候危机，以及实现可持续发展目标至关重要。"

在全球城市化背景下，城市是青年人口最集中、发展最活跃的地区。一方面，青年群体思想开放，富有创造力，渴望为城市面临的挑战贡献自己的力量。更难得的是，他们深知气候变化不仅仅是环境危机，更关乎社会公正。因而，许多青年已经把可持续发展观和气候意识融入自己的核心价值观并积极践行，带领周边群体乃至全社会共同开展气候行动。另一方面，虽然青年群体通过集会、宣传活动，以及艺术表达等形式强调气候变化挑战的严峻性，但往往地方在作出气候变化决策时并不倾听青年的声音。青年主导的倡议经常不受重视，缺乏支持。从这个角度来说，城市未充分利用青年的独特能力和开创精神，反过来也会阻碍自身应对气候变化取得积极进展。如果在气候谈判桌上为青年保留一席之地，他们独到的认知和想法可以为有关政策和活动的形成提供重要见解。因此，为青年提供更多增强影响力的机会并将他们视为解决气候问题的重要合作伙伴，是十分必要的。

联合国青年战略（UN Youth Strategy）、《巴黎协定》中强调的包容性气候行动，以及可持续发展目标（Sustainable Development Goals，简称SDGs）等一系列国际框架和承诺均支持青年参与其中，使青年参与气候行动的重要性进一步加强。青年主导的倡议有助于将全球气候目标本地化，让世界意识到，尽管气候变化是一个全球性问题，但有效的应对往往需要从地方开始行动。因此，赋予青年成为合格的气候行动领袖的能力，对形成集体影响力和提供气候变化解决方案至关重要。为了提高各国城市管理者对将青年纳入城市气候行动进程必要性的认识并推动这一进程，本手册不仅介绍了城市为推动可持续发展而实施的更广泛的气候行动，还汇集了青年主导的多样化的地方气候行动与倡议。手册通过提出主动应对气候变化的解决方案，鼓励地方层面的绿色转型，并提升青年在气候行动中成为关键力量的潜力。

手册结构与亮点

在上述背景下，城市亟需采取行动来推动包容性的气候策略，并在地方行动中有效地吸纳青年力量。为此，2024版《上海手册》展示了能够帮助不同城市实现这一目标的重要举措。手册呈现了国际合作、经济、社会、环境等发展关键领域的前瞻性实践，为每个领域提供了若干具有参考价值的案例，力求为城市决策者提供借鉴和灵感。手册还提出了一系列经过深思的政策建议，以支持城市推动变革性转型。此外，考虑到科技与数字化的加快发展在城市可持续发展转型中的重要作用，手册设置了一个特别章节，深入探讨科技与数字创新如何在青年主导的气候行动中发挥催化剂作用，来提高气候解决方案质量并促使青年参与地方气候行动。

2024版《上海手册》分为9章，包括总论（本章）、案例篇（第二章至第八章）和特别篇（第九章）。案例篇按照先综合全局性案例、再分领域案例的逻辑编排，从全球、城市、街道、社区的不同空间层次实现了从宏观战略到微观实践的全覆盖。案例篇以第二届全球可持续发展城市奖（上海奖）获奖城市开篇，这些城市在实施《2030可持续发展议程》和《新城市议程》方面取得了显著进展和成就。其后的6个主题章节分别从国际合作、经济、社会、环境等维度，汇集了城市可持续发展优秀实践案例。其中，每个案例研究分为3个部分：（1）案例背景，介绍所涉及的城市或社区相关社会和历史环境，以及影响和制约可持续发展的主要因素，阐明案例需要解决何种问题。（2）实践过程，介绍已运用的应对挑战的政策和措施，及这些措施对城市可持续发展产生的影响。（3）经验借鉴，既总结成功经验，也适当指出不足和改进方向。每个主题章节还结合本章的议题设置和参考案例，提出相应的政策建议。最后，特别篇通过探讨科技与数字创新在青年主导的城市气候行动中发挥的作用，对手册主题进行补充论述。

第二章：第二届全球可持续发展城市奖（上海奖）获奖城市最佳实践

本章介绍了2024年第二届全球可持续发展城市奖（上海奖）的获奖城市：摩洛哥阿加迪尔、卡塔尔多哈、墨西哥伊斯塔帕拉帕、澳大利亚墨尔本，以及印度特里凡得琅，它们在全球可持续城市发展中作出了杰出贡献。阿加迪尔市大力开展可持续的水资源管理，在建造绿色基础设施方面成效显著，通过社区行动计划积极动员市民参与城市治理，在实现可持续发展的同时促进了社会公平。多哈市在经济迅猛增长和快速城市化背景下，通过一系列政策和行动计划实现可持续发展目标，致力于成为以高质量教育、高端商业和科学研究为中心的国际城市。伊斯塔帕拉帕市通过可持续的城市转型，成为所有市民的人权都得到充分尊重和保障的地方。墨尔本市将公平与包容作为行动的核心原则，打造了一座机遇之城，确保不让任何人掉队，以加速实现可持续发展目标。特里凡得琅市通过智慧城市计划推动绿色交通和智能基础设施建设与可再生能源利用，创建了一个环境友好、社会包容的可持续发展城市典范。

第三章：青年共享的国际交流合作平台

青年在支持地方气候行动中扮演着关键角色，具有通过创新气候解决方案推动城市转型的潜力。尽管国际知名气候组织愈加重视青年的诉求，青年积极参与决策过程，但许多来自边缘化社区的声音仍然往往被忽视。这一现象在全球南方和发展中国家的弱势社区中尤为明显。本章聚焦了国际合作，强调了为来自不同地区和背景的青年群体建设气候平台的重要性。这些平台是帮助青年在全球气候行动中交换知识、分享观点及解决问题的重要手段。此外，本章也讨论了多维度的青年参与、南南合作、节庆活动、专题会议，以及联合国为建立服务于青年主导气候行动的平台所进行的高级别活动等内容。与此同时，本章旨在鼓励全球青年展示他们在气候行动中的作为和决心。首个案例展示了胡志明市通过地方政府与国际组织的合作，在气候治理中实现了多维度青年参与，并强调了青年参与、动员及能力建设对于将青年个体的行动转化为持续的地方气候治理贡献的重要性。第二个案例介绍了联合国环境规划署-同济大学环境与可持续发展学院借助南南合作在全球环境治理中取得的成效，并呈现了通过技术转移和政策实施开展能力建设的方法。最后，本章介绍了印度全国青年节"Prajatantra"。该节日旨在提高青年在地方治理与决策过程中的参与度，借此提升各自治市内青年的能力，从而为地方气候行动作出贡献。

第四章：青年推动经济增长与绿色转型

向绿色经济转型已成为城市和当地政府共同的根本目标。在此共识下，绿色创新与环境可持续的经济活动意在推动长期经济繁荣，同时维持环境完整性与再生性。作为绿色增长的强劲引擎，青年是进入绿色产业和就业市场的新生力量，是在绿色经济转型中进行创新和推动变革的关键角色。绿色经济发展与气候行动之间的共生关系密不可分，绿色产业的进步与扩张将促进气候导向型技术的发展，并有助于催生更多的气候韧性城市。本章探讨了可持续的城市经济战略，以及青年进入绿色就业市场并通过创新经济活动推动绿色增长和气候行动的潜力。首个案例研究、分析了约翰内斯堡推行的"源头分类计划"。该计划持续推动着当地的可持续废物管理，目的是于该市范围内广泛推行循环经济。第二个案例研究着眼于中国云南省昆明市翠湖公园的恢复工作，强调了年轻研究人员和大学在环境再生和生态旅游双赢策略方面所起到的作用，以此展示如何可持续地利用城市公园的经济效益。最后一个案例介绍了里约热内卢的"我们的花园"（Coletivo Nosa Horta）项目。该案例展现了青年对城市农业和社区发展的贡献，如为当地居民提供经济支持。

第五章：青年促进社会凝聚和包容发展

作为城市生活的核心组成部分，社区构成了城市的基本结构。其中，青年人口占据了社区人口的较大比例。赋能青年在地方社区中积极推动变革，有助于发挥他们的知识和独特见解，为城市和自治市带来积极的转型。尤其值得关注的是，年轻一代对气候行动的坚定承诺，使他们能够对气候意识行为的改变施加影响，并引导更广泛的社会走向环境可持续的行动。基于这些可能性，本章评估了城市如何利用青年推动可持续转型，以响应地方层面积极的气候行动。首个案例展示了南宁市的低碳基础设施发展所产生的影响。青年与当地社区合作，在老旧住宅区实施低碳改造措施，促进以提高气候韧性为目的的城市更新。第二个案例探讨了"DARAJA"项目，该项目在内罗毕和达累斯萨拉姆的非正式定居点积极推动当地社区和青年开展合作，提升当地居民对气候相关极端天气影响的意识，并增强当地应对极端天气的韧性。第三个案例展示了上海市杨浦区长白街道228街坊。年轻的专业人士在遵循可持续原则的前提下，正利用低碳技术修复和改造城市中衰败的社区，将其转变为充满活力的社区中心。

第六章：青年参与低碳与韧性城市建设

前沿气候技术的发展为城市提供了测试与应用新的低碳、气候韧性解决方案的关键机会。尽管基于自然的解决方案和生态气候行动策略的多重效益广为人知，但它们在城市发展战略中的实施进度仍然滞后。通过将自然重新融入城市环境，并在规划和设计中优先考虑生态原则，城市能够重新构想未来，成为高质量的宜居与工作场所。本章讨论了城市如何整合创新的生态解决方案，并探讨了青年在推动可持续环境治理中所扮演的角色。首个案例展示了利物浦的"URBAN GreenUP"项目。这一试点计划通过采用基于自然的创新解决方案，解决因暴雨洪涝和热应激上升带来的局部气候影响。此外，本章还介绍了香港安达臣道石矿场的转型。该项目通过建设绿色基础设施建设，将这一旧采石场转变为一个集合住房、商业和休闲设施为一体的生态社区。最后一个案例展示了空间规划在有效实施城市绿化中的价值，其中上海徐汇区口袋公园与住宅单元的共建模式为土地稀缺的特大城市树立了典范。

第七章：青年传承与创新低碳文化理念

文化在塑造低碳价值观中扮演着关键角色，并具备将全球气候目标与本地化解决方案联系起来的巨大潜力，以此推动可持续行为的普及来加速气候行动。作为变革的关键推动者，青年能够将低碳行为与当代宣传策略进行结合，增强公众意识，并有效影响应对气候变化的本地行动。本章探讨了青年如何在城市社会中推广绿色文化，利用多样的文化和艺术表达形式，强调气候行动的重要性，开创全新的可持续发展叙事，并将文化作为鼓励更多人参与气候变化的手段。本章还探索了青年如何将传统知识与现代知识相结合，促进跨代参与气候行动，推动绿色文化在城市生活中的普及。首个案例介绍了阿姆斯特丹的"永续时尚"（Fashion for Good）倡议。该倡议旨在吸引青年参与低碳时尚，并推广行业可持续实践以支持环境可持续性。第二个案例介绍了希腊查兰德里市的文化 H.ID.RA.N.T 项目，该市政府通过利用水资源遗产，将推动文化遗产主导的再生作为蓝绿城市复兴计划的一部分。最后一个案例展示了成都簏湖公园社区如何有意识地将自然生态系统融入城市生活，及社区基金会如何赋予青年推动本地生态保护的能力，并确保其环境管理措施与可持续城市发展策略保持一致。

第八章：青年建设城市与社区共治平台

包容且公平的城市治理对实现地方层面决策权的均衡分配至关重要，对于将青年有效融入地方行动进程也至关重要。包容的城市政策和高效的城市管理平台是消除青年参与障碍的关键措施，也是保证良好治理的重要手段。此外，城市应支持并培养青年在气候变化项目中的领导力，充分发挥青年在推动环境积极变革中的潜力。因此，本章从数据、政治与市民参与及气候治理的角度，介绍了多项旨在赋权青年参与地方气候行动的市政策略。首个案例介绍了布宜诺斯艾利斯气候行动（Buenos Aires Climate Action）平台，该开放数据数字平台促进了以市民为中心的城市治理方式，使气候变化信息可以自由获取。此外，本章还分析了利马青年行动倡议。借助该倡议，利马市致力于扩大城市青年在地方治理中的政治和公民参与权利。最后一个案例展示了蒙巴萨范围内由青年主导的基于生态系统服务的气候行动创新实例，并重点介绍了当地青年创立的"大船社区组织"（Big Ship Community-Based Organization），该组织促进了红树林生态系统的保护和恢复，而该努力则是当地应对气候变化的适应战略。

第九章：青年领导的城市气候行动中的科技与数字创新

第九章分析了技术和数字工具在推动青年主导的城市气候行动中所具备的潜力，也探讨了绿色和智能数字技术在帮助城市采取果断气候行动方面所带来的机遇，以及年轻人如何利用这些技术制定新的气候解决方案，并促进气候敏感型城市发展。本章还强调了教育和培训的重要性，以使年轻一代能够有效利用新技术和数字创新来推动有效的气候行动。与此同时，本章还突出了营造利于扶持本地绿色创业营商环境的价值所在。鉴于城市与年轻人之间存在的隔阂，本章进一步探讨了数字平台和网络在赋能青年和将其纳入市级决策中的价值和作用。

案例选取及原则

本手册介绍的案例在各自主题领域内，对推动本地气候行动，以及城市可持续发展作出了杰出表率。本手册内的案例遴选基于以下六项主要标准：（1）案例被公认为最佳实践。（2）使用创新手段。（3）致力于推动气候行动，特别是关注将青年纳入至本地的气候行动进程之中。（4）对实现气候韧性和环境可持续城市和社区的贡献。（5）具备在其他城市中进行复制和扩展的能力。（6）对气候行动的整体影响（表1.1）。

解决方案：为青年融入城市气候行动制定前瞻的计划

城市作为气候行动的先锋，需要激发青年的活力和洞察力，捕捉他们对气候变化的独特视角，来提出创新的解决方案。全球众多年轻人对气候问题有着敏锐的认识，并在推动地方气候治理方面发挥着关键作用，但他们的全部潜力尚未得到充分挖

表1.1 案例遴选标准

标准	描述
权威性	案例在其各自的主题领域内，对城市可持续发展作出了卓越贡献。其中的行动通过数据驱动型证据得到强化，确保成果的可信度。案例被国际社会广泛认可为最佳实践，例如：获得权威组织或著名奖励计划的奖项、被官方网站或出版物推荐、被收录进国际期刊等。然而，对于正在进行的项目，这一要求并非具有强制性
创新性	鉴于气候变化正为城市带来更为复杂的挑战，本地创新对于推动气候行动和可持续城市化变得愈发关键。案例展示了在青年主导的气候和本地行动及城市可持续发展中的创新方法。规划、设计、政策和治理领域的创新可能涉及但不限于基础设施发展、城市管理策略、物理规划和设计、技术、数字和社会创新，以及社区参与和合作方式、政策方针和伙伴关系建设等各个主题领域
可持续性	案例在其各自的主题领域内整合了有助于可持续城市化的原则，支持再生和敏感型城市发展策略。案例为全球模范城市实践的知识库作出了贡献，有助于推动与本手册总体主题一致的可持续城市化进程
包容性	案例促进了包容性城市发展，例如：通过在决策和行动中考虑性别、年龄和/或未被充分代表、边缘化群体。案例积极促进了社会和性别平等，从而提高了对边缘化城市居民的公平性和包容性
可推广性	案例展示了可在不同城市环境如不同的物理规模、人口、环境和文化中进行推广的举措、策略、模型。在这方面，案例的可推广性体现于在不同地理或文化城市环境中具备的可扩展性和可转移性，或取决于是否便于其他城市和市政当局进行推广
时新性	案例展示了在过去五年内在各自领域内的影响，如通过数据或直接经验证明。尽管实践的实施可能需要数年时间才能取得结果，但案例应实时更新其积极影响和所获经验

掘。面对日益复杂和严峻的气候影响，城市必须紧急行动起来，为青年提供充分的舞台，让他们在塑造城市化未来的道路上发挥引领作用。通过建立广泛的全球气候行动网络，动员青年并发起战略性气候行动。这也进一步强调了实施包容性方法以增强青年在气候进程中的能力的重要性。2024版《上海手册》重点介绍了城市和社区为提升青年在地方一级行动中的行动能力和影响力而采用的各种有影响力的解决方案。

国际合作反映了一种核心机制。这种机制有助于在世界各地的城市气候行动中扩大青年的声音和影响。城市有能力通过国家之间和城市之间的对话交流、国际谈判、气候进程等手段，以及社交媒体平台等工具，提高青年的代表性和显示度，从而促进青年的融入。多层次和多部门的能力建设计划可以支持城市在地方层面更好地增强青年气候行动的能力，而气候技能培训、学术交流、实习和就业等手段也可以将青年纳入气候变化进程的核心。通过支持动员青年成为气候变化领域的主动且敏捷的行动者，城市可以从青年群体的创新和想法中获益。

通过将青年纳入绿色经济，城市不仅能够扩大其产业的可持续发展，还能推动气候适应性经济的发展。随着新一代年轻人加入劳动力市场，他们在推动绿色就业、发展气候友好型经济和促进地方经济繁荣方面扮演着至关重要的角色。政府提供的资金支持、技术培训和制定的支持性政策，都是激励青年在可再生能源、绿色技术，以及绿色增长研究等领域采取行动的关键因素，这些行动反过来能够进一步促进城市的经济繁荣。绿色就业市场的扩张为城市提供了实现绿色转型的重要机遇，其中循环经济模式为城市带来了推动经济长期增长的新途径，并最大限度地减少了对环境的负面影响。通过鼓励青年参与循环经济，城市能够培养出一批致力于生态友好型经济发展的新一代领导者。

作为城镇体系的基本组成部分，城市可以借助社会集体的力量，推动本地采取有力的措施来应对气候变化。当社区成员，尤其是青年成为变革的积极推动者时，城市便有了利用他们的智慧、创新精神和创意的动力。专注于青年的项目、公私合作，以及与企业、基金会和社会组织的合作，都是支持基层气候变化项目的力量，它们能够利用青年和社区成员的集体智慧，提升公民在地方行动中的参与度。青年是提高对严重气候影响的认识、增强风险意识和地方适应能力的关键，他们参与社区服务，如减少灾害风险的工作，对建立更具韧性的城市社会至关重要。如果青年领袖能动员地方资源，为气候变化做好准备，他们就能增强社区的凝聚力，为社区的长期可持续性作出重要贡献。

对城市发展需要与自然相协调的认识推动了传统的灰色基础设施向绿色基础设施的转型，为实现绿色和气候韧性的城市化提供了宝贵机遇。其中，基于自然的解决方案不仅有助于城市将可持续发展纳入自身发展蓝图，还能作为应对气候变化的工具，减少污染和灾害风险，同时促进生物多样性和生态平衡、改善城市环境、提升居民的生活品质。在全球许多地区城市化步伐加快的背景下，优化土地利用变得尤为关键。可持续的空间规划和多用途设计，可以最大限度地提高土地使用效率，同时保护和提升生态质量。城市绿地的多功能开发，作为可持续城市化的重要组成部分，不仅有助于抵御气候变化，还可以为创造高质量的公共空间提供途径，可以为城市带来显著的益处。随着青年一代越来越倡导环境的长期可持续性，包容性的城市政策将使城市和地方政府能够倾听青年的声音，从而帮助塑造一个更可持续和具有更高功能性的未来城市环境。

尽管地方文化元素与城市气候变化之间的联系尚未被充分理解，但它们在影响地方气候行动方面扮演着至关重要的角色。文化是构建与当地社区共鸣的气候叙事的关键，它将历史文化习俗与环境挑战紧密相连，为创造持久的解决方案提供了灵感。物质遗产和非物质文化遗产这些常被忽视的宝贵资产，为城市应对气候挑战提供了独特的工具。例如：古老的水管理系统可以与现代气候变化战略相结合，传统知识和建筑实践可以与现代工程技术相融合，共同促进城市结构的可持续性与复原力。城市可以将其丰富的文化遗产，作为教育年轻一代关于气候变化和抗灾能力的信息工具，推动当地气候行动的发展。增加青年学习和掌握绿色技能的机会，可以进一步加速气候行动，并在年轻一代中培养新的方法来实现文化态度的转变。建立气候行动创新与合作平台，以及绿色技能交流系统，可以支持青年专业人员将气候友好的做法融入他们的工作和日常生活中。此外，通过数字媒体和社区项目，青年可以将文化保护与气候工作相结合，从而增强气候复原力。例如绿色社区重建和文化节等活动不仅提高了青年的环境意识，还激励了青年在低碳生活和气候行动中发挥积极作用。

城市在转型过程中还必须致力于改变城市治理结构，赋予青年在地方气候行动中的领导角色。通过将青年参与机制纳入地方治理体系，城市可以更好地释放青年在应对气候变化方面的潜力。例如：青年理事会、参与式预算编制和咨询委员会等包容性治理结构，能够使青年积极参与决策过程，确保他们在气候政策制定中的声音被听到。将青年纳入地方治理，不仅能让他们的创新精神、活力和数字技能得到发挥，还能推动从社区适应项目到生态系统监测的一系列可持续解决方案落地。这样的变革不仅提升了青年的领导能力，还增强了社区的参与度，构建了更具韧性的治理模式。例如：由青年领导的非政府组织和社区倡议可以引导公众参与环境保护，并通过技术培训和网络支持为青年创造就业机会。城市还可以通过提供城市治理方面的实践经验，加强导师指导和研讨会的利用，同时通过有针对性的资金支持、开放的数据政策，以及与私营企业的合作，加大对青年主导的生态项目的支持力度，从而激发更多的创新，推动对气候变化采取更有影响力的本地行动。

随着城市中心不断面临去碳化和推动地方气候行动的挑战，绿色科技与智能数字技术的结合带来了新的机遇。这种技术的融合正在推动城市的转型——绿色技术助力城市迈向净零排放的目标，而大数据、人工智能和数字孪生等智能技术则在提升这些绿色措施的效率和效果方面发挥着重要作用。智能技术提供了改善能源使用、监测空气质量和管理资源的有效方法，但同时也引入了新的风险和对技术的依赖。为了充分利用这些技术的优势，构建一个安全且具有适应性的城市系统变得至关重要。年轻人在推动和应用这些技术方面扮演着核心角色，但他们需要接受高质量的教育，并有途径进入绿色职业领域，才能充分发挥其潜力。因此，城市需要将包容性教育、数字扫盲和支持青年创新的环境作为优先事项，以激发他们在气候行动中的作用。进行有效的合作是关键，青年、地方政府，以及其他利益相关者的共同努力能够确保气候解决方案既全面又有效。这样的协作有助于确保城市战略与技术发展保持一致，同时促进形成以人为中心的气候应对策略。

第二章 第二届全球可持续发展城市奖（上海奖）获奖城市最佳实践案例

引言[1]

本章内容来自第二届全球可持续发展城市奖（上海奖）5个获奖城市的申报材料。2022年3月30日，联合国人居署执行主任在人居署执行局2022年第一次会议上正式宣布设立全球可持续发展城市奖（上海奖）。该奖是由联合国人居署和上海市共同设立的国际奖项，旨在推动落实联合国2030年可持续发展议程，特别是可持续发展目标11，促进《新城市议程》在全球的本地化，积极响应全球发展倡议，表彰在可持续发展方面提供综合解决方案的城市，为实施联合国人居署重点领域工作和旗舰项目，以及全球城市监测框架搭建平台。

2024年第二届全球可持续发展城市奖（上海奖）主题为"共建可持续的城市未来"，奖励在"幸福安居，满足多元住房需求""青年引领，建设活力社区""创新发展，促进城市繁荣""低碳韧性，提升城市气候适应能力"的方向取得显著进展的城市。共有全球五大洲28个国家的55个城市递交了申报材料。依照评审标准及代表性、成长性、示范性等评审原则，国际专家评审团遴选出5个获奖城市。这5个获奖城市展现了一系列由多个利益相关方广泛参与建立的城市可持续发展综合性解决方案及其卓有成效的实践案例，可为全球各城市推进可持续目标和落实《新城市议程》所广泛借鉴：

摩洛哥阿加迪尔：大力开展可持续的水资源管理，在建造绿色基础设施方面成效显著，通过社区行动计划积极动员市民参与城市治理，在实现可持续发展的同时促进了社会公平。

卡塔尔多哈：在经济迅猛增长和快速城市化背景下，多哈通过一系列政策和行动计划实现可持续发展目标，致力于成为以高质量教育、高端商业和科学研究为中心的国际城市。

墨西哥伊斯塔帕拉帕：通过可持续的城市转型，将伊斯塔帕拉帕变为所有市民的人权都得到充分尊重和保障的地方。

澳大利亚墨尔本：一个充满机遇的城市，将公平与包容置于行动核心，确保不让任何人掉队，以加速实现可持续发展目标。

印度特里凡得琅：通过智慧城市计划推动绿色交通和智能基础设施建设与可再生能源利用，打造了一个环境友好、社会包容的可持续发展城市典范。

---

1 本章作者来自同济大学，包括王信、伍江、陈迅、周识宇、麦迪娜·阿布力米提、胡悦。文中内容主要根据各申报"上海奖"城市网上填报的材料进行补充和总结。各获奖城市的区位图均基于Google Earth软件截取底图绘制；其他图片和数据除特别注明出处的以外，均来自各城市填报材料。

摩洛哥阿加迪尔

摘要

阿加迪尔正在通过一系列创新举措推进城市现代化与可持续发展。面对土地和水资源的短缺，该市推行了《社区行动计划》（Communal Action Plan）积极应对。具体行动包括部署 LED 照明、可持续水资源管理、快速公交系统（BRT），以及推行全民参与的城市治理机制，旨在节能减排、合理利用水资源并增加绿地面积。此外，阿加迪尔通过文化参与计划，展现了其在保护城市特色和应对文化变迁中的创新能力。通过"虚拟城市"项目，该市引入了数字孪生技术，显著提升了城市治理效率和市民的参与度。这些举措不仅与全球可持续发展目标相一致，而且具有可复制性，为其他城市提供了有价值的借鉴和参考（图 2.1）。

图 2.1　阿加迪尔城市全景图

城市发展背景

城市发展的总体情况

阿加迪尔位于摩洛哥，是阿马齐格文化的中心，也被视作通往非洲的门户，地理位置优越（表 2.1、图 2.2）。城市经济主要依赖旅游、港口活动和农业，同时得到工业和服务业的支持。凭借得天独厚的气候条件和战略位置，阿加迪尔成为海滨度假胜地，吸引着大量游客（图 2.3）。阿加迪尔正在通过多种创新举措，如绿色基础设施、智能城市治理和公共交通升级等，不断促进城市现代化和可持续发展。

表 2.1　阿加迪尔城市基础数据

序号	指标	数据	备注
1	城市常住人口（2014）	42.028 8 万人	
2	城市行政区面积	8 573 km²	
3	城市建成区面积	40 km²	
4	人均 GDP（2022 年）	3 806 美元	

图 2.2　阿加迪尔地理位置

图 2.3　Anza Green Space 海滨公园项目

城市面临的主要挑战

随着城市的扩张，阿加迪尔受到其特殊地理条件所带来的限制，包括海洋和山脉的天然边界，这给城市土地资源带来了巨大压力。此外，阿加迪尔还面临自然灾害风险，特别是地震和水资源短缺问题，迫切需要加强灾害预防和实施可持续的资源管理政策。该地区独特的生物多样性也对环境保护提出了更高要求。为应对这些挑战，阿加迪尔正积极推进《社区行动计划》和《城市发展计划》，通过加强基础设施建设、提高抗灾能力和推进环保措施，确保城市在可持续发展的道路上不断前进。

可持续发展策略

总体策略

《社区行动计划》的战略愿景是将阿加迪尔打造成一个对市民开放的、现代化的、具有吸引力的大都市，并成为可持续和智能转型的典范。《社区行动计划》旨在与可持续发展目标和《新城市议程》保持一致，确保阿加迪尔的发展战略有效支持社会、经济和环境的可持续性（图 2.4）。为了资助这些举措，阿加迪尔通过发行债券筹集了10 亿迪拉姆。

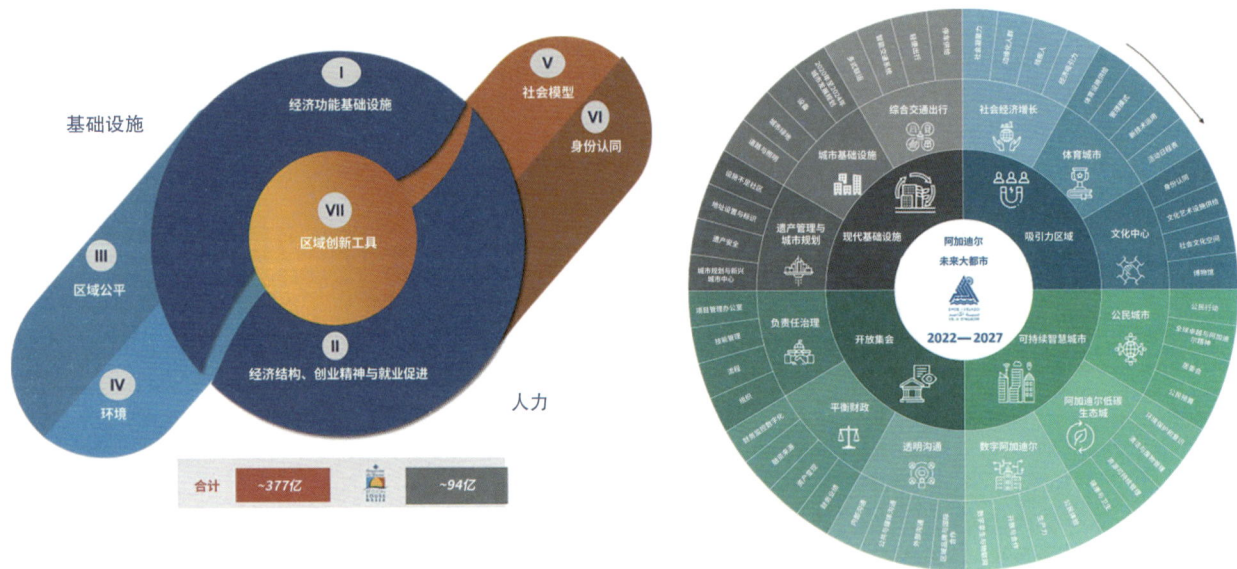

图 2.4 《社区行动计划》的投资分配重点与未来发展目标

行动策略

《社区行动计划》提出了一系列具体行动，如改善公共交通网络、开发城市绿地，以及通过数字平台提供现代化市政服务等。计划还为这些行动设置了指标体系以跟踪进度，助力治理者了解公共服务的可及性、空气质量、市政治理的公众参与度等实时发展情况。

计划与可持续发展目标的联系具体体现在以下方面：

（1）打造以多元经济、丰富文化和先进体育设施为重点的吸引力区域，促进本地和国际旅游，同时达到人均 8 平方米的绿地面积。

（2）打造智慧城市，在城市管理中引入智能技术和可持续实践，部署城市监控系统。

（3）提升基础设施的韧性，尤其注重城市交通发展，扩展多模式交通系统。

（4）提升透明度和社区参与，加强参与式决策，将多元化的社区声音纳入城市规划和管理的决策过程中。

创新行动

行动 1：阿加迪尔 LED 照明推广

阿加迪尔正在积极推广 LED 智能公共照明项目，在全市部署超过 6 000 个灯点作为实现城市基础设施现代化转型计划中的重要标志，同时也响应了可持续发展目标对减少能源消耗的要求（图 2.5）。项目在具体实施中展现了以下两个创新点：（1）部署智能网络，用于远程控制公共照明，实现高效管理并显著节约能源。（2）每个 LED 灯柱都预留了技术空间，允许未来升级为智能照明和传感器节点，而无需完全替换，这种适应性规划具有前瞻性。目前阿加迪尔已完成 25% 的照明设施转换，计划到 2026 年将实现 100% 的应用。尽管城市在扩张，阿加迪尔在 2023 年降低了 8% 的能源成本，验证了 LED 照明策略的有效性。

行动 2：阿加迪尔的可持续水管理

阿加迪尔在水资源管理方面面临严峻挑战：随

图 2.5　阿加迪尔的 LED 智能公共照明系统

着城市的快速扩张,水资源需求迅速增加,但地下水的水量和质量持续下降,同时存在显著的饮用水短缺问题。近年来的严重干旱使这一问题更加恶化。阿加迪尔开始将处理后的废水用于公共空间的灌溉,具体包括3方面举措:(1)升级废水处理设施,将废水处理至适合灌溉的标准,确保环境安全与可持续性。(2)扩大废水再利用基础设施的覆盖范围,使更多的公共空间,如公园、花园和城市主干道,能够利用处理后的废水灌溉,减少对饮用水的依赖。(3)融入城市景观设计,将处理后的废水用于城市绿化,推动可持续实践融入城市开发与维护。这一战略性举措已取得显著成效。从2022年到2023年,阿加迪尔减少了70%的井水使用,年节省100万迪拉姆。此外,处理后的废水用于灌溉的量从2022年的263 065立方米增至2023年的656 936立方米,展现了高效的资源管理。

行动 3：阿加迪尔的可持续绿化战略

自 2020 年以来，阿加迪尔始终致力于实施可持续的绿化战略，旨在将人均城市绿地面积从不足 2 平方米提高到 8 平方米。此举是阿加迪尔创建可持续和具有韧性的城市环境的关键组成部分，意在增进所有居民的福祉（图 2.6）。该计划的主要成就包括开发了多个重要公园，如奥尔豪公园（Parc Olhao）、伊本·扎伊东公园（Parc Ibn Zaydoun）、拉拉·梅里耶姆公园（Parc Lalla Meryem）和阿卜杜拉赫曼·优素福公园（Parc Abderrahman Yousfi），大大扩展了城市绿地，并逐渐成为社区的社交和娱乐中心。截至目前，城市总绿地面积已增加到 175 万平方米，人均绿地面积达到 3.5 平方米。此外，本地苗圃培育了超过 12.2 万株植物和灌木，为城市的绿化作出了重要贡献。

阿加迪尔正在开发连接公园和绿地的绿色走廊网络，促进生物多样性并增强生态连接（图 2.7）。这些走廊整合了可持续的元素，对减少碳足迹和提升气候韧性至关重要。阿加迪尔还计划进一步扩大和优化城市绿地，为 2025 年非洲国家杯和 2030 年世界杯等大型赛事的到来做好准备。

图 2.6　阿加迪尔的城市绿化

图 2.7　阿加迪尔的绿色走廊网络

主要成效

影响

1. 满足多样化需求的优质安全住房

阿加迪尔通过《城市规划方案》满足市民对优质安全住房的多样化需求。该方案优先考虑住房的可持续性与可达性,如:确保新建住房采用绿色建筑的开发标准;确保住宅开发与绿地、公交和社会服务设施等基础设施有机结合;通过改造欠发达社区,提升基础设施如道路和街道铺设,营造更有序和美观的社区环境。此外,阿加迪尔强调会不断更新规划方案以应对人口变化、环境变化和技术变革。

2. 青年引领充满活力的社区

阿加迪尔致力于吸引青年参与城市规划、城市治理与城市文化体育活动,确保青年在塑造可持续、充满活力的城市未来中发挥积极作用,同时提升社区活力。在城市规划与治理方面,阿加迪尔优先鼓励青年参与《社区行动计划》的制定,确保他们的观点和需求在定期举办的工作坊和咨询会议上得到适当的表达。在城市文化体育活动方面,阿加迪尔支持青年群体成为文化节、艺术活动、体育项目中的主角,赋予他们尽可能多的可以展示才华与潜能的机会。城市还通过教育工作坊提升青年对环境可持续性、公民责任和社会包容性的认识。支持青年主导的社区项目,进一步推动社会福祉和社区韧性。

3. 创新发展促进城市繁荣

阿加迪尔试行了多项创新举措,致力于推动城市繁荣与全民福祉。具体的创新项目如"数字阿加迪尔"计划,搭建"城市超级监控器"作为中央数字平台优化各种市政服务,使阿加迪尔成为区域智能城市发展的典范(图2.8)。又如构建快速交通线路推进多模式交通的发展,同时在线路旁增建自行车道和人行道,推动非机动车出行。

图 2.8 阿加迪尔的数字化交通系统

可持续性

1. 城市的长期发展策略

《社区行动计划》是引导阿加迪尔全面发展的规划性文件，也是以可持续发展为核心的长期发展策略，与《2030年可持续发展议程》和《新城市议程》保持一致。在经济方面，计划明确阿加迪尔将通过促进技术、可再生能源和可持续农业等领域的发展，减少对旅游业的依赖，支持体面工作与经济增长。在基础设施建设上，计划重点是确保新项目的包容性和可达性，采用绿色建筑标准，提升城市宜居性和基础设施的韧性，助力建设可持续城市和社区。这些长期发展策略的目标设定，均符合可持续发展的具体要求。

2. 以人为本的方法

阿加迪尔通过《社区行动计划》全面落实了"以人为本"和"不让任何人掉队"的包容性战略。首先，计划强调运用参与式方法，确保所有社区成员参与规划与决策过程。其次，实施一系列促进社会凝聚力的项目，包括建设和运营支持边缘化群体的社会设施，如日托中心和社会中心，增强代际和跨文化联系。再次，支持就业机会、职业培训和弱势群体的经济赋权，增强经济包容性。此外，公共空间和服务的无障碍设计也得到了重视，确保所有人平等参与城市生活。

3. 融资与投资

阿加迪尔制定了一项全面的财务战略，支持城市发展战略的长期可持续实施。财务框架旨在提高城市的经济稳定性，加强对关键基础设施及社区项目的资助能力，确保实现城市发展计划中的目标。为减少对传统资金来源的依赖，阿加迪尔实现了资金来源的多样化，包括成功发行摩洛哥首种市政债券，筹集10亿迪拉姆用于支持城市发展计划。

经验借鉴

创新性

1. 政策和立法创新

阿加迪尔推出了处理废水用于灌溉公共绿地的政策，并禁止使用井水。这一举措有效应对了该市半干旱气候下的水资源短缺问题。相比传统城市依赖饮用水或井水灌溉的做法，阿加迪尔不仅节约了珍贵的淡水资源，还促进了水的循环利用。该政策已在全市范围内成功实施，成为半干旱地区城市水资源管理的示范先锋。

2. 规划和设计创新

阿加迪尔的城市规划采用了先进且创新的策略，特别体现在全市范围内实施的绿色廊道项目中。相比传统仅关注美观的城市绿化，阿加迪尔战略性地利用绿色廊道管理洪涝与城市热岛效应，兼顾环境、社会和经济的多重需求，标志着城市景观设计的重大创新。

3. 治理创新

阿加迪尔在城市治理过程中，创新性地运用数字工具，促进了公民参与和治理的透明度。阿加迪尔构建的数字平台，整合了市政管理功能，既允许市民实时获取数据、监督政府运作，也因此建立起了高效的反馈机制，及时回应市民意见，显著提升了城市运作效率。

适应性

阿加迪尔的创新城市实践为其他面临类似挑战的城市提供了可适应的解决方案。通过聚焦可持续性、包容性和效率，阿加迪尔的实践可根据不同城市的资源限制和快速城市化需求进行调整。

1. 可持续水资源管理

其他水资源有限的干旱或半干旱地区城市可以

评估其水处理能力，参考阿加迪尔的废水灌溉公共绿地系统，以更可持续的方式管理水资源。

2. 城市管理中的数字孪生技术

其他城市可参考数字孪生技术在公共领域管理方面的应用，提升管理效率。

3. 绿色城市基础设施

将废弃或退化区域（如干涸河床）转化为多功能绿色廊道的策略，适合那些希望增强城市生物多样性、管理洪涝风险并为市民提供休闲空间的城市。

4. 参与式城市规划

阿加迪尔强调在城市规划中融入社区参与，确保发展符合居民的需求和愿望。对那些在社会包容性方面存在挑战或经历快速人口变化的城市而用，采用类似的参与式规划方法，有助于使城市规划更加包容，响应性更强。

卡塔尔多哈

摘要

多哈作为卡塔尔的首都，其人口占全国总人口的三分之一以上。在快速发展的经济与城市化过程中，卡塔尔制定了一系列长期发展规划来指导并管理国家未来的增长，包括《卡塔尔 2030 年国家愿景》（QNV2030）、《国家发展战略》和《卡塔尔国家总体规划》（QNMP）等。尤其在《卡塔尔 2030 年国家愿景》的指引下，这个曾经以养殖珍珠为生的小型社区，已成为全球可持续发展与创新的典范。多哈致力于减少环境影响，其举措主要体现在推行绿色建筑实践和建造先进的多哈地铁等项目。多哈在可持续发展领域的成功还体现在对文化遗产的尊重、对经济多元化的推动，以及对市民生活的保障。多哈的发展历程为世界各地的城市树立了榜样，展示了如何在传统与创新之间取得平衡，创造出既尊重过去又面向未来的城市面貌（图 2.9）。

图 2.9　多哈城市全景图

城市发展背景

城市发展的总体情况

多哈是卡塔尔的首都，人口从 2001 年约 30 万迅速增长至约 120 万。当地人口结构较为独特，男性居民约占74%，同时有约88%的人口是非卡塔尔公民人口，具有多元文化特点。沙漠气候和阿拉伯湾的地理位置赋予了这座城市独特的自然资源、丰富的娱乐机会和广阔的经济发展前景，吸引大量国际企业和金融机构，使其成为卡塔尔的经济和金融中心（表2.2、图2.10）。

表2.2 多哈城市基础数据

序号	指标	数据	备注
1	城市常住人口（2023年）	118.60万人	2020年数据
2	城市行政区面积	221.17 km²	
3	城市建成区面积	—	
4	人均GDP（2023年）	78 700美元	

图2.10 多哈地理位置

城市面临的主要挑战

多哈在城市发展过程中正经历着许多城市面临的共同挑战，如现代化发展与保护传统之间的平衡，满足当前与未来的城市发展需求，促进城市有计划增长，避免无序扩张，经济增长、社会发展与环境管理之间的平衡等。同时，多哈还面临着干旱气候、海平面上升、水资源短缺等环境压力。

可持续发展策略

总体策略

多哈的可持续发展策略与卡塔尔政府制定的国家总体发展框架紧密相连。为应对快速的经济扩张和城市化发展，卡塔尔政府基于《卡塔尔2030年国家愿景》《国家发展战略》和《卡塔尔国家总体规划》，制定了一系列政策举措，为国家未来的发展提供了长期指导框架。其中《卡塔尔国家总体规划》与国际政策方向一致，涵盖了与可持续发展目标和《新城市议程》相关的主要目标、行动和指标。在总规之下，政府又制定了一套规划体系，包括卡塔尔国家发展框架（QNDF）、市政空间发展计划（MSDP）和区域行动计划（AAPs）。体系以卡塔尔国家发展框架作为核心战略，涵盖了人类发展、社会发展、经济发展和环境发展的四大支柱，旨在推动可持续发展目标的实现（图2.11）。

行动策略

卡塔尔国家发展框架确立了60条政策和211项行动，涉及经济繁荣、社区生活、自然环境、建筑环境、交通和公用事业六大领域，遵循可持续发展目标，旨在解决城市面临的一系列挑战：气候变化策略和沿岸带管理计划旨在应对海平面上升和环境退化问题；国家住房策略为解决可负担住房短缺问题提供了方案；国家开放空间与休闲设施策略旨在为公民构建更多休闲与文体活动空间，同时实施环境保护行动；国家空间战略创建了以混合功能、公共交通为导向、高密度中心为特征的开发准则，旨在优化城市的步行环境、增进公共交通的使用，还为多哈设立了城市增长边界和绿化带，以遏制城市扩张；交通总体规划则包括减少交通拥堵、合理化海事设施，以及向可持续交通方式（城市公交和地铁系统）过渡等举措。卡塔尔政府计划下一年全面

可持续经济增长——2030年目标

国内生产总值年均增长4%

全国地区生产总值年均增长4%

十大商业环境

研发总支出（GERD）
占国内生产总值的1.5%，企业占60%

劳动生产率年均增长2%

外国直接投资净吸引力
1000亿美元（累计）

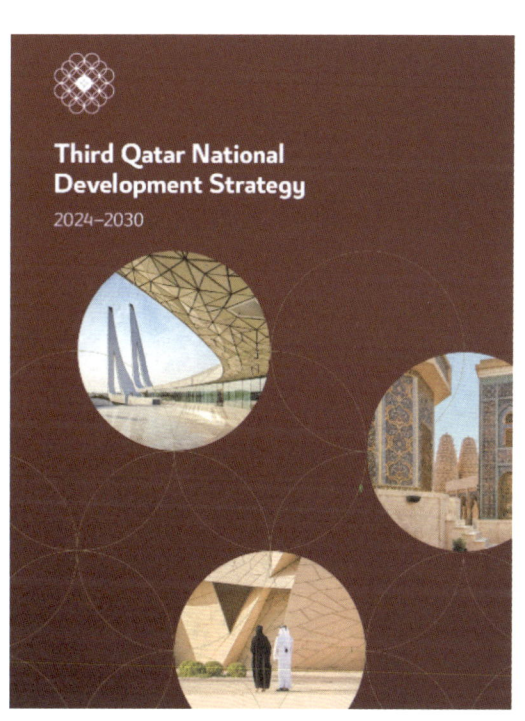

图2.11　卡塔尔国家发展战略第三阶段（2024—2030）

更新卡塔尔国家发展框架，包括创建城市观测站以衡量多哈整体发展的可持续性。

创新行动

行动1：青年引领充满活力的社区（2018—2032）

多哈鼓励企业灵活运用城市空间，尤其是青年主导的新兴企业，提升城区活力和宜居性（图2.12）。在政策支持下，部分多哈的城市空间被临时用作活动场所，助力青年创业者实践文化创意产业。例如，Al-Duhail体育俱乐部的地面停车场被改造为"青年市场"，年轻人尝试摆摊、开放创意夜市；城市地下铁相连的公共空间作为冬季节的举办场地，推出多样化的文化商业活动；Al-Najada项目修复了17座历史建筑，为有兴趣销售文化商品和艺术品的当地艺术家和企业家提供场所。

图2.12　青年创业者活用多哈城市空间发展文化创意产业

行动 2：卡塔尔国家住房战略（QNHS）（2020—2035）

卡塔尔国家住房战略的愿景是在保护自然和历史环境的同时，提供地理位置适宜且高标准的住房选择，满足居民的多样化需求。该战略通过各种政策行动广泛解决多样性和可负担性问题，如：明确与当地所有群体相关的可负担住房的官方定义；实施包容性分区，要求开发商在房屋开发中设定10%用于可负担住房；对可负担住房实施至少十年的限制转售期；在5年内确保40%的住宅单元距离公交站点800米内，并在10年内提高到60%。另外，该战略还特别考虑了劳工的住房需求，尤其是从事建筑、基础设施建设等领域的工人群体。

行动 3：卡塔尔 2050 交通总体规划（TMPQ）

卡塔尔2050年交通总体规划鼓励步行、自行车、小轮交通等减少拥堵、减轻污染的非机动交通方式。基于国家的交通规划指引，多哈尤其重视城市公共交通系统，在建设过程中强调优先发展地铁、逐步完善设施、引入快速公交线路等，由此形成了一个涵盖地铁、公共汽车、出租车、快速公交、有轨电车、长途铁路和水上公交等多样化服务的综合交通网络（图 2.13）。

地铁、电动巴士和自行车道网络是多哈交通的三大亮点。多哈地铁是世界上首个获得可持续认证的地铁项目；电动巴士网络拥有装备齐全的环保电动巴士；自行车道系统更是世界上最长的连续自行车道（32.869公里），提供安全、便捷的出行环境。

图 2.13 多哈城市公共交通系统

行动 4：多哈姆什莱布市中心项目（MDD）

多哈姆什莱布市中心项目（Msheireb Downtown Doha，简称 MDD）是世界上首个完全建成的智能和可持续发展城区（图 2.14）。区域内包含住宅、混合用途建筑和商业建筑，提供零售和商业服务，并设有博物馆等文化机构。环保建筑、智能照明、节水举措、可持续交通选择和有效的废物管理系统，使 MDD 整体能耗降低了 30%。区域内设有 6 400 个屋顶电池板和 1 400 个太阳能电池板，每年发电 1 400 兆瓦。认识到技术在可持续发展中的关键作用，MMD 已开始与微软建立合作关系，旨在利用云计算、人工智能和大数据等提升社区福祉。

图 2.14　多哈姆什莱布市中心

主要成效

影响力

1. 社会影响

多哈的可持续发展举措显著提升了社会福祉，促进了经济多元化和文化传承，推动了更包容和创新的社会结构。具体体现在以下几个方面：（1）通过国家住房战略提升了住房的可及性、经济适用性和可持续性。特别是在劳工住宿标准方面的改革，体现了对社会公平的承诺。（2）通过灵活开放城市空间和历史建筑改造项目推动创意经济的繁荣发展，尤其为青年创意人才提供展示才华、开拓商业潜能的机会。（3）通过多哈姆什莱布市中心等城市更新项目，展示了技术和智能策略对降低能耗的作用（图2.15）。

图2.15　姆什莱布市中心荣获吉尼斯世界纪录"最大地下停车场"称号

2. 环境影响

多哈的可持续发展实践对环境产生了积极的影响，重点表现为几个方面：（1）通过公共交通系统的全面改造，实现降低碳足迹的目标。（2）通过对行人和自行车友好的基础设施的全面升级，包括建设世界上最长的连续自行车道等，鼓励人们低碳出行的同时减少能源消耗，还改善了城市的生态系统。（3）通过建立综合基础设施和推动私营部门合作应对废物处理挑战。其"零废弃物"运动以"更少的废弃物，更美丽的城市"为口号，旨在通过减少浪费、推动回收利用，以及增强公众意识，促进到2030年实现可持续城市的目标。

可持续性

1. 城市的长期发展策略

卡塔尔国家发展框架确定了17项战略规划目标，推动可持续发展并创造高质量的城市生活方式。其中，适用于多哈市的目标包括：提升首都城区的高品质，使其拥有充满活力、有吸引力且精致的公共领域；引入新的建筑密度规范和建筑类型；保护自然和建筑环境，并在多哈大都会周围建立城市增长边界。

2. 以人为本的方法

卡塔尔国家发展框架中与可负担住房相关的政策均体现出以人为本的理念。政策LC4旨在通过在城市土地上开发高质量的可负担住房，确保这些住房能够安全、便捷地获得社区服务和到达公共交通。该政策涵盖了土地利用效率和城市居住模式，重点在于提供体面的住房。另一方面，政策 LC5 通过建立高质量的综合住房计划，着力于为解决工人住宿问题提供了系统性方案。

3. 融资与投资

多哈的战略实施依赖于财政部制定的国家总预算，预算中的运营支出优先考虑公共设施和基础设施的可持续性，并对人力资本进行大量投资，旨在创造一个具有全球竞争力、能够适应未来变化并吸引国内外投资的经济环境。

4. 制度化实践

卡塔尔于 2021 年完成自愿国家评估，报告该国在实现 2030 年可持续发展议程目标方面取得的进展（图 2.16）。这一评估过程不仅是一种检查机制，还使行动步骤与目标更为透明和制度化。《卡塔尔 2030 年国家愿景》和第三阶段国家发展战略（2024—2030）则为卡塔尔的可持续发展战略提供了明确的路线图。对于多哈而言，一系列完整的国家发展框架通过制度化的方式，助力了地方将政策目标转化为实际的规划和建设项目，保证了具体行动的执行和落地。

图 2.16　卡塔尔自愿国家评估 2021

经验借鉴

创新性

1. 政策和立法创新

2019 年，卡塔尔完成了海湾地区首个全面的国家城市规划立法，发起多项创新，确保规划决策基于证据，以及规划过程的包容性和可持续性。通过立法，市政府内设立城市发展司，负责监测城市发展，以及城市发展计划的实施和有效性。

2. 治理创新

规划立法中包含多项治理创新，如通过建立清晰的规划层次、明确职责和咨询流程、设定审查期限等措施，达到了提高效率、透明度、问责制和社会参与度的目标。

3. 规划和设计创新

卡塔尔提出了一系列创新举措，包括：

（1）制定"卡塔尔城市设计纲要"（QUDC）。这是助力城市设计的工具包，也是实现以人为本、健康、宜居、适宜步行、有韧性、气候敏感和可持续的现代城市的指南。

（2）落实基于形式的三维监管模式，取代传统二维规划方式，应用于多哈市中心等复杂区域，更高效地规范各建筑物或地块的开发。

（3）制定"卡塔尔城市景观和建筑指南"（QTAG），旨在确保卡塔尔的城市，尤其是多哈，在城市发展过程中保持强烈的文化特色和高质量的生活环境。这些指南引导设计者将传统历史、文化和社会价值观融入现代建筑，创造了具有独特本地风格的城市空间，同时提升了城市的整体设计和宜居性（图2.17）。

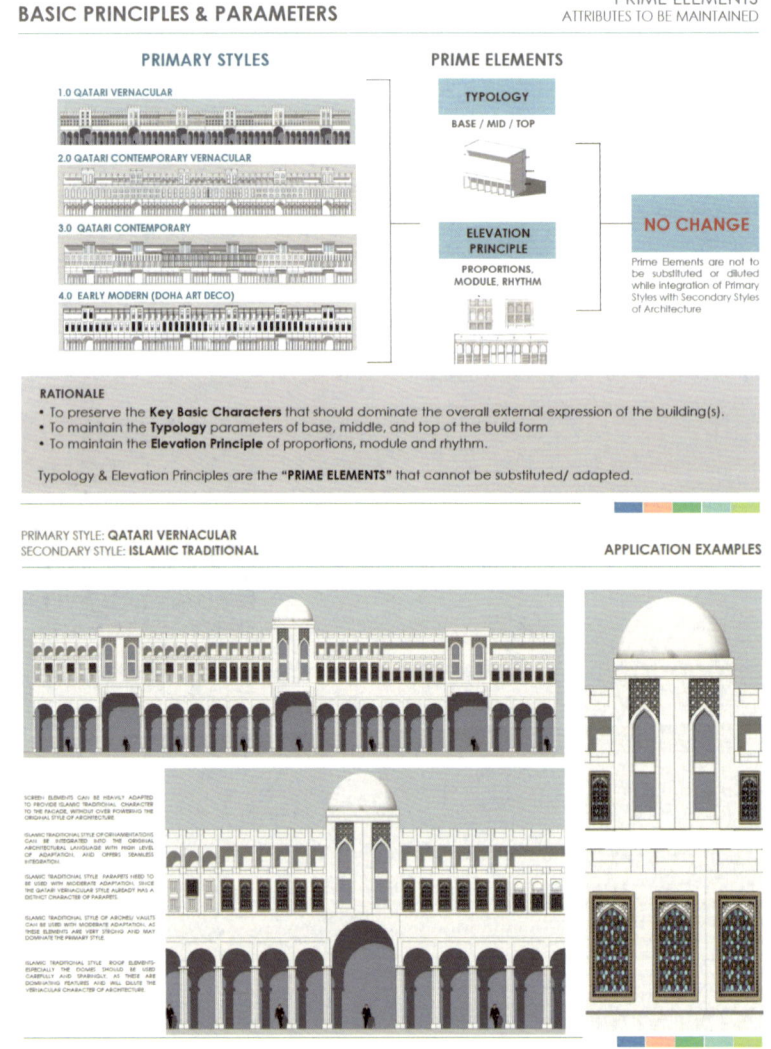

图 2.17 卡塔尔城镇景观与建筑设计指南

4. 融资机制创新

多哈通过公私合作伙伴关系（PPP）推动私营部门参与投资和可持续发展项目。工商部设立了专门的公私合作司，并出台法律，规范PPP合作模式。这些机制促进了市场化解决方案的实施，提升了协作效率，并通过在公共和私营部门之间分担风险来提高融资的可持续性。

适应性

卡塔尔市政部部长指出，多哈已经成为中东和全球可持续城市发展的典范，具备应对后石油时代的灵活性。多哈也始终致力于通过灵活应对不同挑战，持续推进城市的可持续发展。例如，多哈的空间战略源于卡塔尔国家发展框架，并以可持续城市生活为目标。通过调整城市规划，多哈为城市发展设定了一个适应未来变化的框架，展示了对后石油时代的适应力。同时，多哈每年通过海湾工程论坛分享和吸收区域和全球最佳实践，加入了联合国全球学习城市网络，与其他城市展开友好合作，这表明其能够不断适应新的城市治理趋势，并将成功经验融入本地发展。

墨西哥伊斯塔帕拉帕

摘要

伊斯塔帕拉帕作为墨西哥城人口最多的地区，长期以来深受贫困、失业、安全危机等问题的困扰。面对这些挑战，市政府决定动员经济和社会力量，推出一项综合战略，将创新的空间干预与社会项目相结合，力求推动性别平等和青年发展，改善社区基础设施，促进社会包容与和谐。这一将多样化的项目与有组织的城市-社会参与方式相结合的做法，彻底改变了城市面貌，创造了以人为本的可持续发展模式（图2.18）。

图 2.18　伊斯塔帕拉帕城市全景图

城市发展背景

城市发展的总体情况

伊斯塔帕拉帕（Iztapalapa）是墨西哥城人口最多的辖区，居民数量达到183.5万，占墨西哥城总人口的22%。该地区是东部的心脏地带，经济活跃，贸易和服务业发达，制造业位居全市第二，国际贸易增长迅速。当地拥有全市最大的供应市场，每天吸引超过50万人来此进行商贸活动。此外，该地区还拥有丰富的历史文化遗产和自然资源，是旅游、文化和体育活动的中心（表2.3、图2.19～图2.21）。

表2.3 伊斯塔帕拉帕城市基础数据

指标	数据	备注
城市常住人口（2020）	183.5486万人	
城市行政区面积	116.67 km²	
城市建成区面积	108.70 km²	
人均GDP（2022年）	5 467 美元	

图 2.19 伊斯塔帕拉帕地理位置

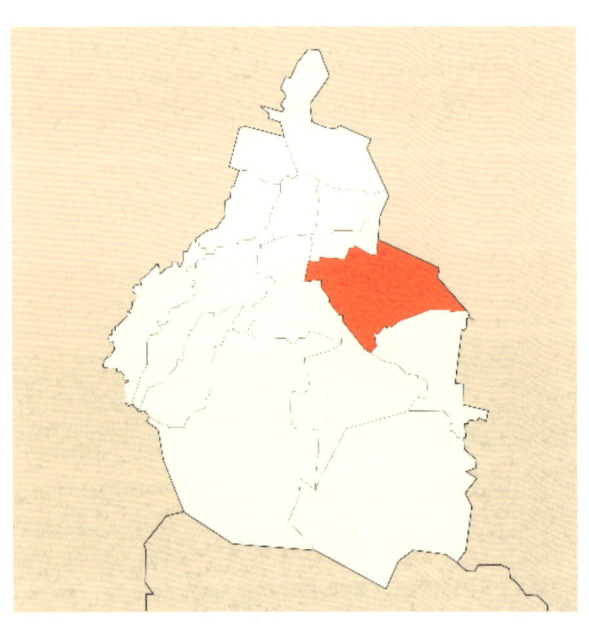

图 2.20 伊斯塔帕拉帕区位图

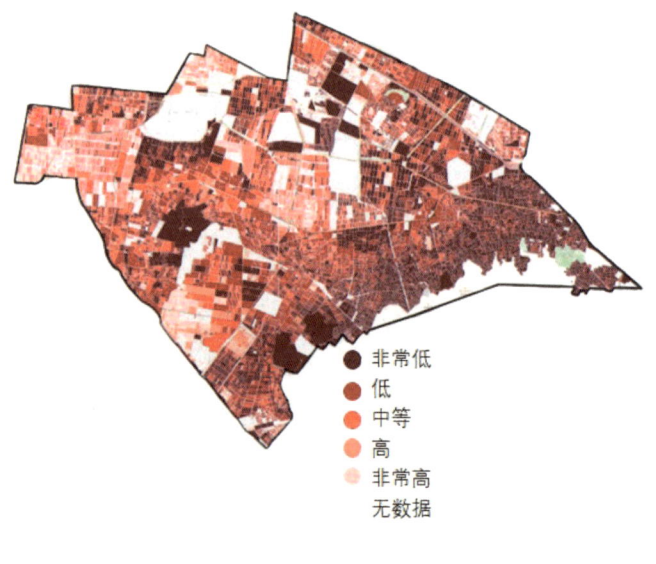

图 2.21 伊斯塔帕拉帕的社会发展指数图示

城市面临的主要挑战

伊斯塔帕拉帕面临严重的社会、经济不平等问题，43%的居民生活贫困，23%的人口从事非正规经济工作。长期以来，该地区在基础设施建设和社会服务供给方面显著滞后，加剧了地域间的不平等。此外，自然区域的管理漏洞、水资源短缺，以及地质沉降等问题都对居民的基本权利保障和可持续发展目标的实现构成了直接威胁。

可持续发展策略

总体策略

伊斯塔帕拉帕的可持续发展战略聚焦于"城市权利"（Right to City）的保障。该战略凭借创新且具有示范效应的公共政策和行动方案脱颖而出。其独特之处在于其全面的发展愿景、高效的管理与实施模式，以及对公共利益的首要考量。战略深入融合性别、代际与跨文化视角，强化多部门间的协同合作与操作整合，依托一个紧密协作、诚信透明、适度分权且综合高效的政府体系，采取社会－区域广泛参与的治理方法。

行动策略

伊斯塔帕拉帕的可持续发展战略布局于可持续发展的四大支柱——社会可持续、经济可持续、环境可持续与文化可持续之中，旨在战略性地协同推进一系列政策、项目及行动措施。这些政策紧密围绕实质性平等、民主参与公民赋权、透明度提升与问责机制完善、社会联盟构建、安全与和平维护，以及良好治理等关键维度展开，不仅与《2030年可持续发展议程》高度契合，也积极响应了《新城市议程》的号召。

创新行动

行动1：UTOPIAS（2019—2024）

UTOPIAS是一项社会和城市深度转型战略，通过构建综合公共空间系统，旨在消除社会－地域不平等，增进社区福祉（图2.22）。该项目提供包括老年日托中心、残疾人康复中心、剧院、游泳池、儿童游乐场、由波音飞机改造而成的图书馆等在内的多样、免费且可持续的公共空间，强调公共空间作为社区核心资源的价值，促进包容性使用，保障人权与资源公平分配。项目涵盖社会关怀、文化、体育及娱乐领域，项目在四年间修复了超过50万平方米的退化公共空间，累计吸引超800万人次参与或访问。

改造前　　　　　　　　　　　　　　改造后

图2.22　UTOPIAS项目改造前后的城市综合公共空间

行动 2：自由安全的女性之路和明亮安全的社区

2018 年，伊斯塔帕拉帕地区因暴力事件频发和基础设施破败启动了"城市行动"项目，重点从性别、儿童、弱势群体角度出发，改善基础设施、公共空间与居民生活。项目包括街道安全提升、交通改善、全面照明升级及城市景观美化。通过"安全与明亮社区"行动，所有街道、小巷和社区角落的照明都得到改善，部分特别制作的灯具传递出支持女性、平等、正义与和平的信息（图 2.23）。目前，项目已在八十多个社区取得显著进展，并计划于 2024 年前全面完成。数据显示，该项目取得了显著成效：高影响力犯罪率下降了 48%，抢劫案发生率减少 57%，毒品交易发生率缩减 26%，针对女性的犯罪发生率下降 44%。

图 2.23　明亮安全的社区与女性教育活动

行动 3：可持续绿化战略

为扩大可用绿地面积，减轻城市发展对自然保护区的侵蚀，伊斯塔帕拉帕实施了可持续绿化战略，包括本土树种再造林计划与果树造林计划（已分别成功种植 20.2 万和 8.8 万棵树木），以及设立 64 个城市花园的建设和农业生态学校（图 2.24）。这一系列举措不仅将当地居民的人均可用绿地面积由 2018 年的仅 4.63 平方米提升至如今的 9.03 平方米，还帮助当地社区实现了农产品自给。另外，一座年产 22 吨高质量蔬菜的温室大棚支持了社区的健康饮食与家庭经济。可持续绿化项目还致力于恢复一个面积为 6.5 公顷的大片区域，并创建了 5 个水体和湿地，从而恢复了之前未能提供的生态系统服务，有助于水的过滤和生物多样性的保护。

图 2.24　居民参与城市果树造林与城市花园建设

行动 4：圣米格尔社区改造项目

伊斯塔帕拉帕的圣米格尔社区（San Miguel）长期以来饱受边缘化、高犯罪率、以及严重不安全等问题的困扰。2013 年，伊斯塔帕拉帕 2025 城市规划研讨会提出了短期、中期和长期的改造策略，其中圣米格尔社区的更新成为首批实施项目之一。该社区因其土地用途重叠和结构分散而难以管理，然而，正是这些挑战中蕴含着巨大的社会转型潜力。政府希望通过改善社区内的连接性并优化空间规划将其打造成更具凝聚力和活力的社区（图 2.25）。

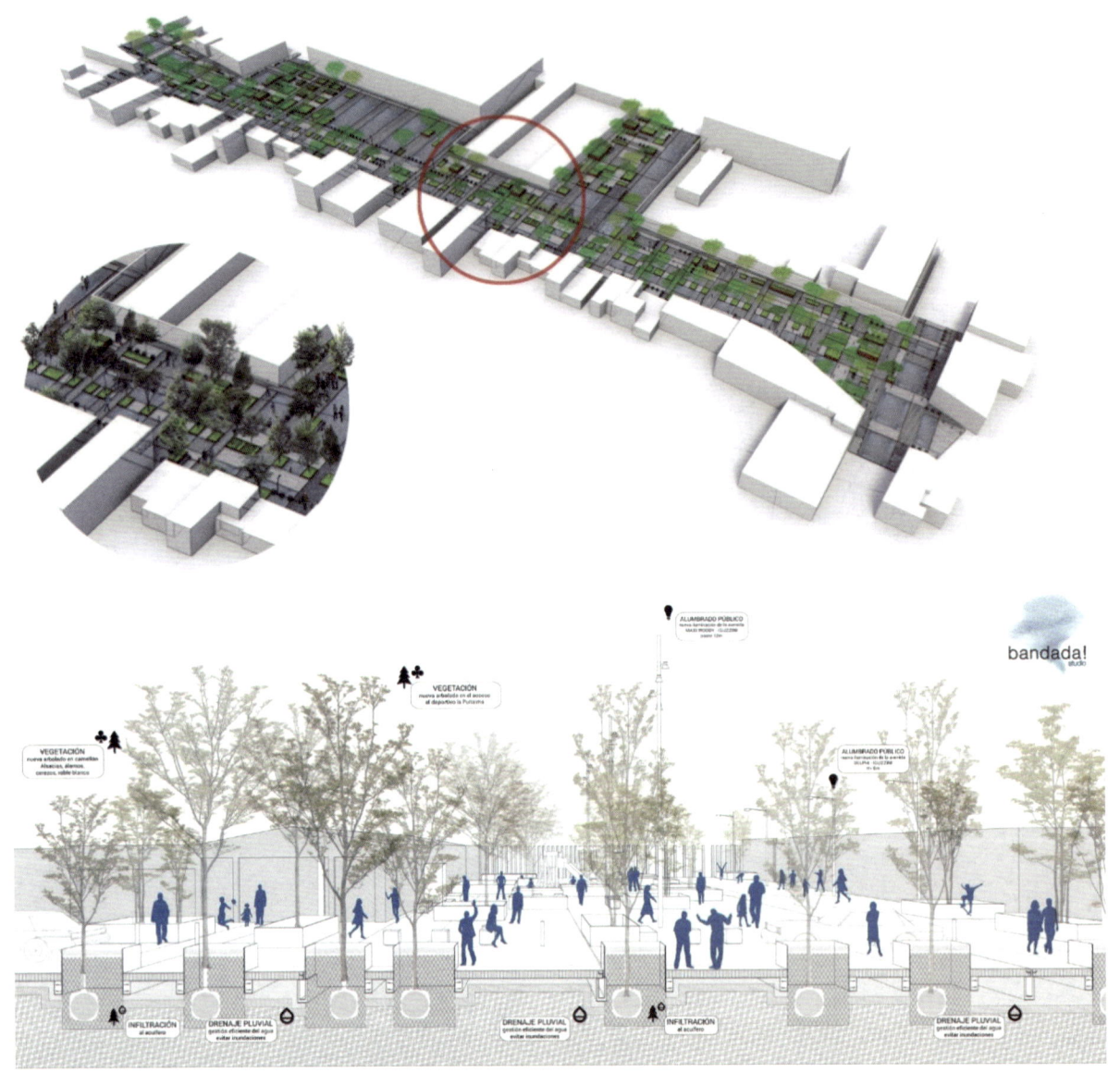

图 2.25　圣米格尔社区城市更新项目规划图

主要成效

影响

1. 青年引领充满活力的社区

为保障其占总人口数量 32.2% 的 15~34 岁青年群体的利益，伊斯塔帕拉帕市政府采取了多项行动：在健康方面，Colibrí 中心为使用精神活性物质的青年提供非禁令性关怀，"碗馆"和"情感之家"等则为青少年免费提供医疗、心理支持、防自杀指导及性教育服务；在教育方面，Telpochcallin 为处于风险中的青年提供学习、体育、文化活动等多元化学习与发展机会；在性别平等方面，"永远活着"策略帮助女性识别暴力行为；在减少不平等方面，市政府致力于打破对年轻精神活性物质使用者的污名化，鼓励其参与决策与公共活动。同时，"和平是我们的任务"战略在学校和家庭中得到推广，旨在促进和平解决冲突，防止暴力行为的发生。伊斯塔帕拉帕致力于建设以人为本的包容、民主和可持续的城市，推动青年发展，确保他们的社会、经济和文化权利得到保障。

2. 创新发展促进城市繁荣

近年来，伊斯塔帕拉帕通过鼓励创业、吸引投资、增加商品供应和推动建筑废料回收等创新措施，营造了良好的商业环境，创造了更多就业机会并提升了居民收入水平。2018至2023年间，就业机构Tequicalli服务了近5万名公民，培训了三万余人，创造五千七百余个工作机会。社会与团结经济组织为400家合作社和3 500家企业提供支持，还通过支持微型融资惠及7 000人。因此，当地的人均GDP从2020年的3 295美元增至2022年的5 467美元，失业率在2015至2020年间从4.76%降至3.75%。此外，2020年推出的"MERCOMUNA"计划支持了受新冠肺炎疫情影响的约20万个家庭和2万家社区小商店。"从田间到城市"计划在13个社区提供优质低价基本产品，每月惠及约10万家庭。

3. 低碳与气候适应型城市建设

伊斯塔帕拉帕优先考虑低碳和气候适应型发展模式，通过推动更公平、健康、可持续的发展模式，减少碳排放，改善居民健康，增强灾害应对能力与社区韧性。通过创新交通模式，如建设缆车、高架电车及自行车道，减少了对汽车的依赖，促进绿色出行；LED灯具的普及减少了约30%的能源消耗；太阳能热水器已在新建UTOPIAS游泳池使用，预计将减少37.4公斤二氧化碳。同时，该城还实施了大规模绿化计划，新栽种树木20万棵，减少了600公斤碳足迹。此外，当地构建起完善的灾害准备与响应体系，包括预警系统、疏散计划、抗灾设施，以及市民的灾害应对教育与培训，提升了应急响应速度与社区韧性。

4. 公民参与良好的社区治理

伊斯塔帕拉帕非常尊重公民的决策参与权，并通过公民听证会、邻里集会等机制增强居民、社区及利益相关者的决策参与能力。为了提升个人和组织在关键领域的知识与技能，该地区实施了多样化的能力建设计划，涵盖可持续社区发展、参与式治理、人权保护、社会包容、环境保护等多个方面。此外，参与式社区规划计划正在长期饱受不平等、暴力和犯罪等严峻问题困扰的社区中推进，目前已有80个社区因此受益。另外，公民和社会组织社区学校项目（ECOS comunitarias）成为政民互动的桥梁，凭借其相互信任的氛围、高效解决社区问题的能力赢得了广泛赞誉（图2.26）。

图2.26 伊斯塔帕拉帕社区学校

可持续性

1. 城市的长期发展策略

伊斯塔帕拉帕通过制定一系列中长期战略与发展规划，为成功落实《2030年议程》及《新城市规划》奠定了坚实基础。这些规划不仅深入分析了城市的具体挑战与机遇，还确立了清晰的愿景与长期目标，紧密对接可持续发展目标与国家城市联盟要求，确保行动的有效性与目标的一致性。尤为突出的是，"不让一个人掉队"与"以人民为中心"的原则被优先纳入发展战略，着重满足最弱势及边缘化群体的需求，保障全民权益。

2. 以人为本的方法

在以人为本的核心理念下，伊斯塔帕拉帕政府推出了一系列社会项目，从为老年人提供福利支持，到助力中小学生成长，从新冠肺炎疫情期间启动的市场供应项目，到连接农村与城市消费者的创新举措，再到针对女性暴力问题的法律与心理援助，以及对女性学习、公共护理系统、体育与文化发展的全方位支持，这些项目不仅广泛惠及民众，还通过 UTOPIAS 平台整合，进一步增强了社会服务的综合效能。

3. 融资和投资机制

面对财务与投资机制的局限性，伊斯塔帕拉帕积极创新，通过增强自身资源、建立公私部门战略联盟、参与国际基金及项目等方式，确保城市战略与行动的长远实施。同时，设立针对可持续城市发展的投资基金，引导资源流向关键领域，如基础设施、基本服务、经济适用房等，推动了城市的全面可持续发展。

4. 制度化实践

伊斯塔帕拉帕针对战略计划与行动设计了详尽的规则与操作手册，成立了跨领域的机构间委员会或理事会，以促进多方协作与联合决策。通过加强机构能力培训、建立问责与透明度机制，以及引入监测与评估系统，该地区不仅提升了政府与利益相关方对可持续发展的理解与执行力，还确保了战略实施的有效管理与持续改进。

经验借鉴

创新性

1. 政策和立法创新

伊斯塔帕拉帕在推动可持续发展方面采取了多维度策略，首先，建立构建数据收集与分析机制，为政策制定提供坚实依据，利用先进技术平台与数据分析工具，精准把握城市挑战与需求，确保政策决策的科学性与有效性。同时，采用包容性方法制定政策，广泛吸纳公民与利益相关者的声音，通过社区集会、公众咨询等渠道，促进政策的多元化，强化政策的社区认同感与执行力。同时，权力下放与跨部门协作模式的实施进一步提升了政策制定与执行的全面性与持久性。

2. 规划和设计创新

该地区引入 GIS、3D 建模等创新工具，提升了城市空间规划的科学性，确保项目方案既符合土地利用、交通优化等实际需求，又兼顾环境保护与生活质量提升。规划过程强调包容性，鼓励公众与社区深度参与，确保规划成果能够精准对接社会多元化需求。此外，该地区注重城市安全与韧性建设，通过步行街设计、智能监控等手段提升公共空间安全性，并将气候适应性与灾害风险管理融入基础设施规划，构建韧性城市。绿色建筑标准的推广与大规模交通系统的发展则有效促进了城市的绿色转型与可持续发展。

3. 城市治理创新

政府依托数字化手段简化行政流程，通过建立透明度门户网站、开展公众咨询与听证会等措施增强了城市治理的公开性与问责性，激发了公民参与城市事务的热情。这些创新实践不仅提升了政府公信力，还促进了公民行为的积极变化，为城市治理注入了新的活力。

4. 融资机制创新

在融资机制上，该地区勇于创新，通过多元化融资渠道增强财政实力。一方面，探索替代性与创造性融资策略，如通过项目委托与资源优化配置释放财政资源；另一方面，积极寻求国际资金与技术支持，与多边组织及发展基金建立合作关系。同时，实施严格的费用监控与问责机制，确保资金使用的高效与透明，为可持续项目的实施提供了坚实保障。这些融资机制的创新，不仅缓解了城市发展的资金压力，还推动了基础设施改善、环境保护与社会包容等关键领域的发展。

适应性

面临重大社会不平等挑战的城市可以从社会包容、公民参与和公平发展方面的城市实践中受益。自由和安全妇女之路已被墨西哥城政府在各个标界区复制，展现了其在提升女性安全感和促进社会性别平等方面的重要作用。UTOPIAS项目的经验和提出的解决方案在全国乃至国际层面得到认可和推广，还吸引了多方合作力量的加入，包括地方政府、国际机构、社会团体及企业。各方力量共同推动了项目的深化与拓展。

澳大利亚墨尔本

摘要

墨尔本正在建设包容、可持续、有韧性的未来。自2016年以来，墨尔本已将城市运行所产生的温室气体排放量减少了76%；推出了一种具有全球适用性和创新性的可再生能源采购模式；增进了城市的生物多样性；完成了南岸大道等中心区域的城市更新项目。但当地仍在不断尝试创新，正着手于一系列影响广泛的可持续发展行动，从为无家可归者"提供居所"的项目，到利用最前沿的电池技术实现电力供应脱碳并创造新就业机会的"动力墨尔本"（Power Melbourne），采取新的综合水治理方式应对日益严重的气候挑战等，进一步提升城市的宜居性（图2.27）。

图 2.27　墨尔本夜景

城市发展背景

城市发展的总体情况

墨尔本是维多利亚州的首府，也是澳大利亚最大城市。当前，墨尔本的相对贫困人口比例正在下降；儿童充分接种疫苗的比例非常高；学生的读写能力和数学能力高于维多利亚州平均水平；居民用水消耗量正在减少，且远低于大墨尔本地区的平均水平；电网中可再生能源的占比正在增加；居民使用公共交通作为主要交通方式的比例正在增加；城市公园得到了社区的高度利用；相当比例的市民拥抱多元文化（表2.4，图2.28～图2.29）。

表2.4 墨尔本城市基础数据

序号	指标	数据	备注
1	城市常住人口（2023年）	14.96万人	2020年数据
2	城市行政区面积	37.70 km²	
3	城市建成区面积	37.08 km²	
4	人均GDP（2023年）	78 130美元	

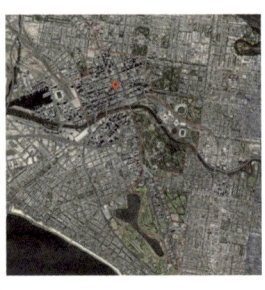

图2.28 墨尔本地理位置

图2.29 墨尔本整体概况

城市面临的主要挑战

新冠肺炎疫情是墨尔本多年来面临的最重大的公共卫生和经济挑战之一，持续影响着墨尔本的企业和社区，凸显当地在获取食物、住房负担能力、就业机会等方面的脆弱性。更深层次的危机来自新冠肺炎疫情加剧了人们的焦虑和抑郁等心理健康问题，导致城市居民酒精、尼古丁和其他药物使用的增加。墨尔本在致力于解决上述挑战的同时，也需要不遗余力地推进可持续发展目标，尤其是开拓具有创新性的解决方案，推动可再生能源在当地电力市场上的应用。

可持续发展策略

总体策略

墨尔本是澳大利亚首个自愿承诺将联合国提出的 17 个可持续发展目标纳入本地政策和发展规划的城市。为确保行动与目标一致，墨尔本市议会将这些目标嵌入其 2021—2025 年市议会计划之中；同时，通过创建自愿地方审查机制，跟踪墨尔本在实现全部可持续发展目标方面所取得的进展。通过精心的规划和大胆的行动，墨尔本致力于将可持续发展目标作为城市规划、综合治理、公共服务的设置基础与考量依据（图 2.30）。

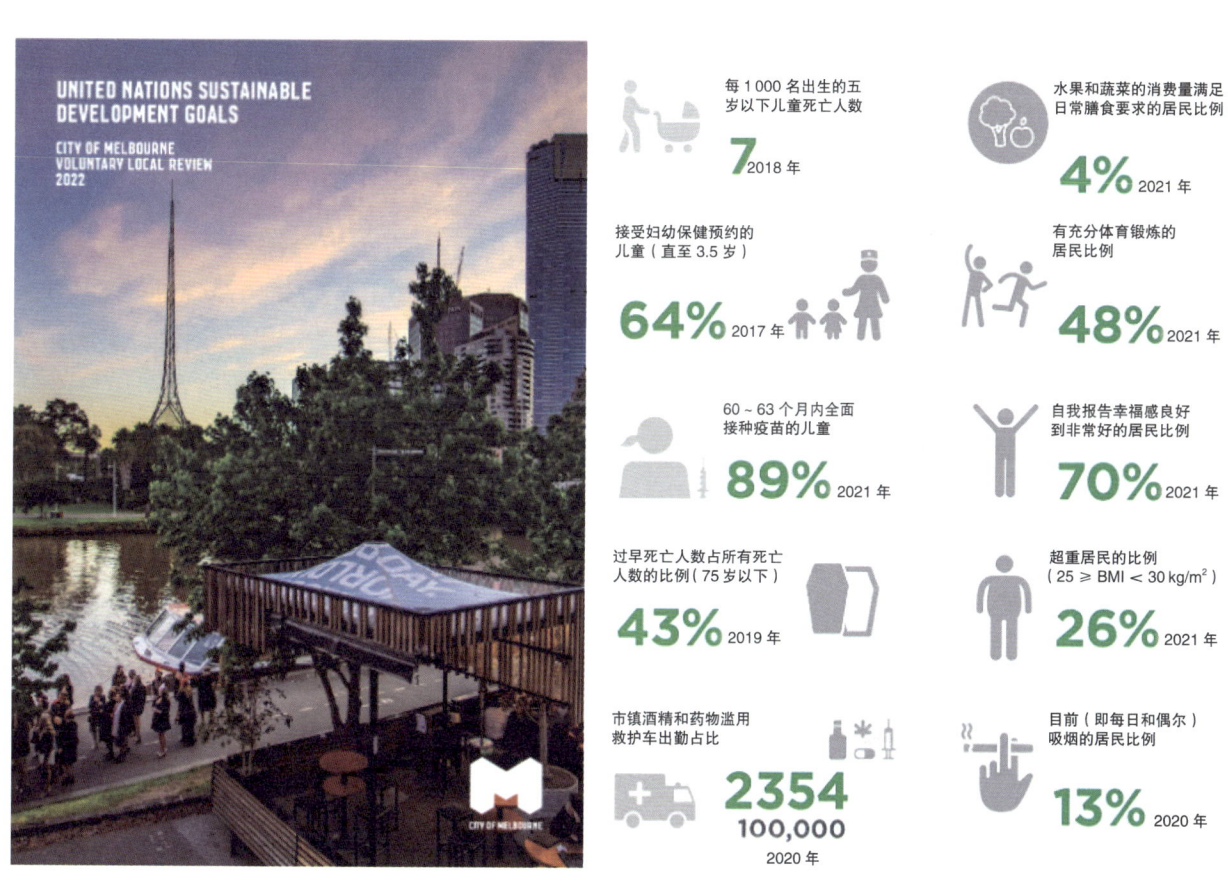

图 2.30　墨尔本 SDG 地方自愿评估报告（VLR）2022

行动策略

自 2016 年以来，墨尔本已制定并实施了多项行动策略，推动城市的可持续发展，具体包括：

（1）碳中和与可再生能源：自 2012 年起，墨尔本城市运营获得碳中和认证，并在过去十年中减少了 79% 的市政运营排放。墨尔本通过创新的能源采购模式和可再生能源项目，实现了 100% 的可再生能源采购。

（2）城市生境与废弃物管理：墨尔本每年种植3 000棵树，扩大城市森林面积。自2017年以来，墨尔本新增121 000平方米的下层植被，使原有植被增加了26%，为野生动物提供栖息地。同时，墨尔本投资建设了6个雨水回收系统，供应全市23%的用水。此外，通过废物管理措施，墨尔本将超过1 900吨的废物转化为堆肥，减少了城市垃圾所造成的环境负担。

（3）旗舰项目：墨尔本完成了南岸大道重建、"动力墨尔本"、"制造空间"（Make room）社会住房和"夜间正义"（Night justice）等一系列旗舰项目。其中南岸大道重建旨在塑造适宜行人、多公共空间和绿色空间的活力街区；"动力墨尔本"是由墨尔本电力公司构建一个社区规模的电池网络，向电网输送更多的可再生能源；"制造空间"社会住房项目主要通过改造市政大楼，为墨尔本无家可归的人提供临时住房；而"夜间正义"项目的实施，旨在为女性构建一个更安全、更包容的夜间城市环境。

创新行动

行动1：节能社区创建（2021—2025）

墨尔本致力于打造可持续、经济实惠且可靠的节能社区，吸引来自世界各地的游客、工作者、投资者和居民。为了实现这一目标，社区需要确保每个人都能获得经济上负担得起的可再生能源。

为此，墨尔本电力公司在全市范围内部署了一个中型电池网络。试点阶段将在2024年中期前完成，计划在码头图书馆、博伊德社区中心和议会大楼安装3个电池储能系统，总容量为450千瓦。未来还将推出与电池相关的电力零售计划，帮助租房者、公寓居民和小型企业经营者更便捷地获取负担得起的可再生电力。通过简化可再生电力供应，居民和企业将能够选择替代能源计划，推动可持续能源技术的发展。此外，墨尔本正在与墨尔本大学和皇家墨尔本理工大学合作开展"动力墨尔本"项目（图2.31）。这些机构在能源市场、电力系统工程、

图2.31 "动力墨尔本"项目

智能电网和可再生能源等领域拥有广泛的专业知识，并且在此前的合作中，已成功完成诸如墨尔本可再生能源项目等多个项目。

行动2："墨尔本备灾计划"（Prepare Melbourne）（2022—2025）

墨尔本正在开展为期四年的"墨尔本备灾计划"。这是包含在2021—2025年市议会计划中的重要项目，目标是"让居民和社区参与其中，为应对灾害、灾难，以及气候变化带来的健康影响做好准备，增强韧性"。该计划包括三个部分：

（1）举办一系列社区适应能力评估（CRA）研讨会，了解每个社区面对气候挑战的脆弱性与抵御优势，便于构建匹配社区的韧性增强方案。

（2）与当地气候情报初创公司Climasens合作，引入新的技术手段，研发并测试"热风险平台"，通过综合分析实时天气和气候数据识别城市高温风险，增强夏季墨尔本对热浪的准备与响应。

（3）开发社区气候适应性相关的教育项目，增进社区对气候挑战的认知。

行动3：综合水资源管理（2021—2025）

水是奠定城市宜居性，以及社区健康和福祉的基础。墨尔本提出了"将城市整体作为一个集水区"的概念，采用综合水管理计划，即基于地点和流域的方法，对水循环的所有组成部分进行统筹管理，综合考量用水量、雨水、暴雨径流、废水和地下水情况，确保整个循环过程获得多重收益（图2.32）。

综合水资源管理计划中包含了很多创新方案，包括捕获和处理当地降雨以灌溉开放空间、实施智能洪水解决方案，以及通过改良对树木与花园种植床的设计，去除可能进入水道的污染等。所有这些措施都旨在减少洪水危害、减少水道污染并提高水

图2.32 综合水资源管理项目

安全。

过去四年里，该市还完成了许多与水资源相关的特别行动，包括改善开放空间和街景，使其对水更加敏感；实施为期10年的雨水收集和防洪计划；使用高达25%的非饮用水替代水源（包括雨水和暴风雨）灌溉公园和花园；将雨水径流中的总氮污染减少13%等。

主要成效

影响力

1. 社会影响

墨尔本对节能社区的创建和系列节能举措，有助于实现其到2030年以100%可再生能源为城市供电的承诺，并巩固其作为全球清洁能源创新中心的地位。同时，墨尔本推行多项包容性政策与举措，一方面关注女性群体、原住民、退伍军人，以及老

年人等，确保无人掉队；另一方面重视弱势群体的心理健康与成瘾问题，帮助他们融入社会。

2. 经济影响

通过2021—2031年财政计划，墨尔本投资交通、支持多元的产业结构和就业机会，还成功构建了合作伙伴关系共同资助诸如"动力墨尔本"、综合水资源管理等可持续发展项目。

3. 环境影响

墨尔本实施了多项旨在减少碳足迹和改善环境的措施。例如，墨尔本通过修正案C376，要求新建筑物达到至少40%的绿化覆盖率。墨尔本还与其他城市合作进行知识共享，推广可持续发展的成功经验，并通过当地、国家、区域和全球平台促进多方利益相关者的伙伴关系。

可持续性

1. 城市的长期发展策略

墨尔本认识到全球变化需要本地行动，因此建立了自愿地方审查机制。基于自愿地方审查机制下的系统性反思，墨尔本也制定了有针对性的长期策略促进发展，包括社会住房项目、综合水资源管理计划、提升开放空间和街道景观的水敏感性设计等。

2. 以人为本的方法

墨尔本致力于成为一个包容性城市，确保没有人掉队。该市实施了诸如可负担住房策略、经济发展策略、残疾无障碍和包容计划，以及和解行动计划等一系列措施，旨在创造一个人人都能平等享有繁荣发展机会的城市，使多样性成为城市活力的一部分。

3. 融资和投资机制

为了实现2021—2025年市议会计划中的承诺，墨尔本制定了十年财务计划，旨在投资可持续的未来。墨尔本市议会通过与社区广泛的接触与合作，实现以审议式参与方式完成对财务计划的制定。同时，墨尔本积极开拓融资渠道，撬动社会力量，为多项可持续发展项目提供稳定的资金保障。

4. 制度化实践

墨尔本正通过一系列制度化的举措确保可持续发展目标的实现，包括可持续发展目标的本地化、可持续发展目标与城市日常运维相结合、相关数据的可视化与公开、领导力圆桌会议等。墨尔本还在积极尝试构建资源指南，推出培训课程，推进领导力项目等方式。

经验借鉴

创新性

1. 治理模式的创新

墨尔本的治理创新体现在其基于社区的"邻里模式"。通过对不同社区的独特需求和优先事项进行深度了解，该市采取了更加精细化、以地点为导向的管理方式。这种模式不仅提升了政府的服务质量，还通过将新冠肺炎疫情后的复苏与社区需求相结合，更好地支持了本地经济和社会发展。墨尔本也通过独特的政策框架，支持社区在本地可持续发展项目中的领导作用。比如，墨尔本通过食物和有机废物收集计划展示了创新的社区合作方式。该计划自2021年实施以来，将3 300吨有机废物转化为堆肥，用于城市绿地，推动了城市可循环经济的发展。社区积极参与其中，既减少了垃圾填埋场的负担，也为城市提供了高质量的绿化肥料，实现了经济和环境效益的双赢（图2.33）。

2. 技术工具的创新

面对气候变化的严峻挑战，墨尔本引入初创企业力量，构建实时天气和气候数据的集成平台，帮

图 2.33 有机废物在垃圾填埋场分类后堆肥处理

助城市规划者、治理者和市民识别气候风险，并得到气候风险解决方案。

3. 融资机制的创新

墨尔本在融资机制上的创新性体现在通过合作模式来扩展其可持续发展项目的影响力。墨尔本可再生能源项目就是一个典型的例子。该市与大学和大型企业合作，集体采购可再生能源，促成了价值2亿澳元的风力发电场的建设。这是澳大利亚首个由地方政府推动的可再生能源集体采购协议，为其他城市提供了参考价值（图 2.34）。

图 2.34 "动力墨尔本"项目

适应性

墨尔本积极促进与不同规模的城市网络之间的联系，共同分享知识和应对挑战。例如：在国家层面上，墨尔本与首都市长理事会合作倡导城市气候解决方案，这种合作促进了信息交流，并促进了澳大利亚首府城市成功项目在其他地区的推广与复制。推广得到了积极的反馈：布里斯班市议会复制了墨尔本的可持续发展目标自愿地方审查机制；墨尔本的城市森林战略和城市森林基金得到全球认可；墨尔本可再生能源项目也吸引了广泛利益相关者，学习新的可再生能源采购模式。在此过程中，墨尔本正在稳步升级自身竞争力，夯实其作为全国清洁技术创新中心的地位，逐渐成为创新气候变化解决方案的领先市场。

印度特里凡得琅

摘要

特里凡得琅市是印度南部喀拉拉邦的首府，凭借其悠久的历史、自然美景和科技产业，正快速崛起为创新、文化和商业的中心（图 2.35）。通过其2030年发展规划，该市致力于推动知识驱动型经济发展，增加就业机会，提升交通效率，并满足多样化的住房需求。作为印度信息技术产业的重要成员城市，特里凡得琅凭借其以太阳能为主的可再生能源、电动汽车和公私合营融资模式成为全球可持续城市的典范。该市还建立了智能环境信息系统和集中指挥控制中心，并推行了零碳公共交通和性别平等、残疾人友好的公共空间设计，成为智慧城市发展的样板。

图 2.35 特里凡得琅城市海景图

城市发展背景

城市发展的总体情况

特里凡得琅是印度喀拉拉邦的首府,在印度国家智库发布的城市可持续发展目标指数排名中跻身全国前五。凭借其多样化的自然地貌和丰富的资源,特里凡得琅正在快速发展成为印度重要的创新、文化和商业中心。该市的可持续发展计划重点关注教育、医疗、性别平等和贫困消除,并通过公共分配系统和免费粮食计划显著改善了居民的生活质量。依托喀拉拉邦的肥沃土地、充沛水源及受过良好教育的高素质人口,该市致力于构建知识型社会与服务经济体系,优先发展旅游业、智能水道及制药产业。作为智慧城市典范,特里凡得琅在交通智能化、可再生能源利用及市民服务创新方面取得突破性进展。通过实施"2030 年发展规划",特里凡得琅力求提升人均收入、降低失业率,进而打造一个经济繁荣、社会包容、环境友好的现代城(表 2.5、图 2.36)。

表 2.5 特里凡得琅城市基础数据

序号	指标	数据	备注
1	城市常住人口(2022)	330.73 万	
2	城市行政区面积	2 192 km²	
3	城市建成区面积	—	
4	人均 GDP(2022 年)	1 740 美元	

图 2.36 特里凡得琅地理位置

城市面临的主要挑战

尽管特里凡得琅在多个领域取得了瞩目的成就,其发展历程中仍不可避免地遭遇了多重挑战。首要挑战源自人口的迅速膨胀,这一趋势极大地考验着城市的基础设施承载能力,特别是在交通、住房,以及公共服务等方面。其次,气候变化成为悬于城市之上的达摩克利斯之剑,频繁发生的洪水事件迫切要求特里凡得琅加强气候韧性建设,并加速推进可持续的绿色基础设施项目，以应对环境威胁。最后，尽管教育与医疗领域取得了显著进步，但如何确保社会发展的公平性与包容性，特别是保障弱势群体能够平等分享城市发展红利，仍是摆在城市面前的一项艰巨任务。

可持续发展策略

总体策略

特里凡得琅的总体策略是以可持续发展为核心，推动经济、社会和环境的协调发展。当地政府致力于通过智慧城市计划，构建技术先进、公共服务完善的城市环境。依托 Technopark 等创新中心和知名学术机构，特里凡得琅正积极打造一个知识、经济和创新中心，为城市的长远发展奠定基础。同时，当地在交通、废物管理、能源使用等领域进行了基础设施的现代化升级，力求通过使用电动交通工具、智能交通管理系统，以及太阳能等可再生能源来减少碳排放。该市还通过一系列的公共和私营合作项目促进技术进步、保护文化、提升居民生活质量、推动社会包容性和公平发展。

行动策略

特里凡得琅在行动策略上采取了多项有力措施，旨在推动城市的智能化与可持续发展。自适应交通控制系统和智能交通管理系统的应用显著提升了交通的流畅性和安全性，而电动巴士和充电基础设施的推广则减少了城市对化石燃料的依赖。在公共安全方面，城市通过综合指挥与控制中心加强了应急响应能力，利用监控系统提高了公共安全与犯罪侦查效率。同时，该市积极推动绿色能源的使用，通过在建筑物上安装太阳能板来增加可再生能源的比例，并通过智能废物管理系统减少垃圾填埋。此外，城市注重文化与社会项目的发展，特别是文化街的改造，旨在通过文化艺术活动为市民提供更加丰富的公共生活空间。市政府还通过公私合作和市民参与，确保各个项目的透明性和包容性，让市民能够积极参与到城市的建设与治理中，共同为特里凡得琅的未来贡献力量。

创新行动

行动 1：构建智慧交通系统

智慧城市特里凡得琅有限公司（SCTL）专注于推进特里凡得琅的智慧化进程，其中 TSCCC & ICCC 项目是其核心，旨在优化交通管理，提升市民出行体验与城市安全性。TSCCC 项目集成了自适应交通控制系统（ATCS）、智能交通管理系统（ITMS）与城市监控系统。其中，ATCS 能够依据实时车流自动调整信号灯时长，优化通行效率；ITMS 能精准打击交通违法，确保道路安全；城市监控系统配备多样摄像头，不仅可以监控交通，还能助力犯罪侦查与事故调查。

行动 2：打造综合指挥与控制中心 ICCC

综合指挥与控制中心（ICCC）是 SCTL 的神经中枢与决策核心，其作用在于通过整合工程（KWA）、公路运输（KSRTC）、卫生、税务、IT、警察及灾害管理等关键部门，形成应对紧急事件（如洪水）的共同行动平台，为特里凡得琅市政公司提供智能解决方案（图 2.37）。ICCC 在新冠肺炎疫情期间起到了关键作用，中心设立了地区控制室，协调警察、物资供应、税务、卫生及消防等多部门行动，简化了医疗保健服务获取流程，成为公众获取信息与必要设施的一站式服务点。该中心还集成了新冠肺炎疫情数据库与仪表板，有效管理氧

图 2.37 特里凡得琅综合指挥与控制中心

气、医院床位及救护车资源。2021年10月1日，作为庆祝印度独立日活动的一部分，ICCC增设了高科技新冠肺炎疫情指挥室，下设呼叫中心、快速响应、接触者追踪及救护车控制四大24×7运作团队，精准指引患者至合适的医疗机构，显著提升了应对效率。

行动3：采购电动公交车

特里凡得琅智慧城市建设中的电动出行项目从喀拉拉邦道路运输公司采购了113辆全电动公交车（图2.38）。其中的半数车辆服务于内陆地区的新区域，覆盖了48条不同的公交线路，总里程长达11 186千米。该项目增强了城市公共交通的便捷性，尤其惠及妇女与儿童。所有公交车都配备了闭路电视监控系统，旨在为乘客，特别是女性乘客提供更高层次的安全保障。公交车的运营时间从清晨5点30分开始，直至午夜12点结束，这一人性化的时间安排不仅满足了市民的日常出行需求，还特别考

图 2.38 特里凡得琅的电动公交车

虑到了铁路乘客的接驳需求。电动公交的引入显著减少了碳排放，提升了空气质量，对儿童及居民健康大有裨益。同时，低票价（仅10卢比）增强了公共交通的经济性与吸引力，乘客量从2023年9月的52.9万人次增至12月的82.1万人次，凸显了"家门口"移动服务的成功。此外，项目还建设了11个充电站，为电动公交车提供基础设施支持，进一步推动了城市的绿色转型。

主要成效

影响

1. 社会影响

马纳韦亚姆文化街（Manaveeyam Veedhi）的开发改造是当地智慧城市建设中的一个亮点项目（图2.39）。文化街全长约225米，作为该州首个夜生活地标，此街因Keltron围墙上的艺术佳作与频繁的文化演出而闻名。改造计划旨在通过物理升级与活动促进，将其重塑为集多种功能于一体的文化街区。改造亮点包括行人优先的街道设计，确保全面无障碍通行；新增街景元素如美食亭、便利设施区、特色街灯、开放图书馆、雕塑与街头艺术展区、文化活动花架、瑜伽健身区及休憩聚会点等。此外，现有交通岛被巧妙开发，并引入WiFi覆盖、闭路监控及两轮车停车区。夜晚，街道会被树灯与图案投影灯点亮，为文化活动增添璀璨氛围。

2. 环境影响

"政府机构屋顶太阳能安装"项目是特里凡得

图 2.39　改造升级后的马纳韦亚姆文化街街景

琅智慧城市计划的重要组成部分（图 2.40）。该项目旨在通过在 504 个政府机构和学校的屋顶安装太阳能光伏系统来实现 16 兆瓦的发电能力，从而利用太阳能满足至少 10% 的城市电力需求，进而推动特里凡得琅成为全国太阳能供电的领军城市。项目不仅能够促进清洁能源的广泛应用，减少碳排放与对传统能源的依赖，还将显著改善空气质量，助力城市应对气候变化挑战。该项目隶属于"韧性与环保"模块，旨在构建一个健康且具有韧性的城市，通过升级基础设施与推动新建筑能源可持续性，实现能源领域的绿色发展。

图 2.40　政府机构屋顶的太阳能装置

可持续性

1. 城市的长期发展策略

《新城市议程》中的经济可持续愿景强调通过确保居民的"充分就业和体面工作"来实现可持续和包容的经济增长，以此推动可持续的城市发展。特里凡得琅智慧城市计划下的"经济能力"项目正是这一愿景的具体实践：通过改造市场区域、改善小贩生计，以及建立孵化中心来支持中小企业的发展，提升城市的经济活力，增强居民的身份认同感。此外，项目推出的孵化中心能够提供移动应用程序和在线交易平台等先进设施，进一步促进了在线交易等商业活动的繁荣发展。项目的最终目标是通过提供优质的城市基础设施服务与良好的城市治理，实现可持续增长与减贫的双重目标。

2. 以人为本的方法

特里凡得琅成立了由多方利益相关者组成的智慧城市顾问论坛（SCAF），成员包括地区专员、国会议员、立法会议员、市长、特殊目的机构的首席执行官、本地青年、技术专家，以及居民协会、纳税人协会、贫民区联合会、妇女组织、青年协会等的代表，旨在促进跨领域、跨阶层的无缝合作。SCAF 积极倡导与弱势及边缘化群体的深入对话，强化与区域委员会、居民福利协会、本地商会的紧密联系，确保各方声音被充分听取与尊重。为践行包容性治理理念，该市实施了全面的公共参与策略，灵活运用线上线下相结合的参与工具，如设立专题讨论论坛、分配具体任务、开展在线投票、邀请公众演讲及撰写博客等，有效拓宽了民众参与渠道，彰显了政府对实现包容性治理的坚定承诺。智慧城市任务在推进过程中，始终将当地社区置于核心地位，视其为解决方案的共同创造者与执行者。这一举措促进了项目内容的本地化与情境化，确保了各项措施更加贴近民生、符合实际。

经验借鉴

创新性

1. 治理模式创新

特里凡得琅市设立的综合指挥控制中心在紧急情况下展现出良好的协调与响应能力。无论是自然灾害还是公共卫生危机，该中心都能迅速调动各方资源，确保城市能够迅速、有效地应对挑战。这种高效的应急处理模式为其他城市提升应急管理能力提供了可借鉴的经验。

2. 技术工具创新

特里凡得琅市善于采用智能交通管理、监控系统、数据驱动的决策平台等前沿技术来解决复杂的城市问题。这些技术不仅提升了城市治理效率，还保障了居民的安全和生活质量，为其他城市提供了通过数字化手段提升治理能力的参考方案。

3. 规划和设计创新

在应对气候变化方面，特里凡得琅市致力于减少碳排放，积极推动可再生能源的使用。通过屋顶太阳能发电、电动公交车推广等举措，该市有效减少了对传统能源的依赖，同时保障了经济的可持续性，为全球城市在现代化进程中如何保持环境友好提供了示范。

适应性

特里凡得琅市的发展策略强调社会包容性和城市宜居性，将弱势群体的利益放在重要位置，并通过一系列措施确保他们在城市发展中不被边缘化。同时，该市还积极鼓励社区参与公共决策过程，提高了决策的透明度和民主性。这种以人为本的发展理念不仅提升了市民的生活质量，也为其他城市如何通过社会包容性设计促进城市和谐提供了有益的思路。

第三章 | **青年共享的国际交流合作平台**

引言[1]

人类应对气候变化是一场接力赛，青年是气候行动的主力军。在气候危机愈演愈烈的当下，青年一代的气候责任得到前所未有的强化，青年一代的气候认知和气候行动也受到前所未有的关注。青年一代应对气候变化的行动日益多样化且富有行动力：越来越多的青年人参与气候传播和教育活动，为应对气候变化贡献"青年力量"；跨国青年行动网络不断壮大，联合国框架下平台放大了全球各地的"青年声音"；在"全球南方"的气候行动中也涌现出越来越多的"青年身影"，为南方国家的气候治理贡献"青年见解"。

青年一代对气候变化的影响有着更为深远的理解，国际社会也深刻认识到青年在国际气候合作中的重要性。"里约+20"峰会决议《我们想要的未来》（The Future We Want）中提到"我们强调青年积极参与决策进程的重要性，因为我们正在处理的问题对今世后代都有深远影响，而儿童和青年的贡献对实现可持续发展至关重要"[2]。当前，青年在全球转型中的作用愈加明显，并呈现多元化、跨国化和纽带化特征。

第一，当下的青年是后2030时代全球可持续发展和气候行动的主力。联合国秘书长安东尼奥·古特雷斯表示："迄今为止，我们这一代人在很大程度上未能维护世界正义，保护地球。你们这一代必须促使我们担起责任，确保我们不会背叛人类的未来"[3]。青年参与全球气候治理具有重要的牵引作用，他们通过创新和前瞻性思维、传播和影响力、参与和领导能力，以及跨国界的合作精神，为全球气候治理带来新的视角和方法，激发更多人的参与和行动，推动气候治理的进程。其次，青年行动的逻辑是通过个人和集体的努力，推动社会和政府的变革，实现可持续发展的目标。全球各地的青年组织通过发起游行、集会和抗议活动，呼吁政府采取行动应对气候变化。同时，青年组织积极参与气候行动，通过举办环保活动、倡导绿色生活等方式，推动政府和企业采取行动应对气候变化。他们还通过社交媒体、环保组织等渠道积极传播气候变化知识，提高公众的气候意识。近年来，青年参与和引领气候行动的实践不断增多，涉及领域广泛。全球青年发展行动计划面向世界遴选的首批100个典型项目里，有16个项目涉及"气候行动与绿色发展"领域。

第二，全球重大气候平台愈加重视青年议题，以及青年的实际参与和决策制定。联合国气候变化框架公约下的青年气候行动组织（YOUNGO）赋予青年在国际气候政策中的发言权，青年大会（Conference of Youth）是与联合国多边气候进程相关的规模最大、内容最丰富的青年会议，青年赋权气候行动平台（YECAP）为年轻人在各自国家倡导气候行动提供了一个安全、包容的空间；联合国计划署（UNDP）下的青年促进气候行动（Youth for Climate Action）使青年参与气候相关政策制定，志向高远（AIMING HIGHER）以G20国家为重点提高青年参与气候行动的意义，可持续发展与和平全球青年计划（YOUTH GPS）旨在推动UNDP青年

---

1 本章作者为上海国际问题研究院朱云杰、于宏源、任康华、程星语，同济大学李光明，上海杉达学院俞传潇，联合国人居署。
2 http://rio20.net/wp-content/uploads/2012/06/N1238164.pdf。
3 https://www.un.org/zh/climatechange/youth-in-action。

战略；联合国教科文组织（UNESCO）发表了关于儿童、青年和气候行动的宣言（Declaration on Children, Youth and Climate Action），创立青年气候行动网络（YoU-CAN）、人与生物圈计划（MAB youth）、气候变化青年领袖营、青年气候峰会与全球青年气候周，以支持青年创造和传播知识，加强提高其影响力，参加高级别气候活动；联合国儿童基金会（UNICEF）的青年促进气候行动（Youth for Climate Action）通过教育、技术、科学、法律鼓励各地的年轻人都在利用自己的技能为气候行动发声。世界经济论坛发布了青年恢复计划（Youth Recovery Plan）和支持由年轻人领导的方案（youth-led solutions），以帮助决策者和青年围绕政策制定展开互动。

第三，全球南方、发展中国家城市合作纽带下的治理是全球气候行动的重心。青年的声音，尤其是来自全球南方、发展中国家等弱势社区的声音，往往是象征性、边缘化、不明确的，也缺乏足够的资源、信息、支持和指导。但青年人对于气候变化议题有着表达自己声音的天然权利，并通过在气候行动中成为加速从倡议到实践的"助推器"。从地方层面到联合国层面，南方国家和发展中地区的青年代表积极发声，争取政策支持和资源。同时，青年一代具有创新精神和活力，他们通过科技创新推动气候行动，例如开发可再生能源技术、推广节能减排的生活方式等，有利于全球南方国家低成本气候技术的普及。

国际合作部分通过对城市与国际组织的多维度青年参与、南南合作下的青年人才培养、城市治理青年节、气候大会，以及联合国专项行动等案例介绍，关注如何有效搭建可供不同地区不同背景青年交流的平台，能为青年在应对气候变化等国际议题中的实践与创新提供展现自己解决问题的舞台，鼓励世界青年在参与推动构建人类命运共同体的实践中展现青春活力。

参考案例

越南胡志明市：基于城市政府与国际组织合作的青年气候治理多维度参与

案例背景

越南多年来一直被列为受气候变化影响最大的国家之一。根据联合国开发计划署对1997年至2016年极端天气事件的年度评估，越南是受气候变化和海平面上升影响最严重的五个国家之一[1]。具体而言，越南在全球气候风险指数（2018年）中排名第五[2]，在长期气候风险指数（CRI）中排名第八[3]。

越南经济结构单一，新兴技术转化能力有限，面对气候危机冲击缺乏足够的韧性和复原力。同时，越南也面临国际转型趋势、本国发展目标、客观环境危机的多重压力，实现经济结构转型、保障气候危害下的人民生存质量都需要付出巨大努力。

1　https://ynetvietnam.org/vys-2023。
2　https://www.germanwatch.org/sites/default/files/publication/20432.pdf。
3　https://vietnam.opendevelopmentmekong.net/topics/climate-change/。

胡志明市作为越南最大的城市和经济中心，位于湄公河三角洲地带。作为一个快速发展中的都市，胡志明市同样面临着严峻的环境和气候挑战。随着全球气候变化，胡志明市面临多种气候风险，主要包括海平面上升、极端天气事件如暴雨和洪水，以及持续的高温天气。又因其地处低洼，海平面上升对胡志明市的基础设施和居民生活构成重大威胁。频繁的暴雨和洪水已经对胡志明市的排水系统和交通网络造成了严重压力，增加了城市应对灾害的难度。

应对气候变化是一个迫切的问题，需要合作努力和集体责任。早在2022年，越南就已达成了与七国集团合作的"公正能源转型伙伴关系"，以帮助自身完成能源转型以实现能源转型和构建面对气候挑战的系统韧性。然而，具有高暴露度和气候脆弱性的越南亟需制定更具雄心的目标。越南希望可以通过"全政府"和"全社会"的方式加快行动，特别是通过让私营部门和青年参与进来，以构建更为强大的气候防线。

青年参与气候治理的热情是其独有的优势，是推动积极变革的强大力量。例如，2019年，胡志明市的青年群体首次参加全球气候罢工，呼吁采取紧急气候行动[1]；2020年，联合国儿童基金会（UNICEF）与胡志明市科学技术部下属的西贡创新中心合作，举办了一个专为青年设计的气候行动创新示范日活动[2]等（图3.1）。

青年行动往往聚焦于单一的活动形式或项目计划，缺乏复合性的能力体现的模式，胡志明市通过

资料来源：https://www.unicef.org/vietnam/press-releases/unicef-and-saigon-innovation-hub-incubate-socially-innovative-ideas-climate-action

图3.1 联合国儿童基金会和胡志明市展开合作

1　https://world.350.org/east-asia/vietnamese-youth-demand-urgent-climate-action/。
2　https://www.unicef.org/vietnam/press-releases/unicef-and-saigon-innovation-hub-incubate-socially-innovative-ideas-climate-action。

借助与国际组织的合作支持，引导开展青年群体参与政策制定、边缘群体的气候脆弱问题、青年活动开展、信息和技术分享和行动为导向的合作[1]，为青年群体提供了一种多维度的能力培养。此类多维度的能力培育，可以有助于让青年活动从冲动从众行为转变为长期富有效力的集体行动，也让原本可能关注较为单一、片面的气候行动转变为多维度的综合行动体系。

实践过程

胡志明市的青年气候活动充分彰显了城市政府与国际组织合作的特点，政府通过采取如《越南青年气候行动报告》(*Report Youth for Climate Action in Viet Nam*)、青年气候行动国家路线图、Youth4Climate 学习中心、创新通信解决方案竞赛等一揽子行动，借助国际合作契机，从多维度对青年行动的实践能力进行培养。

胡志明市针对青年活动的培育工作，可以理解为 4 个环节：提高信度、加强参与、广泛动员、培养能力。胡志明市政府和联合国相关机构在促进青年行动中，充分听取青年意见、尊重青年行动、聆听青年观点、培养青年能力，使气候行动和国家自主贡献更加响应青年、以青年为主导[2]。联合国开发计划署驻越南代表凯特琳·维森也表示："我们决心与 MONRE 和胡志明市青年联盟的合作伙伴一起，营造有利环境，让年轻公民参与向更绿色、更清洁的未来过渡，成为越南实施《巴黎协定》和国家自主贡献目标的主要推动力之一。"

1. 官方合作特别报告，权威背书青年行动

根据 2021 年《越南青年气候行动报告》[3]，约有六成的受访者认为"有关政策的信息来源仍然难以掌握"或"没有一个可靠的个人或组织通过媒体渠道定期更新和积极传播有关气候变化政策的知识"。如何正确理解政策文件语言、找到可靠的信息来源、避免非官方信息的误导性猜测等问题都是青年行动中难以克服的问题。信息的低可获得性直接造成青年行动的参与度不高或参与范围窄，对青年活动的可持续开展造成负面影响。

2021 年开始，为解决青年气候行动中缺乏支持和信息不公开等问题，联合国开发计划署与越南自然资源与环境部（MONRE）气候变化司（DCC）合作发布了《越南青年气候行动报告》。

这份报告由来自越南各地的 24 位年轻作者共同撰写，记录并追踪了 130 多个青年主导的气候倡议和项目，涵盖青年参与气候政策和决策过程、加速向循环经济转型、减缓气候以实现净零排放，以及适应气候变化和减少灾害风险等介绍，犀利地剖析了发展中国家和气候脆弱地区开展气候适应行动的挑战和应对。他们还确定了几个优先加速措施，包括建立青年气候政策工作组、气候变化教育和能力建设计划，以及对青年主导项目的资金和技术支持[4]。

---

1 ASEAN.ASEAN Commemorates ASEAN Youth in Climate Action and Disaster Resilience Day 2021 with Intergenerational Dialogue[EB/OL].https://asean.org/asean-commemorates-asean-youth-in-climate-actionand-disaster-resilience-day-2021-with-intergenerational-dialogue/。
2 https://www.undp.org/vietnam/press-releases/youth4climate-conference-unlocking-youth-potentials-and-innovations-implement-viet-nams-climate-change-targets。
3 https://www.undp.org/vietnam/publications/report-youth-climate-action-viet-nam。
4 https://www.yecap-ap.org/compendium。

特别报告也有利于政府更好地与青年行动进行对接，准确地评估真实诉求从而给予协助，更有利于在国际社会发出来自越南的系统性的青年之声。通过借助联合国和越南官方政府的合作，胡志明市的青年群体发表特别报告有助于表达越南青年对国际气候行动的响应，并提升自身行动的国际知晓度，同时为政府气候决策补充青年视角（图3.2～图3.3）。尤其是围绕青年气候行动所面临的瓶颈，从多利益攸关方（如国家气候决策者、地方政府理事会、HCYU，以及技术专家）的角度给出针对性的解决方式和"加速器"（Recommended Accelerators）建议。

资料来源：https://www.undp.org/vietnam/press-releases/youth4climate-conference-unlocking-youth-potentials-and-innovations-implement-viet-nams-climate-change-targets

图3.2　越南青年气候大会上的青年发言

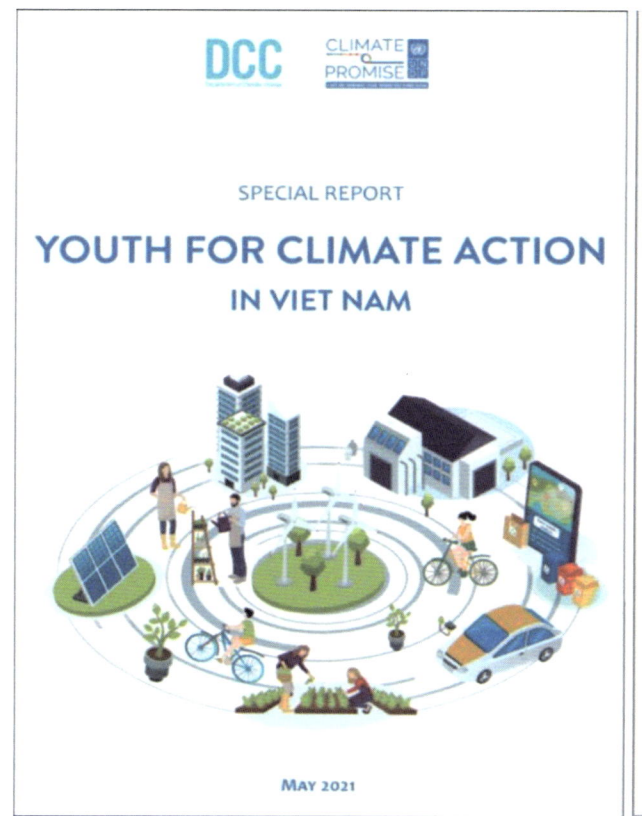
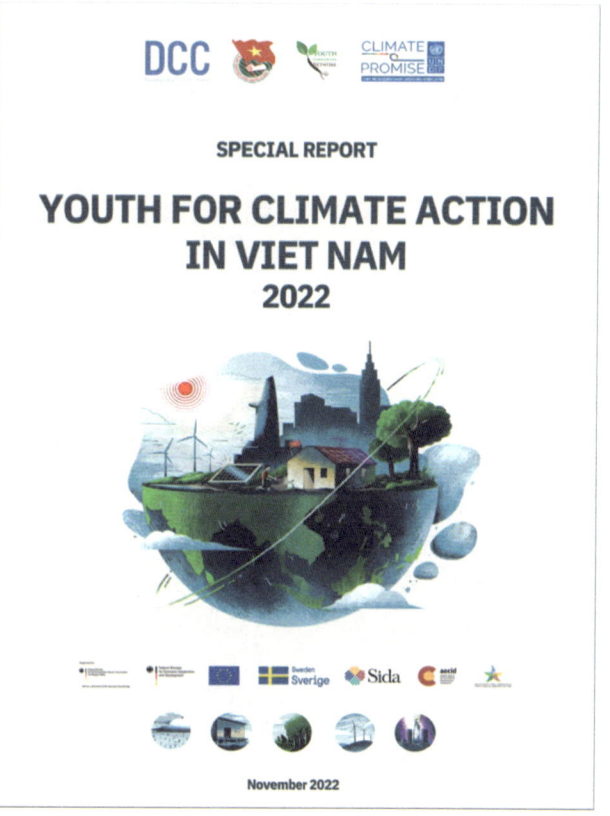

资料来源：https://climatelearning.undp.org.vn/wp-content/uploads/2023/02/Special-Report-on-Youth-for-Climate-Action-2022-Eng.pdf

图3.3　2021年和2022年的特别报告

2. 制定《青年气候行动国家路线图》，确立青年群体和官方合作机制

胡志明市政府始终把青年参与作为政府决策的关键考量之一，通过制定并遵守《青年气候行动国家路线图》（图3.4），确立青年领导人和政策制定者在实施越南国家数据中心方面的合作机制，以及明确的实施目标和里程碑。《青年气候行动国家路线图》的提出标志着青年行动从单一、孤立的个体行为转向青年群体和国际、国内合作的系列行动，并为青年群体后续行动指明了方向和阶段性任务。

路线图的制定过程涉及多利益攸关方的参与，包括青年代表、政府官员、非政府组织和国际组织。通过广泛的咨询和讨论，确保路线图能够全面反映各方的需求和意见。形成完善的"青年+政府"合作模式，将2020—2025年的气候目标与青年行动匹配，为青年活动的有序进行和国家气候治理计划的同步提供了底层建设。

青年们敦促政府建立有利的法律框架和基础，支持个人、发起人、运动和青年组织采取气候行动，特别是通过建立有利的机制，赋权青年少数群体、边缘群体和直接受到气候变化影响的人采取行动。最重要的是，青年们建议优先建立一个青年和气候政策工作组，在国家和国际政策论坛上代表青年发声。

资料来源：https://www.undp.org/vietnam/publications/report-youth-climate-action-viet-nam

图3.4 青年气候行动国家路线图（2021版，部分）

具体的合作机制包括：（1）青年气候政策工作组：由青年代表和政府官员组成，定期召开会议，讨论和制定气候政策。该工作组还负责协调各方资源，支持青年项目的实施。（2）跨部门合作：促进不同政府部门之间的合作，确保青年气候行动与国家整体气候战略的一致性。通过跨部门合作，共同解决青年在气候行动中遇到的挑战。（3）国际合作与交流：积极参与国际气候会议和交流活动，学习和借鉴其他国家的成功经验，提升越南青年气候行动的国际影响力。

3. 采用多种形式组织气候行动，提高青年群体认知

胡志明市通过建立长期的青年气候行动网络，支持和鼓励更多青年持续参与气候行动和创新传播，不断提升社会对气候变化问题的关注和行动力。

2021年1月，胡志明市建立青年气候行动网络（Youth Climate Action Network，简称YNet），全国有15个成员组织。YNet的目标是支持其成员申请资金，与利益相关者合作，并组织培训和提高青年能力的计划。YNet前后组织了许多活动，例如：模拟联合国气候变化会议（结合当年COP主题）；在COY16、COP26前和COP26上为撰写代表越南青年声音的青年声明作出贡献；确保越南青年在全球青年信函和升温气候行动等倡议中的代表性；组织培训计划（例如，升温气候行动）等活动，扩大了相关活动在青年群体中的知晓度。

2022年，胡志明市举办了"减少气候变化影响和提高抗灾能力的创新通信解决方案"竞赛，旨在提高越南学生的认识，创新风险沟通，呼吁大学生采取行动，减轻气候变化的影响，提高抵御灾害的能力，并突出该领域的最佳实践和成功模式，并呼吁社会积极参与减少灾害风险和适应气候变化（图3.5）。参赛作品应为可在大众媒体（电台除外）上发布的创新传播产品，如漫画、短片、视频片段、海报等。通过种类多样、富有创意的举措，吸引广大青年和大学生的参与，并激励他们将应对气候变化作为自我意识和生活方式的一部分[1]。

此外，竞赛中上交的提案并非仅仅作为参赛资料，而是通过联合国开发计划署展开的国际合作，应用于向越南中部脆弱家庭传达关于减少灾害风险和应急响应的关键信息。

资料来源：https://www.undp.org/vietnam/speeches/award-ceremony-innovative-communications-solutions-reduce-impact-climate-change-and-increase-resilience-disasters

图3.5 减少气候变化影响和提高抗灾能力的创新通信解决方案颁奖典礼

---

1 https://www.undp.org/vietnam/speeches/award-ceremony-innovative-communications-solutions-reduce-impact-climate-change-and-increase-resilience-disasters。

4. 建立学习论坛和学习中心，为青年气候行动赋能

技能培训是青年气候行动中不可或缺的一环，特别是针对气候脆弱国家，广大青年群体缺乏对官方政策、国际形势、气候科学等文件和信息的统一学习机会和集中浏览平台，通过官方借助国际合作倡议搭建此类平台，有利于促进官方与青年群体间的信息流动，填补青年在气候领域的知识和技能空白。胡志明市开展了一系列志愿和学习活动以提高青年群体参与气候行动中的实践能力，包括绿色夏天运动（Green Summer Campaign）论坛（图 3.6）和 Youth4Climate 气候学习中心等，通过提供能力培训和财政支持，赋予青年气候实践能力。

以 Youth4Climate 学习中心为例，作为联合国 Youth4Climate 倡议的一部分，该学习中心完全由年轻人设计和开发。开发团队由来自越南不同地区、不同背景的年轻人组成，他们一直在技术和政策专家的支持和同行评审下共同开发知识模块。每个模块使用醒目的图像总结核心知识，信息量和创造性兼具。迄今为止，该中心已经构建了与气候变化相关的 5 个主题（气候科学、生态系统和土地使用、能源、工业流程、材料和废物，以及气候政策），并已吸引了约 600 人参加并完成网站上的课程。它还包含一百多篇报告和二十多篇关于青年观点的文章[1]。

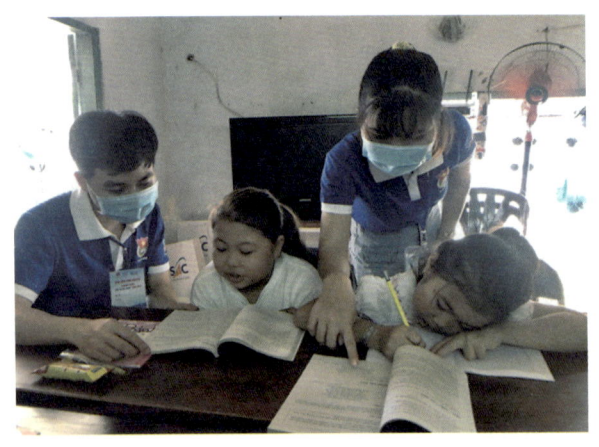

资料来源：https://vietnamnews.vn/society/1254302/hcm-city-students-join-2022-green-summer-campaign.html

图 3.6　2022 年绿色夏天活动现场

经验借鉴

青年参与气候治理行动已经受到国际学界的关注，主要包括气候行动（activism）、气候教育（education）和传播（communication）[2]。事实上，胡志明市的相关行动借助政府和国际合作正是涉及了这 3 个领域，其为当地青年组织提供多维度条件的培育行为值得更多的气候脆弱国家参考借鉴。在城市政府与国际组织合作过程中，多维度的青年气候治理参与有利于使青年气候行动具备明确的目的、实用的能力，并提供协商的渠道和创新的展示场域。

1. 政府应借助国际项目合作，更多引荐青年群体作为边缘群体的代表，直接参与项目的具体治理行动，并鼓励其创新和领导

在本项目中，胡志明市通过提高信度、加强参与、广泛动员、培养能力 4 个维度，对越南青年气候行动的专业性和广泛性做了拓宽。这种富有成效的行为通过将气候政策决策和青年行动的挂钩，回应了社会的转型诉求转化为阶段性发展目标，一方面集合了社会多方力量的群策群力，保证了充分调动青年群体的积极性和参与度，另一方面政府在青年参与的帮助下，其气候政策的推行难度大大降低。

1　https://climatelearning.undp.org.vn/en/#!。
2　王思丹：《青年参与全球气候变化治理的路径和特点》，《中国青年研究》，2023 年第 6 期，第 24 ~ 32 页。

2. 城市与国际组织多维度合作可有效提高青年气候行动能力

项目需要政府和国际合作协力为青年群体提供明确的活动目标、活动空间、能力培训和展示程序，以及影响政府决策的实际渠道。借助培训过程中对青年群体的知识技能培训，补全了公共领域中国家机器效能不足的问题，让社会群体自发落实国家政策，提高了政策效能和可行性，也提高了青年群体对国家政策的理解程度，便于后续施行。

3. 城市政府可充分利用国际合作平台优化外交路径，倍增传播效应

青年群体作为传统社会权力架构中的弱势地位，其行为逻辑和关注重心和传统政治精英的涉及范围并不完全重合，如原住民青年群体高度关注族群和社会价值等气候正义问题[1]。引荐青年群体作为边缘群体代表参与国际项目合作，有利于落实国际合作的切实落地，并对后续活动的创新和未来事业的领导启到积极作用。在本项目中，胡志明市政府借助YNet、Youth4Climate等多种方式，让青年群体代表可以直接参加到国际合作中，如全球青年气候行动信、Youth4Climate：Driving Ambition的COP26前瞻活动等，既为青年活动增加实践经验，又可作为胡志明市乃至越南国家在国际社会的发声途径，借助青年群体发声的方式表达本国诉求，有利于充分维护自身利益。随着青年行动在全球气候行动中的占比越来越高，更多具体项目会引荐青年群体作为边缘群体代表参与。这有利于提升本国在相对应气候行动中的话语权，也为青年群体积累经验，为往后继续开展气候行动奠定基础。

南南合作环境与可持续发展能力建设

案例背景

随着全球化的深入发展，国际环境治理的步伐不断加快，其强度与复杂性也随之提高。1992年，联合国环境与发展大会的召开，标志着国际环境治理进入了一个新的时代。然而，全球环境与可持续发展能力建设仍面临着诸多挑战。技术和知识转移的困难是其中之一，南南合作援助接受国往往面临技术能力不足、缺乏专业人才和科研基础设施等问题，这限制了技术和知识的吸收与应用。此外，政策和制度环境的不稳定性也给可持续发展能力建设带来了挑战，援助接受国的政策环境可能存在不完善之处，影响项目的顺利实施。社会和文化因素也是不容忽视的挑战，援助接受国的社会结构、性别平等、教育水平、社会认知和价值观的差异等因素，都可能对项目的实施和效果产生深远影响。

在此背景下，2002年，同济大学与联合国环境规划署联合创办了联合国环境规划署-同济大学环境与可持续发展学院（IESD）。作为联合国环境规划署在全球唯一的合作人才培养机构，IESD依托同济大学的环境优势学科，致力于培养具有国际视野和专业素养的环境与可持续发展领域人才。通过二十年的不懈努力，IESD不仅在南南合作的环境与可持续发展能力建设方面取得了显著成就，还构建了一个具有标杆性的全球环境治理人才培养体系和国际特色培育平台。IESD的成立和运作，为应对全球环境治理的挑战提供了一个成功的范例，同

1　Jenny Ritchie.Movement from the Margins to Global Recognition:Climate Change Activism by Young People and in Particular Indigenous Youth[J].International Studies in Sociology of Education,2021,30(1-2):53-72.

时也为南南合作国家提供了宝贵的经验借鉴。通过与国际组织的深入合作，IESD不仅推动了技术和知识的有效转移，还促进了政策和制度环境的改善，以及社会文化因素的积极融合，为全球环境与可持续发展能力建设作出了重要贡献。

由联合国环境规划署-同济大学环境与可持续发展学院牵头的南南合作环境与可持续发展能力建设，旨在提高亚太、非洲等南南合作地区政府、国际组织、非政府组织、私营企业等组织和行业从业人员的全面思考决策能力，培养其基于可持续发展现状的有效执行能力，引导其在决策中考虑环境和可持续发展之间的平衡。基于其能力建设项目，IESD先后获得了联合国南南合作局颁发的"联合国南南合作特殊贡献奖"，德国教研部颁发的"德国绿色精英奖"，QS国际高等教育研究机构颁发的"全球可持续发展银奖"；与联合国训练研究所合作线上课程浏览量超过十万人次；开设30门环境交叉学科课程，开展环境交叉学科社会实践105项；推出青年领导力课程52门，培养了来自95个国家的来华国际学生436人，发表学术刊物225篇；输送150人至国际组织参加会议和实习工作；与国际组织合作编写出版国际报告和教材33本，开展国内外培训约4 000人次；平台建设模式先后被 *China Daily*、*Nature* 等主流媒体报道。

实践过程

联合国环境规划署-同济大学环境与可持续发展学院基于南南合作框架，在南南合作环境与可持续发展能力建设方面的实践涉及亚太、非洲、欧洲、美洲等地区五十余个国家，具体实践过程如下：

1. 开展亚太地区环境与可持续发展能力建设研讨

亚太地区环境与可持续发展未来领导人研修班（Asia-Pacific Leadership Programme on Environment for Sustainable Development，简称APLP）于2004年由同济大学和联合国环境规划署共同发起，同时得到了联合国大学、耶鲁大学、澳大利亚新南威尔士大学、伍伦贡大学、格里菲斯大学、亚洲理工学院、新加坡南洋理工学院、德国汉斯-赛尔德基金会的大力支持，并形成了亚太地区可持续发展高校联盟，就未来领导人项目进行研讨、完善和创新（图3.7）。该研修班与联合国教育可持续发展十周年（DESD 2005—2014）目标相契合，并服务于可持续发展目标之子SDG4，即"确保包容性和公平的优质教育，促进全民享有终身学习机会"。

自2004年起，APLP每年在同济大学举办一次，通过对未来领导人开展可持续发展培训，围绕人类、环境、社会和经济等维度渗透可持续发展理念，根据生动具体案例开展互动和讨论，提高亚太地区政府、国际组织、非政府组织、私营企业、媒体等未来领导人的系统思考决策能力，培养未来领导人基于可持续发展现状的有效执行能力，引导未来领导人在决策中充分考虑环境和可持续发展之间的平衡，从而协调经济、社会、环境和可持续发展因素来解决复杂的实际问题，为亚太地区领导人建立一个互相交流的平台与网络，共同应对区域内的可持续发展挑战。

自2004年起，已有来自45个国家和地区的四百多名青年参与了研修班，并从中获益。其中，超过30个国家来自亚太地区。此研讨会同时吸引了来自北美、非洲和欧洲国家的学员分享他们在环境与可持续发展领域的经验。

2. 致力南南合作环境人才培养

IESD在南南合作环境人才培养领域积极开展项目合作，包括非洲应对气候变化非洲水行动计划项目、南南合作中非绿色城市市长研修班（图3.8）、绿色城市规划、对非洲国家的学位教育，以及大学

资料来源：由联合国环境规划署－同济大学环境与可持续发展学院提供

图 3.7 亚太地区环境与可持续发展能力建设研讨会

合作联盟建设等。其中，中非绿色城市规划与南南合作市长研修班围绕可持续城市、绿色城市规划、联合国可持续发展目标与新兴全球环境问题、能源有效利用与绿色建筑等模块开展报告和讨论，通过分享中国经验、加强交流与沟通，分享中国在践行生态文明和绿色发展方面所做出的努力和得出的经验，推动中非在绿色发展方面的合作共赢，为南南合作各国提供有力的帮助。

此外，同济大学自2015年起开始承办商务部援外学历学位项目，九年来累计招收来自全球55个国家的277名科研机构、企业和政府官员。多年来，学院始终致力于建设先进的国际化教育模式，为区域和全球，特别是"一带一路"国家在环境与可持续发展领域培养高水平、复合型技术和管理人才。例如，已经毕业的校友纳加·尼加·菲克鲁·阿勒穆，在埃塞俄比亚创新技术部担任高级专家，负责推进环境挑战研究计划，并在全球循环经济城市论坛上分享固体废弃物管理最佳实践；另一名校友特弗拉，毕业后在埃塞俄比亚水利能源部担任边界和跨界河流资源首席执行官，积极参与国际合作，包括与中国在水资源管理领域启动的联合项目。南南合作环境人才培养项目（South-South cooperation in environmental talent training）不仅提升了个人能力，也为全球环境治理和实现可持续发展目标作出了实质性贡献。

资料来源：由同济大学环境与可持续发展学院提供

图3.8　非洲绿色城市规划与南南合作市长研修班

3. 举办国际学生环境与可持续发展大会

自2011年起，联合国环境规划署和同济大学共同创立"国际学生环境与可持续发展大会"（图3.9）。在中国农业银行、北京绿色未来环境基金会和新华社的大力支持下，大会已成功举办13届，累计五十多个国家的近万名中外学子在每年世界环境日之际齐聚同济。发展至今，大会已成为关注可持续发展未来领导力的全球盛会，也是参与国别最多、影响力最大的可持续发展青年峰会之一，不仅为全球青年学子提供了交流与探讨重大环境议题的平台，也为有志于环保事业的学生们提供了跨专业、跨领域，以及跨国界的学习机会。

大会紧紧围绕"人类健康、循环经济、气候变化、无废城市"等多个主题，展现新时代青年在实现生态可持续发展事业中的使命与担当。至今每年吸引全球三十多个国家的四百多名青年共同参加，有三百多个作品参赛。

经验借鉴

1. 战略性地搭建"点—链—网"立体化的高水平合作平台网络

通过先后开展"点对点""点对链""网格式"的国际合作，IESD积极打造以联合国环境规划署－同济大学环境与可持续发展学院为核心的立体化国际合作网络。通过"点对点"的合作模式，IESD与联合国环境规划署等国际组织建立了紧密的联系，确保了培训项目的高质量和国际认可度。通过"点对链"的拓展，IESD与亚太地区、非洲、欧洲、美洲等地区的多个国家和机构建立了合作关系，形成了一个覆盖全球的合作链条。通过"网格式"的

资料来源：由同济大学环境与可持续发展学院提供

图 3.9　国际学生环境与可持续发展大会

国际合作，IESD 构建了一个立体化的合作网络，不仅包括政府、国际组织、非政府组织、私营企业等多个参与主体，还涵盖了教育、科研、政策制定等多个领域。多边主义和深化合作是全球发展共识，作为最大的发展中国家，中国的环境问题治理经验对其他发展中国家来说具有较强的借鉴意义和示范作用。以国际人才培育为中心的"点—链—网"立体化的高水平合作平台网络搭建，共享可持续发展城市管理的技术与经验，为全球人类命运共同体的构建和推进发挥了建设性的引领作用。

2. 多项目协同培养南南合作交叉型环境治理人才

整合亚太地区环境与可持续发展能力建设研讨、南南合作环境人才培养项目、商务部援外学历学位项目和国际学生环境与可持续发展大会等项目资源，形成综合的培养体系，鼓励参与者在不同项目中跨领域学习，并加强南南合作项目的实践环节，让被援助国家青年深入参与实际项目。通过实际操作锻炼综合解决问题的能力，培养他们在实践中灵活运用所学知识的能力。以更加开放的姿态促进可持续发展教育领域的国际合作，推动优质教育资源共享，坚持共赢共生、互学互鉴。结合短期研修、竞赛研讨、导师培育、国际学位项目等多种方式推动南南合作国家政府、非政府组织、学术界、私营部门等的绿色可持续发展共建，汇聚全球共识，共谋全球生态文明建设之路。

3. 强化本土化与文化适应性，促进知识转移与应用

在南南合作环境与可持续发展能力建设过程中，IESD 注重本土化策略，充分考虑援助接受国的社会文化背景和实际需求，确保培训内容和方法与当地实际情况相适应。通过与当地政府、社区和非政府组织的紧密合作，IESD能够更好地理解并融入当地的社会结构、价值观和行为模式，从而提高培训项目的相关性和有效性。这种本土化与文化适应性的强化，不仅促进了技术和知识的有效转移，还增强了当地社区对可持续发展项目的接受度和参与度，为项目的高效推进奠定了基础。

4. 构建长效机制，推动可持续发展能力建设的持续发展

IESD在推动南南合作环境与可持续发展能力建设时，注重构建长效机制，确保项目的持续性和影响力。通过建立合作伙伴关系网络、设立奖学金和资助计划，以及开展后续跟踪和支持服务，IESD为参与者提供了持续学习和发展的机会。此外，IESD还鼓励和支持参与者在本国建立类似的能力建设平台，形成自我复制和扩展的机制，从而推动可持续发展能力建设在南南合作国家中的持续发展。这种长效机制的构建，有助于确保培训项目的成果能够转化为实际的可持续发展行动，为全球环境治理和可持续发展目标的实现作出贡献。

印度 Prajatantra: 国家层面的城市治理青年节

案例背景

作为世界上人口最多的国家，印度正在迅速城市化，其中年龄在30岁以下的公民人口占比约为52%[1]。然而，印度人口中占比最大的青年群体很少接触有关市政府结构和职能的正规教育。在缺乏有关知识的情况下，青年缺乏参与地方政府进程的责任感，使全国各地的市政当局缺乏由青年主导的创新城市解决方案。除了对城市治理结构理论了解不足，青年还缺乏在实践中运用相关知识并积极参与城市治理的机会，尤其缺乏公民参与的工具和平台。

Praja基金会过去26年来一直努力增强公民对地方治理的参与，其核心目标是切实增强青年在地方治理中的参与度，而不仅仅是其投票能力。为了推动此类参与，Praja基金会与国家城市事务研究所的城市青年部合作，在联合国人居署和弗里德里希·瑙曼自由基金会（南亚）的支持下，组织设立了"Prajatantra 2023"节。Prajatantra节是印度首屈一指的全国青年节，作为一个平台，它让印度各地的青年通过辩论和探讨表达他们对城市治理的信念、意见和理解，促进青年在国家层面的参与。作为一个于2019年首次启动的年度节日，它鼓励参与者通过沉浸式体验，如市长演讲、政策演讲和辩论，以及竞答等，形成并发挥模范市政府的职能。可以说，Prajatantra节正在培养下一代青年成为充满活力的公民领袖。

实践过程

1. 通过训练营和知识讲座培训节日参与者

"Prajatantra 2023"节于2023年8月6日启动，当天举办了一个以"包容性和参与性城市经济"为主题的训练营，面向所有参与的团队和大学。为了对节日中各项活动所涉及的知识进行清晰的介绍，同时解答参与团队的各类问题，这次活动提供了全面的入门指导，向参与者介绍了"Prajatantra

---

1　URL: https://www.svc.ac.in/SVC_MAIN/SeminarsWebinars/Prajatantra%202023_Concept%20Note.pdf。

2023"节涉及的所有活动和比赛,以及它们的规则和条例。为了更好地培训参与者,知识建构成为了"Prajatantra 2023"节的一个基本环节。2023年8月至10月,举办方共组织了4次知识讲座,让入围总决赛的参与者们有了对地方政策制定的基础理解。作为提高参与者的地方治理能力的重要手段,这些讲座的目的是鼓励参与者更深入地探讨政策制定的复杂性。第一次讲座的重点是城市治理的法律和制度框架,涵盖了市政公司的职能、市政法的重要性和市长选举的复杂性。还讨论了市长在市政管理全局中的角色和责任,以及第74号修正案及其在国家治理框架中的关键作用。第二次讲座围绕青年在维护城市生态系统中的水资源安全方面扮演的角色,讨论了在艾哈迈达巴德实施的水利管理项目,重点介绍了一批印度城市如何应对洪水和用水短缺等水资源问题的案例,以及青年可以发挥的关键作用。第三次讲座专门讨论了市政财政,提供了有关印度市政融资的基本概念和整体趋势的见解,以及公民参与地方政府的重要性。最后,第四次讲座主要阐释了包容性城市空间如何塑造有韧性的城市经济。专家讲师解释了全球的包容和多样化公共空间与城市经济之间的联系,展示了市政如何利用独具特色的公共空间来改善城市经济前景。

2. 通过互动比赛开展能力建设

赛程分为若干轮进行,初步淘汰赛于9月1日至3日进行,随后于2023年9月16日至17日进行半决赛。最后,总决赛于2023年10月30日至11月1日举行,历时三天。它包括6个非竞争性活动,旨在强调社区建设、总决赛选手之间思想和文化交流的重要性,令其能充分接触更广泛的关于城市社会、公民身份和治理的观点。举办的活动有:知识讲座;与"像素印度"(India in Pixels)创始人Ashris Choudhary合作举办的静修活动;与"青年联盟"(Youth Alliance)合作的Prajatantra不插电演唱活动;社交晚宴;文化之夜和参观印度议会(图3.10)。

资料来源:联合国人居署

图 3.10 "Prajatantra 2023"节总决赛后的实地考察活动,参与者们前往参观印度议会

作为市长演讲比赛的一个环节,市长们展示了市政府在未来任期内的政策框架,指明了行政结构中的决策和关键变化。来自不同市政当局的候选人应邀发表他们对各自社区相关问题的观点,总决赛(2023年10月30日至11月1日进行)选手的任务则是解决地方上的难题,提出创新解决方案,并通过城市政策、良治和前瞻性方法激励他人采取行动。比赛不仅将地方治理机制相关的知识传授给了青年,也为个体提供了一个很好的平台,让他们表达自己的关切、分享自己对城市和市政的愿景,并通过在城市合作会议上的实践经验来倡导积极的城市转型。因此,比赛举办的宗旨是提升参与者的领导技能,并让他们深入了解如何制定全面的城市发展愿景。

围绕市政财政和城市经济,进行了多场政策演讲,以此引导参与者们从创新的层面思考财务和预算,并就其各自所在的地方政府的资金分配和经济规划提出独创的想法。这些提出的想法包括:引入碳信用体系和电动自行车以确保可持续的低碳经济发展、为初创企业、小微企业和弱小行业提供税收优惠和补助以创造本地就业机会,以及推广可持续旅游。参与者们还提到了通过市政债券创收的潜力、通过公共交通投资缓解拥堵和增加收入,以及对固体废物采取收费管理等。比赛极大强化了参与者们对地方政策制定和预算的概念知识的掌握,也锻炼了他们面对城市治理挑战时的分析思考能力。主题演讲的重心落在城市的全面经济发展,以及移民、社会文化资源等影响政策框架的各类因素。另外,活动方还开展了政策辩论(图3.11),围绕城

资料来源:联合国人居署

图 3.11　青年成员参加"Prajatantra 2023"节政策辩论比赛

市政策和治理，以正式和系统的形式进行探讨。这些活动为参与者们提供了批判性分析和讨论当前社会、文化、政治和经济维度的城市事务的机会，有利于形成以解决方案为导向的态度和方法。辩论按照印度地方政府公示的正式程序进行，参与者们被分为当政方和反对方，分别支持或反对"市政府是否只是服务提供机构，还是应负责经济发展"。而一场分为三轮的竞答比赛则进一步评估了参与者在城市治理相关主题上的知识掌握程度，这些主题涵盖了公民参与、电子政务、宪法和气候变化等诸多领域，从而加深他们的学习和积极参与。

3. 启动实地参与活动

值得一提的是，"Prajatantra 2023"节开启了在节日中纳入实地参与活动的先河。这些实地参与活动旨在让总决赛选手更好地了解城市治理的运作过程。活动分为两个阶段。第一阶段，参与者们对各自市政当局的城市经济政策进行了全面复核，绘制了城市经济概况，研究了市政府网站并分析了《市政公司法》。第二阶段集中在实地考察和公民调查，参与者们直接与行政官员、选举代表和市民互动。通过这些互动，他们获得了许多关于城市经济政策实施和地方服务送达有效性的宝贵见解。

在其五年的旅程中，Prajatantra 已经建立了一个强大的泛印度青年学术机构和青年社区团体社群网络。仅"Prajatantra 2023"节就汇集了来自印度 106 个市政当局的 343 支注册团队。参与者们还代表了 202 所学术机构和 7 个专门与青年社区合作的民间社会组织。

为了成功举办该活动，工作人员共召开了 433 次虚拟会议，动员了 100 多名志愿者，召集了 123 位专家评委，其中积极参与的城市青年共有 1 919 名。参与者们反映了多样化的人口结构，涵盖了从高中毕业生到脱产硕士生的全部青年群体，后者的教育背景涵盖了工程、建筑、医学、媒体研究、社会科学与人文科学。这种多样性促成了富有活力的同辈学习过程，使节日直接触及了 5 377 名青年，间接触及了 26 885 人，以及 2 376 所学术机构和民间社会组织[1]。Prajatantra 节就像是下一代领导层的跳板，参与者们对在节日活动中学到的城市治理和政策制定知识进行提炼优化，借此作出各自在学术和职业方面的决策，他们的主动行动正在起到加强城市治理的作用。然而，值得注意的是，学术界或政府机构的制度化努力可以进一步扩大 Prajatantra 节的影响力，帮助该倡议逐渐转型成为一个更加可持续的论坛，专门教育青年如何参与地方治理。同时，通过采用去中心化的结构，可以增加节日的触及范围，各市政当局的机构可以举办地方版的节日活动，促进基层民众的融入和参与。

经验借鉴

1. 促成城市青年与市政行为者间的直接合作

作为一个连接城市青年和市政行为者的合作平台，Prajatantra 节展示了为相互学习和交流拓展共同空间的价值。一方面，城市政策制定者和决策者为青年参与者提供专业知识；另一方面，参与者提出的城市解决方案也激发和开阔了市长和市政行为者的新想法和思路。在全球南方的许多地方政府格外缺乏青年参与地方发展进程的情况下，推动这样的合作倡议显得弥足珍贵。这有助于通过双向对话弥合青年参与的差距，并帮助推动包容性和前瞻性

1　URL: https://www.praja.org/praja_docs/praja_downloads/Prajatantra%20Samvad%202024_Issue%2003.pdf.

的治理。在青年处于制定变革性城市气候解决方案的前沿时，Prajatantra 可以以一个模范平台的身份，激发青年在这一领域的创新和合作，为他们投身地方气候行动赋权。

2. 利用沉浸式活动如角色扮演来培养青年能力并鼓励其参与城市治理

Prajatantra 节作为驱动青年参与和培养其在市政治理中的知识和技能的一种方式，充分体现了建立互动参与论坛的可贵价值。通过与专家和市政行为者的直接交流，该节日强调了对青年进行政策制定和治理过程方面的教育的重要意义，通过积极参与和对话促进创新的青年主导的解决方案。通过模拟现实世界的地方政府情景，活动让青年体验到了市政的实景和决策的过程，让他们理解了其中的错综复杂。此外，通过扮演不同的角色并参与富有成效的辩论，Prajatantra 节展示了青年们欣赏多样化的能力，以及城市政策对不同利益相关者和社区会带来哪些影响，故在参与现实生活中的治理情景时，他们的战略思考和创新解决方案应该得到鼓励。此外，这些活动还促进了参与者的团队合作、谈判和公共演讲技能提升，这些都是有效公民参与的必备技能，也是青年成为有影响力的城市变革者所需的核心技能。Prajatantra 节广泛连接了来自印度各地市政当局和背景多样的参与者们，它认为青年是城市的建设者，引导着城市未来的发展轨迹。因此，该倡议作为青年参与本地治理的国家层面合作的有力工具，促进了他们的参与并给了他们在市政决策中发声的机会。

意大利罗马：Youth4Climate——"点亮解决方案的火花"活动

Youth4Climate 是由意大利政府和联合国开发计划署（UNDP）共同领导的一项全球倡议。2023 年 10 月 17 日至 19 日，Youth4Climate: Spark Solutions 2023 全球旗舰活动在罗马举行，活动将来自 63 个国家的 130 名年轻人连接在一起。该活动旨在展示青年主导的解决方案，促进合作和学习，促进合作伙伴组织关键资源和工具的传播，吸引关键利益攸关方参与气候行动讨论。2022 年 10 月至 2023 年 3 月，Youth4Climate 与其战略合作伙伴发起了首次解决方案征集，旨在支持年轻人和青年组织以工作为重点的创新挑战。该过程旨在孕育气候行动的创新方法，并为涉及气候教育、能源、食品和农业，以及城市可持续性四大领域的解决方案提供高达 20 000 美元的种子资金。

征集期间，共提交了一千一百多个项目提案，优选其中 100 个入围并由青年参与者进行展示。值得一提的是，决赛选手有机会在评选委员会和其他参与者面前推介他们的项目（图 3.12），同时还可以参与同辈间和跨代际学习。围绕四个重点领域提出的解决方案包括：绿色就业促进、气候行动课程增强、信息产品改进、可持续垃圾管理和灾害风险意识、农业生态推广、有机农业和滴灌技术、城市韧性建设，以及增强清洁能源获取和存储技术。推介会展示了参与者之间强烈的认同感和归属感，他们通过不同项目的合作和相互学习来助力实现应对气候变化挑战的共同目标。一共有 50 个项目获得了资金支持，获胜的解决方案得到的支持包括导师计划、同辈交流，以及由合作伙伴（如联合国全球

资料来源：联合国开发计划署。URL: https://climatepromise.undp.org/news-and-stories/young-people-present-100-climate-solutions-rome

图 3.12 一名青年参与者在做城市可持续性方面的演讲

能批判性地探讨青年主导的倡议面临的挑战和机遇，以及伙伴关系发展和相互合作的必要性。活动方还举办了一次开放对话会，进一步使参与者能够从多样化的视角反思气候正义的各个要素，如原住民和来自受冲突影响地区的年轻人，探讨性别平等、青年行动主义和绿色转型等问题。青年们还获得了直接与包括联合国副秘书长阿米娜·穆罕默德和联合国开发计划署署长阿奇姆·施泰纳在内的联合国官员，以及意大利政府高级官员如外交部长、环境部长和意大利气候变化特使进行交流的机会。此外，Youth4Climate 参与平台作为一个致力于青年和气候的线上空间，提供了讨论空间、创新和共同开发的能力建设计划、网络研讨会和建立人脉的机会。作为一个活跃的工具，该平台拥有来自全球各地区的七千多名青年成员（图 3.13）。

契约）提供的课程，以提升年轻人领导绿色转型所需的各项技能。

期间，举办方举行了一系列活动，包括一次世界咖啡馆深度对话，它为参与者提供了平台，令其

资料来源：联合国开发计划署。URL: https://climatepromise.undp.org/news-and-stories/young-people-present-100-climate-solutions-rome

图 3.13 Youth4Climate：点亮解决方案的火花 2023 全球旗舰活动的青年与会者们

阿拉伯联合酋长国迪拜：第二十八届缔约方大会（COP 28）

作为全球唯一几乎包括所有国家成员的多边气候变化决策论坛，缔约方大会（COP）的举行是评估和加速应对全球气候进展的一个重要契机。第二十八届缔约方大会于 2023 年 11 月 30 日至 12 月 13 日召开，其汇聚了前所未有的利益相关方力量，并首次针对全球气候行动成果进行盘点，从而加强了国家和地方层面的国际气候合作（图 3.14）。本次大会重点关注的挑战包括减少城市排放、增强气候适应力、促进城市可持续发展，以及为地方气候行动筹集资金。同时，会议还决定实施多项关键措施，以鼓励青年主导的气候行动，尤其是青年气候领袖（Youth Climate Champion）计划的谈判，以及青年代表的选拔。

在第二十七届缔约方大会（COP 27）青年特使项目（Youth Envoy）的基础上，筹备青年气候领袖计划旨在为缔约方大会主席国与青年利益相关方之间架起沟通的桥梁，并简化青年、各国政府与 UNFCCC 之间的协调工作。该计划所承担的任务是让青年的参与，以及青年的声音成为第二十八届缔约方大会进程中的主要力量，而将青年气候领袖计划主席国角色在《联合国气候变化框架公约》实施进程中以制度的形式进行确立，可增强未来缔约方

资料来源：United Nations Framework Convention on Climate Change URL: https://climatechampions.unfccc.int/the-climate-champions-youth-fellowship-2024/

图 3.14　参与第二十八届缔约方大会的青年气候领袖

大会中有意义的合作，并提升代表性。此外，为了提高气候变化政策制定期间代表性不足群体的青年参与积极性，第二十八届缔约方大会主席国阿联酋宣布选拔了110名代表加入国际青年气候代表计划（International Youth Climate Delegate Program），并让他们参与本次缔约方大会进程之中，而优先选拔的青年代表来自最不发达国家（LDCs）、小岛屿发展中国家（SIDS）、原住民、受冲突影响的社区，以及全球范围内的残障人士。国际青年气候代表计划是迄今为止促进青年参与国际气候谈判进程的最有力举措，为代表们在参与本届大会期间，提供了全面的能力建设机会和全额资助。

联合国人居署（UN-Habitat）牵头发起了包括地方气候行动峰会（Local Climate Action Summit）和城市化和气候变化部长级会议（Ministerial Meeting on Urbanization and Climate Change）在内的多项倡议，意在提升城市在气候行动中的作用。地方气候行动峰会吸引了来自六十多个国家的五百多名与会者，并发起了雄心勃勃的多级伙伴关系联盟（Coalition for High Ambition Multilevel Partnerships），此举促进了国家和地方政府间的合作，并得到了72个国家政府在气候行动规划，以及国家自主贡献（Nationally Determined Contributions）的规划、融资、实施和监测方面加强合作的承诺。该峰会强调了高级别活动在推动城市和城市行为者之间展开国际层面的合作，以及加快气候行动方面所具备的潜力，并且至关重要的是，其建立了一个收集地方层面关于气候行动意见的机制，目的在于确保下一轮气候目标尽可能具有包容性和企图心。此外，联合国人居署还共同召集了多层级气候行动（Multilevel Climate Action），聚集了两千多名参与者，旨在加强全球应对城市重点气候挑战的努力。该展馆不仅强调了挑战和需求，还关注地方和地方行为者在气候行动方面的成就和承诺，并为提升合作水平，继续为第三十届缔约方大会（COP 30）采取多层次气候行动，以及在2025年加强国家自主贡献行动奠定了基础。

政策建议

建议1：城市治理网络应充分吸纳和发挥青年力量，将其作为城市可持续健康的高维表征

青年对气候问题的敏感性值得被当下的国际治理网络重视。在国际合作篇对青年参与城市治理网络的经验梳理中发现，青年"吹哨人"的角色对当前的气候适应行动颇具启发意义。当下的气候行动不仅需要以追逐更具雄心的气候目标为导向，"青年声音""青年见解"应被集中高效地收集和呈递到城市管理层面，城市政府也应发动国际组织、城市国际交流项目、媒体平台积极邀请青年参与到沟通中来。国际层面应进一步提高对"青年行动报告""气候仲裁的青年意见""培育青年气候领袖"等项目值得在联合国、国际组织、高校联盟等平台中推广和"破圈"。青年参与全球气候治理的历程伴随《联合国气候变化框架公约》历年大会的国际谈判史，而今由年轻人组成的气候网络不胜枚举，欧洲青年论坛、SustainUS、"能源行动联盟"（Energy Action Coalition）青年应对气候变化行动网络等组织和联盟完全能够在政府气候治理进程中提供关键信息。城市还应通过跟踪国际网络的宣传，结合本土青年对话、青年合作，来挖掘城市气候治理过程中潜藏的挑战。

建议2：提高青年气候行动能力建设，开展多层级、多部门、跨地域的青年培养

青年气候行动的未来都呈现相对乐观的趋势，其行动空间、参与机会和行动路径都在不断拓展。同时，青年作为气候议题下多利益攸关方的弱势部分，其积极性和行动能力的反差尤为突出。当前的青年气候参与要从以倡议、号召、传播为主的"发声"转变为以技术、法律、政策制定为主的"发力"，其对气候问题的专业性有赖针对性的能力建设。政府应有系列举措推进青年参与。首先，应该对青年进行气候技能培训，使青年能够掌握应对气候变化所需的技术和方法。其次，促进气候学术交流，鼓励青年参与国际和地区的气候学术会议和论坛，以拓宽视野和深化理解。再次，支持青年在气候组织中的实习和工作机会，使他们能够直接参与气候政策的制定和实施。地方政府还应积极开展和支持由青年主导的气候行动，使其更快实现从理论到实践的转化。最后，城市精细化治理、城市敏捷治理等新理念的融入也需要青年尽快接触和熟悉，以满足更加实用和迫切的气候治理需求。

建议3：发扬青年强大的组织和动员能力，围绕青年主导开展气候行动

青年在国际气候治理中扮演着越来越重要的角色，究其原因在于其简单、线性、敏捷的逻辑梳理和强大的组织动员能力。青年纯洁的心灵是气候回归纯洁的源泉，正如可持续发展目标始终瞄准的是下一代人生活的美好蓝图。以青年自身利益为出发点的气候行动，有助于对当前全球气候治理所面临的集体行动困境提出破解之道。青年蓬勃的行动力是气候雄心的强心剂。

第四章 | 青年力量推动气候行动与经济绿色发展

引言[1]

在全球范围内，气候变化已经成为最具挑战性的议题之一。随着极端天气事件和持续的资源短缺，导致能源危机和农业产量下降等问题，气候变化对经济安全的影响越发显著。在此背景下，推动经济绿色转型和实现碳中和目标已成为各国共同努力的方向。气候行动与城市经济绿色发展之间存在着紧密的相互关系和协同效应。气候行动旨在减缓和适应气候变化，通过减少温室气体排放、增强碳汇和推广低碳技术，直接促进了绿色经济的发展。而绿色经济是一种以可持续发展为核心的经济模式，强调资源高效利用、减少环境影响和推动经济增长。通过气候行动，绿色经济得以推动，创造出新的就业机会和经济增长点，例如：可再生能源、绿色建筑和循环经济等领域。此外，生态修复是气候行动的重要组成部分，通过恢复被破坏的生态系统，提升自然界的碳汇能力，进一步减少大气中的二氧化碳含量是十分重要的。例如：湿地的恢复能够显著提高碳储存能力，进而缓解气候变化的影响。生态修复能够带动绿色经济的发展，特别是在生态旅游、可持续农业等领域，这些举措可以为地方经济注入新的活力。

青年群体作为社会的未来与希望，在应对气候变化和推动经济绿色发展中扮演着不可或缺的角色。数据显示，全球年轻人对气候变化问题的关注度空前高涨。根据联合国开发计划署（UNDP）2022年的调查，超过70%的年轻人认为气候变化是当今社会面临的最大挑战之一。此外，国际劳工组织（ILO）指出，到2030年，绿色经济将为全球创造2 400万个就业机会，其中大部分将由青年群体主导[2]。青年力量不仅体现在对气候问题的关注上，更体现在具体行动的推动上。全球范围内，越来越多的青年组织和个人通过参与社会创新、创业实践、政策倡导等方式，积极推动气候行动。

本章将通过分析青年力量在推动气候行动和绿色经济发展中的具体案例，探讨如何更好地支持和激发青年在这一领域的积极作用，从而为全球应对气候变化和实现可持续发展目标作出更大的贡献。本章将通过三个城市案例和两个专栏，从"城市循环经济""生态修复与绿色经济""社区可持续发展""绿色经济促进就业""低碳社区建设与社会参与"等不同领域，全面展示青年力量在推动气候行动与经济绿色发展中的多维度作用。案例选择不仅覆盖了不同的城市背景和发展阶段，还为全球其他城市提供了具体的实施路径和可操作性强的成功经验。通过这些案例，读者得以从宏观和微观层面，深入探讨青年如何通过创新与行动，应对气候变化并推动全球经济的绿色转型。

---

[1] 本章作者为华东师范大学城市发展研究院曾刚、朱贻文、郭颖珂，联合国人居署。其中，约翰内斯堡案例、拉各斯专栏由联合国人居署撰写。九江专栏由中国住房和城乡建设部建筑节能与科技司推荐，九江市住房和城乡建设局提供素材支持，在此感谢。

[2] https://news.un.org/zh/story/2018/05/1008622。

南非约翰内斯堡的案例展示了青年力量在垃圾管理和回收经济中的核心作用。通过"源头分类计划"，约翰内斯堡引导居民，特别是青年人，参与垃圾分类和回收，进而推动了城市向低碳和绿色经济的转型。约翰内斯堡的青年不仅在垃圾分类过程中成了积极的倡导者，还通过在回收产业中的创新创业，为自己创造了新的绿色就业机会。该案例的价值在于展示了如何通过青年主导的回收经济模式，推动城市的可持续发展，并为其他城市提供了回收经济的可行路径。

中国昆明翠湖公园的案例强调了青年科研人员和高校在生态修复中的独特优势。通过"青年合伙人"机制，昆明市成功地恢复了翠湖公园的生态系统，提高了生物多样性，推动了公园的可持续发展。更为重要的是，这一机制不仅改善了生态环境，还通过文旅融合创造了显著的经济效益，吸引了大量游客，提升了昆明的文化影响力。该案例展示了青年力量如何通过科学创新与合作，推动了生态修复与经济发展的双赢局面，为全球城市在相似背景下提供了有益的借鉴。

巴西里约热内卢的"我们的花园"项目则展示了青年群体在城市农业和社区可持续发展中的重要价值。这个由青年志愿者发起的项目，通过在城市中建立社区农园，不仅改善了当地的食品安全，还增强了社区凝聚力和环境可持续性。项目中的青年通过创新的农业实践，如"钥匙孔花园"，在改善环境的同时，也为当地居民提供了经济支持。该案例展示了青年如何通过社区驱动的模式，将环境可持续性与经济可持续性相结合，推动贫困社区的发展与绿色转型。

此外，尼日利亚拉各斯的专栏探讨了青年与妇女在回收计划中的关键价值。通过妇女和青年赋权回收计划（RESWAYE），拉各斯的青年不仅通过回收废弃物改善了社区环境，还通过回收业务实现了财务独立。该计划帮助年轻人和妇女进入回收行业，创造了大量的绿色就业机会，提升了他们的生活质量。该专栏展示了如何通过赋权和教育，激发青年在回收经济中的潜力，推动环境与经济的双重发展。

中国九江的专栏则强调了青年在低碳社区建设中的积极影响。通过建立青年友好型的低碳公园社区，九江不仅改善了社区的生活质量，还推动了绿色能源的应用和可持续发展。青年在社区治理、环境保护和社会服务中的积极参与，展示了如何通过共建共治的模式，实现社区的绿色转型与经济发展。该专栏展示了青年在社区治理中的主导作用，并为其他城市提供了低碳社区建设的实践经验。

气候行动与经济绿色发展是全球可持续发展的核心议题，青年作为最具创新力和行动力的社会群体，不仅是未来的继承者，更是当下的推动者。他们的积极参与和创新实践，为实现碳中和目标和推动全球经济的绿色转型注入了新的动力。因此，经济篇探讨了青年力量如何推动气候行动与经济绿色发展，这些内容不仅具有现实的紧迫性和重要性，也为其他国家和城市提供了宝贵的经验和参考。

参考案例

南非约翰内斯堡："源头分类计划"向回收经济转型[1]

案例背景

作为非洲最大的经济城市，约翰内斯堡有着充满活力的经济体，是南非扩张最快的城市之一，预计到2040年人口将达到约700万[2]。该市目前每年产生超过160万吨的垃圾，但仅回收了15%。然而，随着预期人口的增加，未来该市的年均垃圾数量可能是310万吨[2]。由于容量有限，约翰内斯堡的垃圾填埋场空间被迅速消耗。相关预测表明，如果继续采用传统的垃圾处理方法，垃圾填埋场到2023年将达到最大容量。因此，不可持续的垃圾处理方法在物流方面、温室气体排放和土地污染等环境后果方面都带来了严峻挑战。

南非的国家垃圾管理战略为大城市、二级城市和大城镇均设定了相应的目标，要求它们实施源头分类计划，让产生垃圾的家庭和企业将可回收垃圾与不可回收垃圾分开丢弃。鉴于填埋场容量的日益减少，约翰内斯堡采取了相应行动，将垃圾的处理方式从送往填埋场转移到以回收和再利用为中心的再生垃圾管理解决方案上，以符合国家政策的要求。由该市的官方垃圾管理服务提供商Pikitup公司发起的"源头分类"计划于2009年在约翰内斯堡的部分地区以自愿参与的形式开始推行，并于2018年7月1日强制执行。自那时起，该市积极推动此计划的推广，建立了系统化的垃圾管理模式，尽力推动从避免和减少垃圾的产生向垃圾再利用、回收、再生、处理和处置的转型。相应地，该计划作为约翰内斯堡垃圾最少化运动的核心驱动力，目标是到2040年确保93%的城市垃圾不会被送至填埋场[3]。

通过推行符合循环经济原则的垃圾循环处理转型，Pikitup公司致力于加强新的和现有的垃圾管理计划，开发必要的流程和基础设施，以促进低碳和绿色经济转型。此外，公司的努力方向是通过减少温室气体排放、保护自然资源、节约能源和创造新的绿色就业机会，帮助缓解失业、贫困和不平等现象，同时提高环境质量。此外，作为主要目标之一，该计划致力于向城市内的年轻人介绍垃圾回收的理念，使其在成长过程中潜移默化地将这一行为内化为习惯，以培养出对垃圾处理有清晰认知的年轻一代。

实践过程

借助私营企业具有的能力，约翰内斯堡在2017至2018年间开始了相关合作，将"源头分类"计划推广到城市的其他部分。作为成功实践的重要贡献者，私营部门公司通过财政和基础设施方面的贡献，在提供支持和赋能中小微企业方面发挥了关键作用，有力地推动了它们进军回收行业。此举为广大年轻人和弱势群体解锁了新的绿色就业机会。Pikitup公司的职员超过4500人，使用两百多辆卡

1　本案例由联合国人居署提供重要支持，在此感谢。
2　Metropolis.URL: https://use.metropolis.org/case-studies/separation-at-source-programme-ss#casestudydetail。
3　Cities Collaboratory.URL: https://www.citiescollaboratory.org/city/johannesburg/。

车为全市的居民和私营企业提供垃圾收集服务[1]。此外，一些行业回收小组也纷纷成立，并对社区企业开展了业务和运营管理，以及回收技术等各方面的培训。

1. 打造垃圾投放设施网络

基于合作社区模式打造，该计划通过城市居民的参与得以实现。居民们使用"三容器模型"将家庭垃圾分为干可回收垃圾、有机垃圾和不可回收垃圾。为了确保过程简便明了，Pikitup公司向参与计划的家庭发放了特定的袋子，用于盛放纸张和其他类型的可回收物，以确保不可回收垃圾被正确分类。为了管理家庭生活垃圾，约翰内斯堡运营了两种收集计划：路边回收和投放点回收，居民可以通过这两种方式将干可回收垃圾分类出来。前一种计划为各家各户配备了一种专门的袋子用于盛放干可回收垃圾，Pikitup公司每周使用专用卡车将这些袋子收集起来，而同一天，他们也会进行标准干垃圾的收集。此外，他们还在全市建立了一套投放设施网络，使社区可以投放家庭产生的干可回收垃圾，从而进行再利用、回收和进一步处理。这些可回收材料随后通过中小微企业在现场进行分类（图4.1）。Pikitup公司在这个过程中提供车队、垃圾袋和额外的辅助基础设施，比如分类区，以促进该计划的实施，其中37个合作社为废弃材料的创新价值创造作出了贡献。此外，Pikitup公司运营了44个园林垃圾转运站，提供适于处理有机和可生物降解的轻质园林垃圾，以及可回收材料的容器，最大限度地将绿色垃圾从填埋场转移出去。

目前传统和私营部门的运营模式均被用于从居民手中收集消费后的干可回收垃圾。传统模式以社

资料来源：https://www.pikitup.co.za/?page_id=3312

图 4.1 可回收垃圾在垃圾分类中心进行分类

区为阵地，其主力是Pikitup公司扶持下的一大批提供干可回收垃圾收集和分类服务的合作社。相比之下，私营部门模式主要由服务提供商构成，他们代表Pikitup公司向居民提供干可回收垃圾收集服务。在这个模式下，服务供应商负责采购垃圾袋、将袋子送给居民、然后从居民手中回收袋子，他们还运营着自己的分类设施，且这项服务的费用由Pikitup公司支付。为了培养用户群体的回收文化，这两种模式都在各自服务的社区中开展教育和宣传活动。

由于瓦砾占非法倾倒垃圾的很大比例，自2023年初以来，Pikitup公司允许建筑承包商在两个指定地点倾倒干净的瓦砾，分别为Marie Louise填埋场和Robinson Deep填埋场。作为一项免费服务，此举旨在帮助解决非法倾倒问题。这是该市的一个重大垃圾管理挑战，也是导致环境污染的一大要因。另外，政府还制定了相关标准，确保只有未受污染的、小于标准砖块尺寸的瓦砾可以在此倾倒，同时规定土壤的最大粒度为20 mm。Pikitup公司的垃圾

---

[1] 约翰内斯堡市Pikitup公司简介：URL: https://www.pikitup.co.za/?page_id=2347。

处置管理部门尽力确保倾倒的建筑瓦砾能得到有效再利用，方法是将其用作填埋场的覆盖材料，以促进循环过程。

2. 创造经济价值和提供绿色就业机会

为了利用垃圾的经济价值并创造就业机会，回购中心应运而生，它们代表了一种非常重要的系统，有了这个系统，拾荒者们就可以交付和分类具有经济价值的垃圾材料。这些回购中心是私有的，但背后有 Pikitup 公司的扶持，且作为再生和非危险分类设施投入使用，那些被送过来的有价值的材料被转售给外部市场以获取小额利润。约翰内斯堡各地的合作社持续与居民垃圾回收商合作，鼓励他们向这些成熟的机构出售垃圾材料。这为城市中正式社区和非正式社区的失业市民提供了就业和创业机会。值得一提的是，约翰内斯堡的合作社都与家庭垃圾拾荒者保持着合作，官方鼓励他们在这些已建立的设施中出售废料。为了进一步帮助拾荒者，政府还专门成立了一个论坛为他们提供与市政府沟通的渠道，进一步增强他们在垃圾管理价值链中的融入程度。

3. 通过教育提高回收意识

为了增强年轻一代对约翰内斯堡的环境问题的意识，令其了解环境问题在未来的影响，Pikitup 公司策划开发了一个针对三年级学生的"环保卫士"教育活动（图 4.2）。这个参与式平台特意设计了四个互动教育角色，通过积极的青少年成长实践与孩子们进行互动。该项目于 2013 年在 200 所学校作为试点阶段首次启动，在 2016 年推广到另外

资料来源：约翰内斯堡市。URL: https://joburg.org.za/media_/Newsroom/Pages/2013%20articles/2011%20&%202012%20%20Articles/Pikitup-aims-to-cut-watse-.aspx

图 4.2　Pikitup 公司举办的环境教育课

100所学校，覆盖了包括诸多镇和乡在内的城乡交错地区和城镇地区。四个互动教育角色均基于国家学校课程的相关内容和要求，分别名为Litter-X（寓意反对乱扔垃圾）、Lynx（寓意减少浪费行为）、Recylo（寓意垃圾回收）和Sky（寓意减少碳足迹）。作为一个更宏大的垃圾最少化运动"收集新可能"的一部分，"环保卫士"致力于在少年儿童心目中树立起对上述行为重要性的认知，以激励新一代环保大使的成长。

经验借鉴

1. 城市可以通过回收经济模式创造包容性的绿色就业

约翰内斯堡的"源头分类"计划解锁了新的绿色商业和就业机会，加速了低碳地方经济的发展。该计划强调了回收对地方和国家经济的重要价值，扶持了专注于回收和再生的中小微企业，进而刺激了与可持续闭环经济理念相一致的经济发展。通过提供获取正式就业的渠道，它展示了综合垃圾分类计划帮助非正式工人进入正规劳动市场的潜力。然而，必须要提的是，尽管城市垃圾处理行业吸引了大量非正式工人，城市必须为负责实施垃圾回收计划的员工提供可靠的制度结构和应有的扶持。

2. 提升对可持续垃圾管理实践的意识

积极的社区参与是"源头分类"计划成功实施的基础。对教育活动的投资可以帮助城市和社区内形成一种回收和可持续垃圾管理的文化风气。针对年轻人进行教育，教会他们回收的重要性及如何有效回收是十分有必要的。为了进一步扩大影响，城市可以通过鼓励组织和机构在工作场所实施源头分类来提高回收率。重要的是，采取的策略应当确保回收变得更加方便，这样才能最大限度地减少分类垃圾所需的时间。

中国昆明："青年合伙人"提升翠湖公园生态价值

案例背景

昆明市是2021年联合国《生物多样性公约》第十五次缔约方大会（COP15）的举办地。作为中国西南地区的重镇，昆明一直以来致力于环境保护和生物多样性维护。翠湖公园作为昆明市中心的重要生态区域，不仅是一片市民休闲娱乐的绿洲，更是城市生态系统的重要组成部分。它不仅见证了昆明的历史变迁，也在提升城市生态价值中扮演着至关重要的角色（图4.3）。

资料来源：https://dianchi.km.gov.cn/c/2024-04-29/6844779.shtml

图4.3 昆明市翠湖公园俯瞰图

翠湖公园位于昆明市中心，是一个以水体为主的城市公园，面积约21公顷，其中15公顷为水域（图4.4）。公园以其深厚的文化底蕴、丰富的植被和优美的水景成为昆明市的重要旅游景点，同时也是重要的城市湿地，发挥着调节城市气候、净化空气和保护生物多样性的作用。然而，随着城市化进程的加速和人口的增加，翠湖公园的生态环境一度面临严峻的挑战。20世纪80年代至21世纪初期，公园水体污染突出，水生生物多样性显著下降，公园生态系统受损。

资料来源：https://yllhj.km.gov.cn/c/2023-11-13/4793634.shtml

图 4.4　翠湖公园风景步道

2010 年以来，翠湖公园通过多种方式开展生态修复工作，重点是恢复受损的生态系统，保护本土物种。通过清理外来入侵物种、恢复水体自净能力、引入本土植物和鱼类等措施，翠湖公园的生物多样性得到了极大提升。通过这些努力，2020 年至 2024 年期间，翠湖公园的鸟类种类从原来的 25 种增加到 94 种，其中包括 4 种国家二级保护鸟类，标志着翠湖已成为鸟类的重要栖息地和城市生物多样性保护的"样板间"。

翠湖公园在推进可持续发展过程中，采用了创新性的生态文明"青年合伙人"模式。这一模式由中国科学院昆明动物研究所牵头，联合多家科研机构和高校，共同参与生物多样性的监测和生态修复工作。这种跨学科、跨领域的合作模式，不仅提升了翠湖公园的生态保护水平，也为其他城市的生态文明建设提供了借鉴。翠湖公园的生态修复不仅改善了环境质量，还通过生态产品的价值实现推动了经济发展。公园内的水质改善工程和生物多样性恢复工程为昆明市创造了可观的生态效益。例如：翠湖的再生水补水与水质改善示范工程，使水体循环净化周期从 30 天缩短为 5 天，显著提升了水体质量和景观效果。这些生态修复举措不仅提升了公园的吸引力，还促进了生态产品的市场化，实现了生态价值向经济价值的有效转化。

翠湖公园的生态修复和生物多样性保护工作极大地提升了其作为旅游目的地的吸引力。随着生态环境的改善，翠湖公园吸引了大量游客，尤其是在观鸟、赏花等生态旅游项目中，游客量显著增加，2022 年全年游客超过 200 万人次（图 4.5）。近年来，翠湖公园逐渐发展为昆明市重要的文旅融合发展标杆，不仅带动了旅游收入的增长，还促进了周边地区的经济发展。翠湖公园通过组织一系列文化活动，将文化艺术与自然生态相结合，成功打造了"翠湖四时·花 Young 五华"等特色文化品牌。这些活动不仅吸引了大量游客，还推动了相关文创产品和服务的发展，形成了较为完善的文旅产业链。随着文旅融合的不断深化，翠湖公园已经成为昆明市文化旅游的重要名片，显著提升了区域的经济活力。

资料来源：http://yn.people.com.cn/n2/2022/1113/c372456-40192428.html

图 4.5　翠湖公园如今实现"人类与海鸥同乐"

实践过程

1. "青年合伙人"机制整合多方资源

翠湖公园的生态修复项目采用了创新性的"青年合伙人"机制，这是由中国科学院昆明动物研究所牵头，联合云南省内外多家科研机构和高校共同参与的一种合作模式。2020年，翠湖公园与中国科学院昆明动物研究所签订生物多样性保护合作协议，由研究所领衔，提供思路、构建合作纽带，通过组建跨区域、跨学科、跨领域团队，共同探索昆明生态修复的最佳方案。这一机制的核心在于充分发挥青年科学家的高积极性、强活动性和宽视野，通过整合多方资源，尤其是广大青年科研人员和高校的力量，共同推动翠湖公园的生态修复工作。在合伙人计划的推动下，更多的科研团队和学校加入了翠湖生物多样性的监测队伍，支持并助力公园个性化景观的提升。

青年合伙人机制通过与来自云南省、全国乃至全球不同研究领域伙伴的合作，形成了一个多元化的研究团队，利用最新的科技手段，如 AI 智慧监测系统和环境 DNA 技术，对翠湖的生态系统进行全面监测和管理。利用环境 DNA 技术，科研团队能够快速识别翠湖水体中的生物种类，及时发现并应对潜在的生态威胁。这个机制不仅促进了生态修复项目的科学性和有效性，还为青年科研人员提供了实践平台，使他们能够将理论与实践相结合，推动创新研究。

在具体操作中，青年合伙人参与了从项目设计、数据采集到成果推广的全过程。他们在翠湖内安装了多个 AI 监测摄像头，对鸟类的活动进行实时跟踪，利用数据分析优化栖息地管理。这种深入的参与不仅提高了项目质量，也为青年研究人员积累了宝贵的经验。监测数据显示，自青年合伙人机制实施以来，翠湖公园的鸟类种类从原来的 25 种增加到 94 种。以黑水鸡为例，其数量从最初的 25 只增加到 167 只，显示出翠湖公园在鸟类保护和生态恢复方面取得了显著成效。

2. 文旅融合促进"生态修复"与"经济效益"双赢

通过青年合伙人机制，翠湖公园的生态修复项目不仅改善了环境质量，还在经济发展方面展现出了显著的成效。通过对翠湖的生物多样性进行有效管理，项目成功恢复了多种本土物种，如滇池金线鲃和海菜花等。这些物种的恢复不仅增强了公园的生态功能，还为昆明市打造了一个具有吸引力的生态旅游品牌。此外，公园的水体质量提升也是一个显著的例子。通过再生水补水与水质改善工程，翠湖的水体净化周期从 30 天缩短至 5 天，极大地改善了水体的透明度和生态环境。这些措施提高了翠湖的生态吸引力，吸引了更多游客前来参观，从而带动了旅游收入的增长。

除了科研领域的合作，来自政府层面的支持进一步丰富了青年合伙人机制的内涵和辐射效应，推动了翠湖公园文旅融合的深入发展。在当地市、区两级政府的大力支持下，通过组织和策划一系列文化活动，如"蓝花楹文化艺术节"和"海鸥文化节"，翠湖公园成功地将自然生态与文化艺术相结合，打造了多个文旅品牌。这些活动不仅吸引了大量的游客，还促进了文创产品和服务的发展，形成了完整的产业链。数据显示，2022 年，翠湖公园接待了超过 200 万人次的游客。尤其是在观鸟季节，游客量大幅增加，直接带动了周边商业和服务业的发展。

在这一过程中，青年合伙人积极参与了活动的策划和实施，他们利用现代科技和创意手段，将翠湖的生态资源转化为文旅产品。例如：在"蓝花楹文化艺术节"期间，青年团队利用数字技术将翠湖的生态环境和历史文化资源进行了可视化展示，不仅提升了游客的体验感，还增加了活动的参与度和互动性。这些活动为翠湖公园带来了可观的经济效益，同时也提升了昆明市的文化影响力。

3. 建立科普教育基地提升溢出效应

在青年合伙人机制的推动下，翠湖公园还强化了其作为科普教育基地的功能，进一步提升了社会影响力。在来自中科院昆明动物研究所、中科院半导体研究所、云南省动物学会等团队的联合支持下，通过建立生态文明展厅和开展多样化的科普活动，公园不仅向公众普及了生物多样性保护的重要性，还激发了年轻一代对生态保护的兴趣。

翠湖公园建立了生态文明展厅，作为昆明市的科普教育基地（图 4.6）。该展厅向公众展示了生物多样性保护、生态修复技术，以及本土物种的相关信息。展厅不仅吸引了大量的市民和游客，还成了开展各类科普活动的重要场所。在 2022 年，翠湖生态文明展厅挂牌成为五华区和昆明市的科普教育

资料来源：李维薇（中国科学院昆明动物研究所），青年合伙人核心成员

图 4.6 翠湖公园建立了生态文明展厅

基地，进一步巩固了其作为科普教育平台的地位。通过开展多样化的科普研学活动，增强了公众参与和学习的互动性（图 4.7）。例如：公园组织了环境 DNA 采样、生物多样性监测、外来物种防控等一系列公众科学项目，让参与者亲身参与生态监测活动。

翠湖公园通过多媒体宣传和数字化科普手段，进一步扩大了科普教育的覆盖面和影响力。例如，公园与云南广播电视台合作，制作并播放了 COP15 配套纪录片《生命之歌》，通过线上线下相结合的方式对公园内的核心物种进行展示。此外，公园还设置了多个科普指引牌，游客可以通过扫码观看相关视频，了解翠湖的生物多样性及生态修复成果。这些措施有效地提升了公众对生态保护的关注度和参与度。

经验借鉴

1. 借助"青年合伙人"模式的创新活力提升经济效益

翠湖公园的青年合伙人模式通过整合科研资源和实践平台，推动了生态修复与经济发展的有机结合。青年合伙人团队不仅在生态修复中引入了先进的科技手段，还通过策划和实施一系列与生态相关的旅游和文化活动，显著提升了公园的吸引力和经

资料来源：李维薇（中国科学院昆明动物研究所），青年合伙人核心成员

图 4.7 中小学生参与翠湖公园科普研学活动

济效益。

通过修复水质、引入本土物种和改善生态环境，翠湖公园吸引了大量游客，尤其是在观鸟和生态旅游方面表现尤为突出。例如：随着公园内鸟类多样性的增加，观鸟活动成为吸引游客的重要亮点，直接带动了周边餐饮、住宿和零售业的发展。这一模式表明，全球其他城市在实施生态修复项目时，可以借鉴翠湖公园的做法，通过青年科研团队的创新驱动，开发与生态资源相结合的旅游产品，从而实现经济效益的提升。

2. 发挥生态修复与文旅融合的协同效应

翠湖公园的生态修复不仅专注于环境保护，还通过与文化旅游的深度融合，创造了可观的经济收益。公园通过举办"蓝花楹文化艺术节""海鸥文化节"等活动，将自然景观与文化体验相结合，成功打造了"翠湖四时·花Young五华"等文旅品牌。这些活动不仅提升了游客的体验，还促进了文化创意产品的销售和地方经济的发展。

这种将生态保护与文化旅游相结合的模式对于全球其他城市具有重要的借鉴意义。许多城市在推进生态保护的同时，可以考虑引入具有地方特色的文化元素，开发与生态资源相关的旅游项目。这种文旅融合的方式不仅可以提高生态项目的经济回报，还能增强城市的文化影响力和知名度。

3. 科普教育与经济价值的相互转化

翠湖公园在科普教育方面的成功实践也为经济效益的提升提供了新的路径。通过建立生态文明展厅和举办多样化的科普活动，翠湖公园吸引了大量的游客和学生团体。这些活动不仅促进了公众对生态保护的理解和参与，还为公园带来了持续的客流量和收入。

此外，翠湖公园利用现代科技手段，如AI智慧监测系统和数字化科普展示，进一步扩大了科普教育的影响力。这些措施吸引了更多的游客前来参与科普活动，推动了公园的经济效益增长。全球其他城市可以借鉴翠湖公园的经验，通过增强科普教育与生态旅游的结合，创造新的经济增长点，实现生态保护与经济发展的双赢。

巴西里约热内卢："我们的花园"创造城市绿色空间

案例背景

巴西作为全球新兴经济体之一，在过去几十年中经历了显著的城市化进程。然而，城市扩张带来了诸多挑战，尤其是在绿地减少、社区脱节，以及贫富差距扩大方面。由于新冠肺炎疫情加剧了经济危机，2022年巴西超过一半（58.7%）的人口面临着不同程度的粮食不安全问题。巴西有超过3 310万人面临饥饿，贫民窟的面积在过去10年中翻了一番[1]。里约热内卢作为巴西最大的城市之一，也深受这些问题的困扰。

在此背景下，里约热内卢的许多居民，尤其是那些生活在贫民窟中的居民，开始寻找新的方式来改善他们的生活质量。尽管城市绿地资源匮乏，但社区农园被视为应对食品短缺、促进社会互动和提高环境意识的有效途径。巴西"我们的花园"项目正是在这种情况下诞生的，它不仅旨在生产健康的食品，还旨在通过社区参与和教育，提升居民的环境责任感。

---

[1] https://www.weforum.org/projects/agroecology-and-climate-change-in-favelas/.

巴西"我们的花园"项目是一项旨在通过城市社区农园促进食品安全、社区凝聚力和环境可持续发展的基层青年行动（图4.8）。这个项目在城市化和经济不平等加剧的背景下，特别是在新冠肺炎疫情后，在诸多巴西城市，尤其是里约热内卢，发挥了至关重要的作用，帮助改善了许多低收入社区的生活条件。

资料来源：https://uplink.weforum.org/uplink/s/uplink-contribution/a012o00001pTvqGAAS/nossa-horta

图4.8 巴西里约热内卢"我们的花园"建设项目

"我们的花园"项目由里约热内卢的青年志愿者和社区成员共同发起，最早于2019年在城市中的几个低收入社区开始实施，由市政府运营和资助。每个农园都由一群当地人照管，他们会因这项工作而获得少量津贴。项目的主要目标包括3个方面：（1）改善食品安全，通过在社区中建立城市农园，生产健康、无农药的食物，直接为当地居民提供基本食品，帮助他们应对食品不安全问题。（2）增强社区凝聚力，城市农园作为社区互动的平台，鼓励居民共同参与农园建设和管理，从而增强社区的社会凝聚力。（3）提升环境可持续性，项目强调利用本地资源和传统农业技术，推广环保意识和气候教育，减少城市对环境的负面影响。"我们的花园"项目的核心在于通过社区驱动的模式，将城市农业与社会参与相结合，每一个社区农园都是在当地居民的积极参与下发展起来的。

截至2022年底，"我们的花园"项目已经在里约热内卢的多个社区成功建立了5个主要社区农园。这些农园每月为八百多个家庭提供新鲜、健康的农产品。此外，"我们的花园"项目在受到新冠肺炎疫情影响后的里约热内卢发挥了重要作用。由于新冠肺炎疫情导致的经济危机，许多家庭失去了主要收入来源。通过社区农园，这些家庭不仅获得了基本的食品供应，还通过参与农园工作找到了新的经济支持途径。对于许多参与者而言，农园工作不仅提供了物质支持，还通过与大自然接触和社区互动，提升了他们的心理健康和生活满意度。

"我们的花园"项目展示了如何通过社区的力量应对城市化带来的挑战。通过社区农园的建设和管理，这一项目不仅改善了许多居民的生活质量，还为应对气候变化和环境可持续性提供了一个创新的解决方案。随着项目的成功推进，里约热内卢市政府正在计划进一步扩展这一项目，鼓励其他社区复制推广相关经验。未来几年，这些农园总计将覆盖15个足球场大小的土地，预计将为5个贫民区的50 000个家庭提供食物和就业机会。随着项目的进一步扩展，它有望在巴西乃至全球范围内，为解决城市食品安全问题和促进社区可持续发展提供有力的借鉴。

实践过程

1. "一半自用，一半销售"的可持续经济模式

巴西粮食安全研究网络报告指出，截至2022年6月，"全国一半以上（1.252亿人）面临某种形式的粮食不安全状况"，这一数字比2020年的报告增加了7.2%。为了确保项目的长期可行性，"我们的花园"开发了几项经济创收举措。这些活动包括销售项目温室中生产的幼苗和在当地市场销售多余的农产品。2022年，项目温室生产的幼苗足以在城市其他地区建立新的农园，产生的收入被重新投入到项目中。

以曼吉尼奥斯（Manguinhos）的城市花园为例，它的面积大约相当于4个足球场，每月可产出2.5吨木薯、胡萝卜、洋葱、卷心菜和其他蔬菜（图4.9）。项目的经济影响不仅限于销售农产品和幼苗所产生的直接收入。通过为居民提供种植自己食物的技能和资源，项目减少了他们对外部食品来源的依赖，帮助他们实现更大的食品安全。这反过来又节约了家庭花销，可以用于其他基本需求，从而进一步增强了社区的经济弹性。如今，里约热内卢社区菜园生产的农产品有一半卖给贫民窟居民，另一半则以市场价格出售，园丁们分得收益。菜园项目现在正成为"许多人挣扎求生时的重要生命线"，它还让市民在有益身心的环境中工作。

可扩展性是项目的另一个重点。最初农园的成功促使项目计划扩展，目标是在里约热内卢和其他地方建立类似的项目。"我们的花园"项目已将其发展中积累的经验方法记录在案，并与巴西及国际上的其他社区共享，使该模式在不同背景下得以复制。项目的可扩展性得到了地方政府和国际组织的支持，这些支持为项目的扩展提供了额外的资源和支持（图4.10）。

2. "钥匙孔花园"提升城市农园可持续性

可持续性是"我们的花园"项目的另一种核心技术方法。该项目强调使用既环保又适合城市环境的有机农业技术。这包括使用堆肥、自然害虫控制，以及种植多样化作物以增强土壤肥力和生物多样性。项目引入的一个创新实践是使用"钥匙孔花园"（keyhole gardens）方式，这是一种环形高架农园，能最大限度地提高水分利用效率和土壤健康。每个钥匙孔花园可支持多达20个家庭，全年提供新鲜的有机农产品。仅在2022年，由"我们的花园"项目建立的"钥匙孔花园"就生产了超过1吨的食品，这些食品被分发给参与的家庭，并在当地市场销售。

资料来源：https://www.positive.news/society/the-rio-de-janeiro-garden-that-saves-lives/

图 4.9　位于曼吉尼奥斯（Manguinhos）的城市花园

资料来源：https://www.weforum.org/projects/agroecology-and-climate-change-in-favelas/

图 4.10　里约热内卢全球精英（The Global Shapers Rio de Janeiro）积极参与项目合作

此外，项目还推广使用本地的原生种子，这些传统品种未经过杂交或基因改良，特别适应里约热内卢的当地气候条件，是贫民区城市农业的理想选择。该项目成功种植了玉米、秋葵、茄子和羽衣甘蓝等作物，这些作物不仅适应当地环境，还满足了社区的营养需求。

3. 定期举办社区深度参与的讨论会

"我们的花园"项目高度重视社区参与，这是确保其成功和高可持续性的关键。从2019年项目启动以来，该项目通过组织社区会议，让居民参与讨论和规划城市农园。这些会议对于赢得社区的信任和积极参与至关重要，特别是在里约热内卢北部的曼吉尼奥斯（Manguinhos）等地，此前当地的类似项目曾经由于缺乏本地参与而举步维艰。

到2022年，该项目已扩展到包括里约热内卢的5个主要城市农园，直接参与这些农园管理的家庭超过800户。随着这些激动人心的进展，项目将逐渐在里约热内卢所有763个贫民窟开展实施，该地区居住着里约热内卢市22%的人口。每个农园都由居民集体管理，负责种植、维护和收获作物。居民参与项目的每一个步骤，有助于建立强烈的归属感和自豪感，促进社区内的协作精神，使这种合作精神不仅限于农园内部，也扩展到更广泛的社区中。项目的每月社区聚会既是社交活动，也是定期讨论项目进程与后续方向的规划会议，对于维持项目的健康有序发展至关重要。这些聚会不仅有助于分享想法和经验，还能集体解决在农园中出现的挑战，如水资源短缺或病虫害控制。

4. 培训工作坊带动居民技能发展

教育和技能发展是"我们的花园"项目的重要组成部分。自项目启动以来，已举办了一百多场培训工作坊，涵盖了从基础园艺技术到高级农业技术的广泛主题。这些工作坊根据社区的需求量身定制，旨在让当地各个年龄层和教育背景的人都能参与。

项目的教育内容不仅限于技术技能，还包括有关食品主权和气候变化的课程。通过教育参与者了解他们园艺活动的广泛影响，"我们的花园"项目赋予他们做出有关食品来源和环境影响的明智决策的能力。这种全方位的教育方法不仅提高了参与者的园艺技能，还增加了他们对全球环境问题的认识。代际传承与学习是项目的另一个关键举措。年长的居民通常拥有宝贵的传统农业实践知识，他们在工作坊中与年轻的参与者分享。这种知识的交流不仅有助于保留文化遗产，还能引入提高农园效率和可持续性的创新技术。

经验借鉴

1. 以重点项目实现环境与经济"双重可持续性"融合

"我们的花园"项目成功地将环境可持续性与经济可持续性结合在一起。通过采用有机农业、使用本地种子和推广节水灌溉技术，该项目有效地减少了对环境的负面影响，同时增加了土壤肥力和生物多样性。这种可持续的农业实践不仅保护了环境，还确保了食品的质量和安全性，为社区成员提供了可靠的食物来源。

与此同时，项目通过销售农产品和幼苗产生经济收益，这些收益又被用于项目的再投资，从而确保了项目的经济可持续性。对于那些面临资源有限和环境压力的城市，"我们的花园"项目提供了一个有效的模式，展示了如何在城市环境中平衡经济和环境需求。其他城市可以从这一模式中学到如何通过创新的农业实践和社区经济活动，既保护环境，又促进经济发展。

2. 通过代际传承提升本地居民技术能力

教育和能力建设是"我们的花园"项目成功的

一个关键因素。该项目通过组织大量的工作坊和培训，提升了社区成员的农业技能和环境意识。更重要的是，这些教育活动不仅限于技术培训，还包括对食品、气候变化和可持续生活方式的深入讨论。这种全方位的教育增强了社区成员的自主性，使他们能够在日常生活中应用所学知识，从而在更大范围内推广可持续的生活方式。

对于其他城市而言，教育和能力建设同样是推动社区可持续发展的重要抓手。通过提供适应当地需求的培训和教育，城市可以培养出一批有能力、有意识的居民，他们不仅能够在自己的社区中推动可持续发展，还能够将这些知识和经验传播到更广泛的区域。此外，教育活动还可以促进不同世代之间的知识传承，使传统农业知识与现代技术相结合，为城市农业注入新的活力。

3. 打造当地居民广泛参与的社区驱动模式

"我们的花园"项目的一个核心特点是它的社区驱动模式，强调社区成员从项目的设计到实施全过程中的积极参与。这种参与不仅增强了社区成员的归属感和责任感，还通过共同劳动促进了社区的凝聚力和社会资本的积累。社区成员在项目中不仅是受益者，更是重要的参与者和决策者，这种参与模式有效地提升了项目的可持续性。

全球其他城市，尤其是那些面临类似社会经济挑战的地区，可以从这一模式中学到如何通过社区参与来推动项目的成功。与政府主导或自上而下的项目不同，社区驱动的项目能够更好地适应当地的需求和文化背景，减少项目失败的风险。社区的广泛参与有助于增强项目的可持续性，因为社区成员会更加投入，并在项目的长期维护中发挥积极作用。

尼日利亚拉各斯：妇女和青年赋权回收计划（RESWAYE）[1]

据估计，每年有超过20万吨来自尼日利亚陆地的塑料垃圾被倾倒入大西洋，而仅在拉各斯，超过85个社区（平均每个社区有700名成员）每年就贡献了约1 000公斤的塑料垃圾。由于坐落于大西洋沿岸，这些社区也极易受到垃圾管理不当带来的负面问题，如洪水问题、卫生问题、健康问题等。此外，据预测，在拉各斯州，由于环境退化和污染，每年损失超过2亿奈拉、3 000个直接工作岗位和9 000个间接工作岗位，这对劳动力市场产生了较大的负面影响。然而，垃圾回收提供了关键的经济机会，也减轻了当地社区的环境负担。在拉各斯，每年废金属和塑料回收的估算价值高达7亿美元[2]。

与拉各斯州沿海社区进行合作的"妇女和青年赋权回收计划"（RESWAYE）是一家创新的社会企业，宗旨是应对上述环境和气候挑战：通过将消费后废弃物从其产生点回收进入回收价值链，促进可持续包装和过滤海洋垃圾，推动可持续社区发展（图4.11）。作为尼日利亚入围欧盟–联合国开发计划署成长阶段影响企业（GSIV）决赛的倡议，它主

---

[1] 本案例由联合国人居署提供了重要支持，在此感谢。
[2] 联合国开发计划署。URL: https://sdginvestorplatform.undp.org/case-studies/reswaye-empowers-women-and-youth-coastal-communities-through-recycling-services-and。

RESWAYE 计划积极促进社区参与应对气候问题，为小规模回收合作伙伴关系提供创业机会。通过用可回收物品兑换女性和女孩的卫生护理包、食品、教育材料和小规模改造项目，计划促进了清洁和更加可持续的环境，同时也改善了当地社区的财务状况，为年轻人提供了许多绿色就业机会。此外，该计划向儿童宣传了回收的重要性，这将产生增强环境可持续性的连锁反应。自 2019 年成立以来，该计划在 Eti-Osa 和 Ibeju-Lekki 等 41 个社区收集了超过 573 783 公斤的垃圾，招募了四千多名妇女和青年，通过回收业务培训和创业启动包赋权了两千余人，为他们提供了可持续的生计[1]。除了回收方面的努力，RESWAYE 计划还积极投身社区参与和支持计划，向多个社区的儿童、青年和妇女分发了一万零五百余个食品援助包和 5 000 个关怀包[2]。通过对拉各斯州发展循环经济的贡献，RESWAYE 计划在年轻人中提高了对良好环境实践和可持续垃圾管理的意识，从而减少了当地社区的环境影响。

资料来源：城市创新行动，URL: https://www.uia-initiative.eu/en/news/making-sense-change-together

图 4.11 RESWAYE 计划成员援助植树

要是通过开展相关培训帮助年轻人和妇女实现财务独立，通过化垃圾为财富的独特商业模式创造谋生机会。该倡议主要收集塑料、纸箱、瓶盖、玻璃和尼龙，将其分门别类。此外，计划还收集有机垃圾并处理成堆肥，用于 RESWAYE 社区花园和农场，以增强粮食安全、社区堆肥、垃圾再利用和有机垃圾管理，同时创造新工作岗位，振兴当地经济。

中国九江：柴桑区青年友好型低碳公园社区建设

中华人民共和国住房和城乡建设部积极开展青年友好型城市建设，聚焦优化青年居住环境，补齐养老服务站、托儿所、幼儿园、小学等公共服务设施短板，为青年人办好老人赡养、子女教育等民生事项；聚焦打造青年人公共活动空间，推动公园绿地开放共享，为青年社会交往、文体活动、休闲游憩提供多样化场所。在解决青年迫切关心的问题、提升城市品质等方面积累了一系列经验。

柴桑公园社区位于江西省九江市柴桑区的沙河街道，现有户数 2 510 户、5 612 人，总面积 32.73

---

[1] 联合国开发计划署。URL: https://sdginvestorplatform.undp.org/case-studies/reswaye-empowers-women-and-youth-coastal-communities-through-recycling-services-and。

[2] 妇女和青年赋权回收计划。URL: https://reswaye.org/about/。

公顷,社区地处城市中心。社区建筑多为20世纪90年代建设,许多服务配套设施陈旧不堪,公共活动场地、公共绿地等场所缺乏,已不能满足居民的生活需求;整体居住环境与周边景区不协调,影响城市面貌和城市品位,对社区进行改造提升迫在眉睫。为此,公园社区积极开展完整社区建设,采取了以下举措:

(1)打造了青年友好型社区。按照完整社区建设标准及要求,公园社区不断完善社区公共服务设施,解决青年人群的后顾之忧。为了满足年轻人健康运动及休闲娱乐需要,改造广场、增设健身服务设施、新增社区绿道、城市书房。为了便于青年赡养老人,新建社区老年服务站,为老人提供居家生活照料、文化娱乐等服务。为了解决青年家庭育儿难的问题,社区综合服务中心嵌入托幼功能,提供室内托幼、幼儿活动等空间和照护服务。

(2)建设了绿色低碳公园社区。公园社区以节能降碳为重要目标,推动社区绿色发展,打造"近零碳社区"(图4.12)。在渊明公园及住宅屋顶设置光伏发电设施,共布局光伏向日葵发电机组6套、光伏庭院灯盘30盏、光伏休闲座椅5个。新建屋面光伏面板1 000平方米一体化停车场,集光伏长廊、光伏椅、"光储充"等功能于一体,并与自然景观融合在一起。社区太阳能发电采用"自发自用,余电上网"的运行模式。据统计,增设的光伏设施每年可发电5.41万千瓦时,为824户居民提供绿色电能;每年可节约标准煤563吨,减少碳排放140.9吨,减少氮化物排放37.36吨。

(3)推动了社区共建共治。公园社区依托社区服务中心,搭建了社区数字服务平台,通过采用自动抓拍、图像识别、物联网等技术,以及AI分析、自动推送等智能化应用,为创建平安社区提供了软硬件基础。同时结合社区实际情况,整合各方资源,引入家政保洁、养老托育等到家服务,解决社区居民服务需求和就业需求。研究制定《居民公约》,定期组织各方参与解决社区内各类难点问题,进一步凝聚居民共识,增强居民对社区的认同感、归属感。鼓励青年积极参与社区建设,广泛开展社区志愿服务活动,如"青助老,青携幼"活动,提高青年在社区治理中的主人翁意识。

资料来源:九江市住房和城乡建设局

图4.12 柴桑公园社区的光伏太阳花

政策建议

建议 1：强化青年在生态修复与绿色经济中的主导作用

各国应通过政策激励和资源支持，鼓励青年科研人员和创业者积极参与生态修复与绿色经济项目。例如，昆明翠湖公园的案例表明，通过"青年合伙人"机制，可以有效促进生态修复项目的科学性与创新性，并实现生态与经济的双赢。在政策设计上，政府可以设立专项资金，支持青年团队开展生态修复、可再生能源利用等项目。同时，应建立青年创新平台，促进科研机构、高校与企业的合作，共同推动绿色技术的研发与应用。这不仅能提高生态项目的成功率，还能为青年提供更多的就业机会，推动经济可持续发展。

建议 2：推动社区层面的青年赋权与参与

社区是应对气候变化和推动绿色经济的关键场所。各国政府应通过政策措施，促进青年在社区层面的广泛参与，尤其是在可持续发展项目中。例如，里约热内卢的"我们的花园"项目展示了青年在社区可持续发展中的重要作用。社区农园的建立不仅改善了食品安全，还增强了社区的凝聚力。政府可以通过提供资金、技术培训和政策支持，激励青年在社区中发起和参与可持续发展项目。此举将有助于提高社区的环境质量，促进社会凝聚力，并为青年提供参与经济发展的渠道。

建议 3：实施绿色就业计划，促进青年与妇女的经济独立

绿色就业是实现经济绿色转型的重要途径，各国应实施绿色就业计划，特别关注青年和妇女的赋权。例如：拉各斯的妇女和青年赋权回收计划展示了通过回收经济创造绿色就业机会的成功经验。政策制定者可以借鉴这一经验，推动绿色经济领域的职业教育和培训，帮助青年掌握回收、可再生能源和环保技术等技能。此外，政府应与私营部门合作，推动绿色就业机会的创建，并确保青年和妇女在这些领域中能够获得平等的就业机会。这将有助于减缓气候变化，同时提升社会经济的包容性和公平性。

建议 4：促进低碳社区建设，激发青年参与城市治理

各国应鼓励和支持青年在低碳社区建设中的积极参与，推动社区绿色转型。例如，九江的低碳公园社区建设案例展示了青年在社区治理和低碳生活方式推广中的核心作用。政策制定者可以通过设立低碳社区试点项目，激励青年在社区规划、能源管理和公共服务中发挥作用。政府应提供政策引导和资金支持，促进青年友好型社区的建设，推动可再生能源的应用和绿色基础设施的开发。这不仅有助于实现社区的可持续发展，还能增强青年在社区治理中的参与感和责任感。

建议 5：推广循环经济模式，推动城市可持续发展

循环经济是实现资源高效利用和减少环境污染的重要途径，各国应大力推广循环经济模式，特别是通过青年力量推动这一转型。例如，约翰内斯堡的"源头分类"计划展示了青年在推动循环经济中的关键作用。政府可以通过制定政策，鼓励青年参与垃圾分类、回收利用等循环经济活动。政策措施应包括加强废物管理的教育和宣传，提供相关技术和资金支持，帮助青年创业者在回收经济中建立企业。此外，应建立健全的资源回收网络和市场机制，确保资源的循环利用能够形成可持续的经济模式。这将有助于减少城市废物排放，推动城市向绿色经济转型。

第五章 | 青年引领促进社会凝聚和包容

引言[1]

本章通过聚焦青年在本地社区中的气候行动重点讨论了以下3个议题：（1）青年世代的社会化过程，强调政府、市场及社会组织等力量通过教育培训、绿色工作、创新创业及媒体宣传等方式，赋能青年的气候变化应对行动，以解决其知识、经验、资源及行动力等方面的不足。（2）青年群体的社会影响力，强调青年人基于城市社区场域作为气候行动者和活动家的积极作为，分析青年如何通过践行绿色生活方式、技术及社会创新、倡导动员、公共服务等方式展开行动，引领在地低碳生活。（3）气候行动与社会凝聚力，分析青年气候行动作为议题，如何推动正义教育、弱势群体关怀、社区互助及社会可持续发展。

案例一以中国广西南宁市的老旧小区改造为背景，在市政府支持下，高校、社会组织、社区和居民多方主体共同发起了"零废社区"行动。通过多项活动，如：组织"种子基金"计划和大学生竞赛面向青年征集低耗能的小微社区空间优化行动方案；成立联合行动团队，青年志愿者与社区居民共同开展在地低碳建造行动，如闲置物再利用、社区种植等，不仅促进了青年的参与和领导力发展，还在社区层面推动了低碳实践，重塑居民对公共空间的信任。

案例二 DARAJA 项目是一个旨在提高城市非正式住区居民对极端天气的防范意识和应对能力的计划。企业和社会组织的合作构建利益相关者网络，采用全系统的共同生产方法，将国家气象和水文服务与社区发展组织联系起来。项目通过多种传播策略有效地触及内罗毕和达累斯萨拉姆的高风险非正式住区，提高居民对极端天气的防范意识。项目还鼓励居民采取在地行动以增强社区韧性。

案例三中国上海长白228街坊由政府与企业合作推动老旧住区的包容性更新，一批专业青年积极践行绿色理念，运用低碳技术将缺乏基础设施和商业配套的社区改造成了青年友好、充满活力的社区中心。新增的社区商业、公共空间、可负担住宅和文化活动吸引大量青年群体入住、工作并积极参与可持续的社区治理。

专栏一为中国香港大埔警署历史建筑活化再利用的实践，建筑改造融合历史、建筑与生态理念，修缮后开放为"绿汇学苑"教育基地，通过绿色生活课程、碳先锋培训和"碳中和大挑战"等项目，赋能青年参与本地气候行动。专栏二 Pikala 自行车计划是一个由荷兰社会企业家在摩洛哥马拉喀什市启动的社会创新项目，利用荷兰捐赠的废弃自行车，通过升级改造，促进当地的环保交通和提供可持续出行选择。该计划培训和聘用当地青年，为他们提供绿色就业机会，如导游、送货员、社会项目经理和自行车修理等工作，还教会了大量女性和儿童骑自行车。该计划获得了多方支持，并正在扩展到摩洛哥其他城市，不仅培养了当地的环保意识和健康生活方式，也增强了当地青年和妇女儿童经济与社会韧性。

本章案例主要从社区层面演绎青年气候行动，涵盖街区及建筑有机更新、非正式住宅治理、青年职业培训、循环经济、跨国界绿色组织等。无论是通过参与非政府组织、社区项目，还是在专业领域内推动绿色技

---

[1] 本章由复旦大学、同济大学和联合国人居署共同完成。其中中国上海团队的核心成员包括于海、钟晓华、尹科娈、毛键源、孙湘茗、柏玉婷。内罗毕、摩洛哥案例由联合国人居署撰稿，香港特区案例由香港特区发展局撰稿。刘悦来、孙哲、蒋亦凡、邹华华、刘真等参与本章案例讨论。

术和可持续发展，青年都在实践中发挥着重要作用。他们通过组织和参与各类环保活动，促进了社区成员之间的合作和互助，增强了社区的凝聚力和整体韧性。

参考案例

中国南宁：社区议事支持下的青年引领"社区低碳建造行动"[1]

案例背景

随着中国城市化进程的加快，大规模的基础建设在提升居住品质的同时，也带来了建筑废弃物和碳排放的增加，对城市气候环境造成了负担。如何平衡城市建设与实现可持续发展目标，成为当前面临的重要挑战。根据住建部数据显示，我国2000年前建成的老旧小区约22万个，涉及的居民近3900万户。这些小区普遍进入折旧期，基础设施严重缺失，且多数缺乏业委会和物业管理，导致维护不足，形成恶性循环。老旧小区改造成为城市更新和建设的重点。但是，大量旧改的建设过程中会产生更多的建设废弃物，包括建设材料的拆除、运输、建造等等，这对气候环境同样造成了巨大的压力。因此，如何协同多方力量，共同推进老旧小区的环境气候可持续更新，成为旧改的关键问题。

广西壮族自治区南宁市城市更新和物业管理指导中心在老旧小区改造中与社会力量合作建立联合工作团队，提出一种社区议事支持下的青年引领"社区低碳建造行动"方案。方案聚焦于小区道路、管道、屋顶等的改造，在低碳方案的实施上推行"社区低碳循环建造"，在青年引领的行动组织上，建立了"老友议事会"制度，旨在搭建青年与政府部门及社区居民之间的网络，推进低碳建造行动。老友议事代表全程参与老旧小区改造，与建设、设计、施工等单位沟通，明确各方责任，有效解决了沟通不畅的问题。同时，通过向老友议事会授权、赋能，社区工作者还推动了政府的项目管理方式的转变，构建了"政府负责+社区协同+居民参与"的治理格局，形成了良好的角色互动效应。

在2021至2023年间，联合团队通过举办全国社区花园设计营造竞赛、社区参与行动和研讨会议等，超过800位高校师生和青年设计师组成的志愿者团队，践行"社区低碳建造"理念，与一千六百多名社区居民组建更新小组共同行动。联合团队成功举办了约500场工作坊，在南宁城区一百多个小区开展闲置物品改造、社区种植、园林废弃物处理、湿垃圾不出小区等社区低碳建造行动。这些项目在青年引领气候行动方面具有重要意义，不仅促进了青年参与，还在社区层面推动了低碳实践，产生了创新与示范效应（图5.1）。

实施过程

1. 成立联合工作团队搭建组织化的参与架构

联合工作团队在南宁市城市更新和物业管理指

---

[1] 本案例来源于南宁市城市更新和物业管理指导中心，作者尹科娈（上海海四叶草堂青少年自然体验服务中心）、韦戈、覃兰秋（南宁市城市更新和物业管理指导中心）。感谢王静、黄富章、阚童、何馨芸、毛键源、刘悦来等人的共同支持。

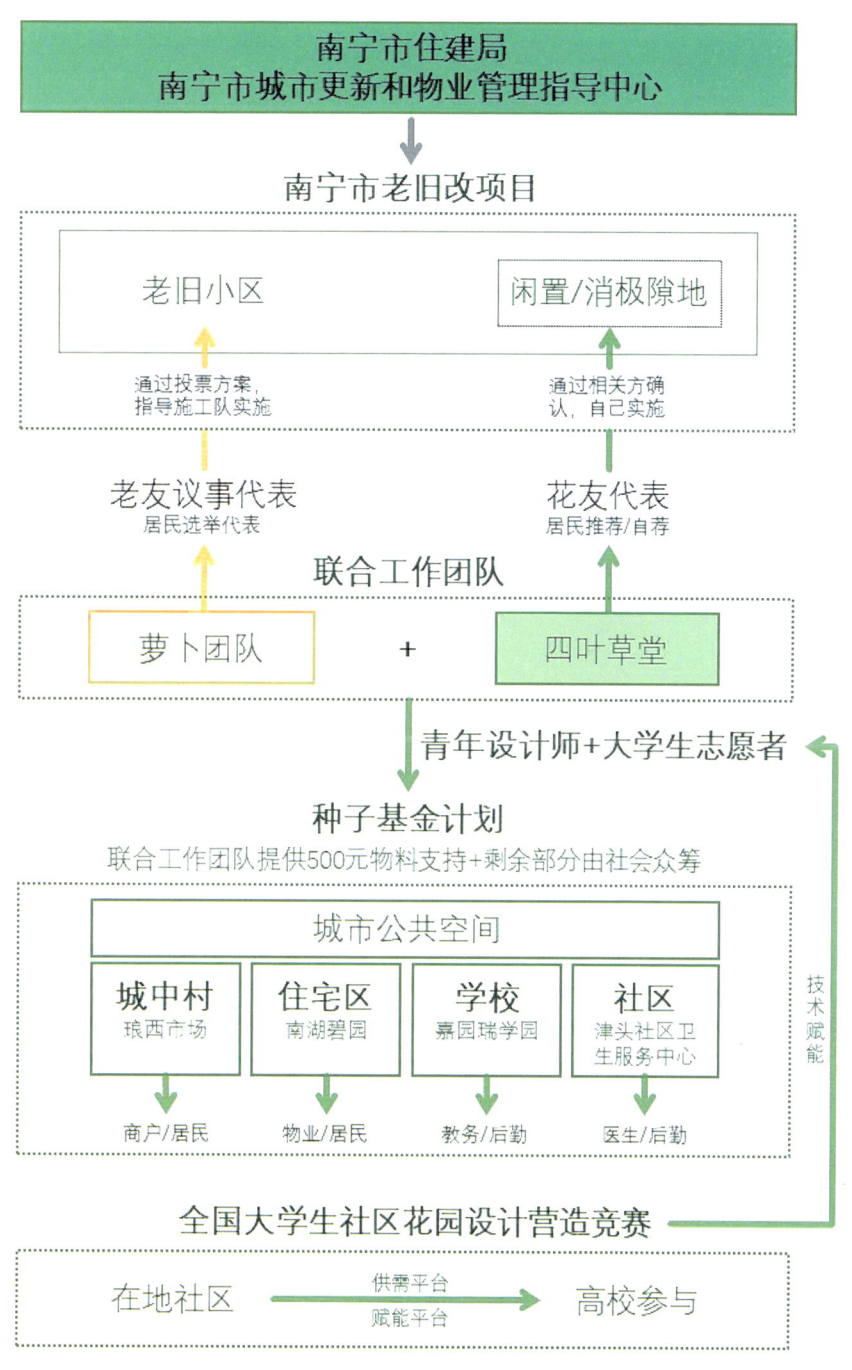

资料来源：由四叶草堂提供

图 5.1 工作组织框架图

导中心支持下由推广罗伯特议事规则的萝卜咨询团队（简称"萝卜团队"）[1]和致力于社区花园研究实践的四叶草堂团队（简称"四叶团队"）[2]组成。四叶草堂是一支致力于城乡社区环境发展、公众参与和教育的社会组织，倡导向大自然学习的可持续生活方式，协助社区民众共同打造心目中的理想家园。

萝卜团队通过调研与选举老友代表的过程在社区中建立信任，四叶草堂通过宣讲发动高校师生参与，进一步扩大实践影响力与影响范畴。以上行动共发动超过 500 名高校师生、近 800 名青年参与社区低碳建造行动。广大的高校青年师生将社区低碳建造行动视作深入社区的平台，思考专业价值的同时，帮助社区发展。除此以外，社区中一些富有经验的设计师或自由职业者也积极参与低碳建造行动，他们希望有机会能结合居民实际生活需求与低碳环保理念，并植入项目实施过程，进而产生积极影响。

联合工作团队整合各方资源，将来自政府和社会资本方的改造资金用于社区空间的改造。在一些缺少政府资金支持的场所，社区工作者发起自筹资金行动，从各个渠道获得多元化的资金支持。与此同时，设计改造专业背景的青年人与居民建立互信关系，工作团队会提供行动前中后的针对性培训与辅导。

2. 打造综合性的社区样板：荣和新城

南宁市江南区荣和新城是该行动方案的社区样板。它建于 1999 年，是南宁市第一批商品房小区，共有 37 栋楼、1 287 户居民。在工作方法上，社区工作者积极引导 21 位老友议事代表和 436 位志愿者动员居民参与垃圾源头分类。厨余处理中心将分类的厨余垃圾和园林废弃物投入到处理中心的处理终端，粉碎后与相关配料混合放置、发酵一定时间，使之变成有机肥。这些有机肥料可以用于小区花园种植、土壤改良，也可作为伴手礼送给客人。截至目前，荣和新城社区共处理了 308.82 吨园林废弃物和 30.96 吨厨余垃圾，总共生产了 157.5 吨肥料。

荣和新城厨余处理中心的废弃物处理技术由专业合作方进行技术支持，并产生了项目碳交易购销协议[3]，这标志着该技术在城乡有机废弃物环保治理与肥料资源化生产过程中产生的碳减排量，已实现具体经济收益的转化，也为未来厨余处理中心的碳减排项目参与国际、国内碳汇交易提供了新的机遇。

荣和新城小区更新点位总共有七十余个，包括小型、中型和大型 3 类。小型点位是家门口的 5~10 平方米空间，一般由 1~2 位居民参与和照料；中型点位是组团绿地中 10~50 平方米空间，由相邻楼栋中多位居民组成的自治队伍管理；大型点位是小区中心绿地中 500 平方米左右的空间，由物业

---

1 萝卜咨询是一家专注于为社会组织提供专业服务的机构，致力于提升社会组织的管理与运营能力。通过精准的策略规划、高效的执行方案及持续的评估优化，助力社会组织实现可持续发展，推动社会公益事业进步。

2 四叶草堂是一支致力于城乡社区环境发展、公众参与和教育的社会组织，倡导向大自然学习的可持续生活方式，协助社区民众共同打造心目中的理想家园。本案例为该组织继上海社区花园等往年手册案例之后的向外拓展的持续创新实践。

3 注：广西力源宝科技公司为荣和新城厨余处理中心提供"有机废弃物空间多层静态超高温好氧酿醇"系统技术和设备。2024 年 3 月 19 日，力源宝申报的"减污降碳——生物质碳资源循环利用项目"获得 Verra 签发碳减排量为 141.7 万吨（减排时间段：2020 年 6 月 1 日至 2022 年 12 月 31 日）。英国戴米特投资有限公司与力源宝科技公司签订了购销协议，并购买了上述 VCS 项目碳减排量。

和居民共同管理。

在荣和新城的项目初期，公众对空间更新参与持怀疑态度。但随着首个组团绿地改造成功，邻里间开始讨论空间更新的公共性和合理性，并逐渐吸引了更多居民参与其中。随着居民参与热情日渐高涨，联合工作团队逐渐扩大了参与的范围和人数。居民在掌握了基础的工作方法后，在议事代表的组织下，开始自发众筹资金和物料改造其他空间。虽然一些空间改造点位遭遇了小区部分居民的投诉，但议事代表迅速回应，了解居民投诉的原因，积极调整方案，最终获得大家对改造点位的支持。

3. 建立多类别多场景的低碳行动方案

联合工作团队对社区的各类问题分门别类，建立多种场景，并提供对应解决方案，方便在社区中推广（图 5.2）。这些场景一般以 5 平方米为基本单位，既可以准确处理老旧小区中各类微小空间的改造问题，也方便社区在地的工作团队和居民展开低碳建造行动。

联合工作团队与社区成员共同建立了自制装置、景观打造、空间优化、功能置入、设施改善等多种行动手段，如在建设材料上，联合工作团队鼓励居民将废弃材料再利用，比如，将轮胎用于做座椅，废弃水池用于做艺术装置或种植盆，将竹子用于做背景板或灯具，将废弃晾衣架改造为儿童游戏设施等。此外，还有居民从家里分享出来的座椅和植物。

这些场景主要处理以下几类问题：（1）环境美化与维护问题，包括楼道入口的青苔、垃圾乱扔

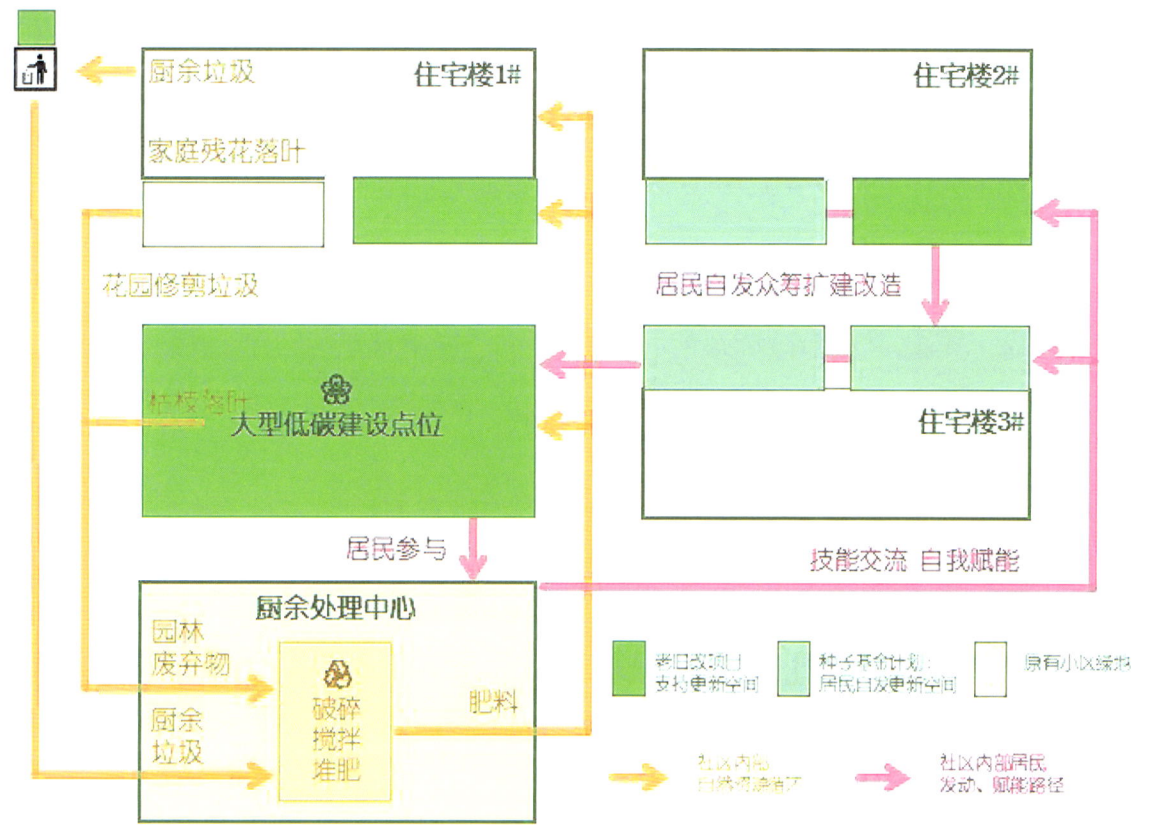

资料来源：由四叶草堂提供

图 5.2　低碳空间解决方案

等。（2）空间规划与利用问题，如非机动车停放、小区休憩空间不足等。（3）安全隐患与治理问题，涉及化粪池垃圾点、高大乔木落叶等。（4）社区功能与活力提升问题，包括临街商铺招揽顾客、组团绿地绿化杂乱等。

在行动过程中我们欣喜地看到青年力量与社区的共同成长，如：聚宝苑社区参与行动中韦杨韬作为海归青年与家人一起组织系列自然永续设计与营建工作坊，引发社区居民对于气候变化之关切并采取行动，孕育青年利用社区行动进行创业的可能，这些鲜活的案例成为引发行动的重要催化剂。

4. 建立自下而上的民间参与网络：种子基金计划与社区花园竞赛

公共部门经费仅支持老旧小区的部分改造。然而，随着行动影响力的扩大和媒体宣传报道的增多，越来越多的市民希望参与其中。鉴于此，联合工作团队在公共部门的支持下发起了"种子基金"计划，提供了一个更广泛的参与路径。该计划支持市民使用少量的物料和通用的工具结合自身的力量来改造身边闲置空间。

"种子基金"计划支持的点位同时吸纳了全国社区花园设计营造竞赛的广大青年师生参与。该竞赛由同济大学景观学系联合《中国园林》杂志社、中国34所风景园林院校联合发起，以"零废弃花园"为主题，发动全国力量，以降低公共财政耗费，探寻空间更新治理低碳路径。全国社区花园设计营造竞赛与"种子基金"计划的理念如出一辙，两者相互协作，共同汇集全国高校资源，推动广域共建共治共享网络的全国性青年社会行动，驱动社区自主自发改善城市空间。

"种子基金"第一批的计划资助对象为200个，截至目前已经完成了150个点位的支持。参与计划的公共空间类型逐渐多元化。联合工作团队研发了适用于不同空间需求的共创模块：（1）以琅西夜市和麻村为代表的城中村。主要参与人群是商户，主要诉求是能扩大店招的影响力，以及美化店铺周边环境。（2）临近住宅区的幼儿园。改造的目标是创造一处结合劳动教育和自然教育的闲置公共空间。（3）社区卫生服务站。希望为来访者创造一个同时具备物理疗愈和身心疗愈功能的外部环境。

经验借鉴

1. 建立低碳更新方案，实施可持续的在地建造行动

在老旧小区的改造中，社区工作者实际上可以让居民基于自己的生活需求和资源，形成低成本低耗能的在地更新方案。在技术方案上，居民可以选用生活中常见且易于获取的材料进行改造，如使用原生乡土物种、废旧木材、再生塑料等，降低材料成本并减轻对环境的影响。在技术赋能上，社区工作者可以通过开展培训和建立工作坊让居民熟悉并掌握改造工艺和技术，培养居民在空间更新、建造和维护等方面的能力。此外，考虑到政府空间建设资金一般均为一次性财政拨款，未来长期的空间养护应当由社区自身来完成，社区工作者可以建立社区维修基金，通过公益创投、社区众筹等方式筹集小额资金，使之用于日常小规模维护和修缮工作，避免公共空间因资金短缺而缺乏运维保养。

2. 搭建青年参与的议事网络，实践包容性的多方协作支持机制

青年参与的社区议事网络是社区低碳建造多方协作的行动基础，两年内支持了两千多人共同参与建造行动。社区议事网络促成了政府分管设计、建设、物业管理、财务和法务等多个部门和社区居民的参与，通过共同协商来解决老旧小区更新行动中的种种纷争，实现更新中多方主体意愿的包容性。

比如，容许先做一个居民共同认可的低碳改造方案之后，再进行全社区的推广，而不是一开始就直接在全社区实施一个未成熟的方案。再比如，允许居民在建设中，以及后期调整空间布局和设施，调整或撤销位置，使之更加符合居民的需求。

3. 重塑居民对公共空间参与，倡导低碳化的日常生活方式

居民的参与对社区低碳化的改造至关重要。社区工作组需要不断引导居民循序渐进地参与小微公共空间低碳改造行动，鼓励居民参与改造全过程。与此同时，社区工作组需要持续营造多方参与共创的场景，赋予居民参与更新改造技术方案的机会，搭建相互协商协作的平台机制，带动居民和物业等多方主体共同探讨公共空间的社区化低碳更新，明确各主体自身的责任与义务，从而将可持续生活的理念巧妙融合到居民的日常生活中去（图5.3）。

送变电小区檐下小憩

琅西夜市饮品店

荣和新城艺术画廊

荣和新城童心园

南铝社区心怡花园

南铝社区小卖部

资料来源：由四叶草堂提供

图 5.3　改造后的社区绿色微景观

肯尼亚内罗毕／坦桑尼亚达累斯萨拉姆：DARAJA——共同设计城市非正式住区的天气和气候信息服务[1]

案例背景

气候变化导致全球极端天气愈演愈烈，洪水、风暴、极端高温和干旱日益频发。全球逾10亿人口没有像样的住房。在城市化作用下，大量人口迁入不稳定环境的非正规住区，更加容易遭受气候灾害影响。据推断，内罗毕非正式住区的居民约占总人口的60%至70%，而在达累斯萨拉姆这一比例超过70%[2]。这两座城市正在快速城市化，且频繁遭受强降雨引发的洪涝灾害。非正规住区普遍缺乏城市基本公共服务，以及硬化路面、雨水系统和污水系统等重要基础设施，因此难以抵御极端天气的冲击。雪上加霜的是其中大多数居民无法获得气象信息服务，即便能够获得相关信息，也往往因技术、语言或其他社会经济障碍而理解不了。气候变化对妇女、儿童、老人和残障人士等弱势群体的影响尤其严重，并且影响会进一步加剧，令人担忧。

传统的气象服务通常侧重于宏观层面的数据，这些数据往往缺乏城市微气候和极端天气带来的局部危害的具体信息。因此，这种有效沟通和可操作信息的缺失，妨碍了最脆弱的城市人口应对气候风险的韧性。反过来，这些问题不仅威胁到城市居民的生命和生计，还加剧了现有的社会和经济不平等。DARAJA（Developing Risk Awareness through Joint Action）作为一个天气预报和早期预警服务和合作伙伴，向生活在内罗毕和达累斯萨拉姆非正式社区的居民提供可靠和定时放送的气候信息，通过在重大天气事件到来之前采取主动预防措施来保护居民的生计。该计划旨在让气象服务惠及最脆弱的城市居民群体，它试图通过积极的努力实现以下愿望：(1) 共同创建界面和服务以应对气候相关风险，从而增强这些社区的气候韧性。(2) 提供可靠、共同制作且易于获取的气候信息服务，以告知城市和社区层面的新规划决策。(3) 增加生活在这些城市非正式住区的居民对定制气候信息服务的使用。通过采用全系统方式，DARAJA利用社区网络和现代技术，搭建了关键桥梁，并建立了参与产品共同设计、信息传播渠道和反馈循环的关键参与者之间的运营伙伴关系，以获取天气预报和极端天气警报信息。

实践过程

1. 构建多样化的利益相关者网络，以实现共同设计气候和天气服务

DARAJA项目于2018年9月启动，由Resurgence公司从中协调，这是一家全球设计、传播和咨询的非营利性社会企业；负责实施的则是内罗毕的Kounkuey设计倡议组织（KDI）和达累斯萨拉姆的社区倡议中心（CCI）。该项目获得了超过200万美元的资助，资金来自英国外交、联邦和发展事务部

---

[1] 本案例由联合国人居署撰写。
[2] World Habitat Awards. DARAJA: The Inclusive City-Community Forecasting and Early Warning Service, Kenya and Tanzania. Available from: https://world-habitat.org/wp-content/uploads/2023/12/Project-Summary-DARAJA-The-Inclusive-City-Community-Forecasting-and-Early-Warning-Service-Kenya-and-Tanzania-.pdf（访问日期：2024年6月15日）。

（UK FCDO）、非洲天气和气候信息服务（WISER）、气候 KIC、德国国际合作机构（GIZ）和联合国开发计划署-非洲。通过采用全系统的共同生产方法，DARAJA 首次将国家气象和水文服务与社区发展组织等差异极大的气候行动者联系起来，开展共同合作。

CCI 和 KDI 在连接利益相关者和实施试点服务及核心项目活动方面均发挥了重要作用，这些活动于 2019 年 4 月开始。为了确定要纳入此过程的核心行动者，他们特意在两个城市进行了信息流绘制活动，专注于极端天气和气候信息服务的获取、理解和使用。他们将来自各地的行动者召集于一堂，随后启动了一系列利益相关者咨询会、焦点小组会、设计研讨会、反馈会、家庭调查会和关键知情人访谈（图 5.4）。利益相关者咨询活动汇集了来自非正式住区的居民、城市当局如水和卫生部门、灾害管理部门和城市规划师、媒体机构如电信公司、肯尼亚红十字会（KRCS）和内罗毕的气象预警行动项目（ForPAc），以及达累斯萨拉姆的学校教师和实践社区（世界银行和横贯非洲水文气象观测项目 TAHMO）的各类人士。两座城市的利益相关者们均与各自的国家气象和水文机构展开合作，包括肯尼亚气象部（KMD）和坦桑尼亚气象局（TMA）。本地社区与国家气象和水文服务（NMHS）之间的反馈循环的整合，不仅使预报服务更加符合社区需求，还生成了定制和可操作的预报，提高了个人、社区和城市层面的气候韧性，同时也增进了 NMHS 与当地居民之间的信任。

2. 明确定向传播渠道来指引信息分发

为了有效地触及非正式社区并最大化覆盖范围，他们制定了多种多样的传播策略。通过调查了解内罗毕非正式社区中最有效的传播方式，确定无线电（57%）、电视（49%）和短信（32%）为最容易触及居民的形式[1]。在基贝拉、马金戈、科罗戈乔、穆库鲁和卡旺加雷等社区的社区广播电台，以及全市范围的广播电台和其他新闻机构，使用这些渠道播送最新的气候信息，每天分享最新的关于天气风险和挑战的建议信息，以提高社区防范意识。通过接受 KMD 专家培训，当地青年利用社区广播电台的力量播送气候变化新闻，仅在基贝拉就有超过 24 人通过 Weather Mtaani 服务解读天气预报。这项服务作为信息分享的核心手段，通过当地社区领导的推动，他们一起将 KMD 的天气预报解读并通过短信、电话和口头方式传播给当地社区。为了确保信息易于理解，他们特意使用了当地方言，每周翻译每日天气预报、季节性展望和天气警告，并将其传播给包括穆库鲁和科罗戈乔在内的其他非正式住区的青年志愿者，以实现信息在这些社区中的全

资料来源：Kounkuey 设计倡议。URL: https://www.kounkuey.org/projects/daraja

图 5.4 当地居民在内罗毕基贝拉的社区培训会上参与传播系统设计

---

1 URL: https://www.resurgence.io/daraja/（访问日期：2024 年 6 月 16 日）。

面覆盖。为了确保信息易于解读，他们还推广使用了直观的图形和天气图标，并增加了对各城市区域和指定目标住区的预报及预期影响的描述。此外，从这个过程一开始，他们就建立了共同术语和共同理解，为的是促进相互理解并在当地社区中植入一种主人翁意识，从而增加服务的使用和需求。

值得注意的是，为了进一步宣传 DARAJA 的故事，Resurgence 公司和 KDI 聘请了备受尊敬的肯尼亚获奖电影制片人兼摄影师 Ondivow 制作了一部关于该项目的短片，借以提高人们对极端天气的防范意识。电影摄制和故事讲述有助于将项目的知识和经验传播给更广泛的受众。2021 年 1 月，这部电影被选中在 2021 年首届全球气候适应峰会上进行全球首映。

3. 促进行为改变以增强社区韧性

除了直接提供天气和气候信息外，DARAJA 还鼓励行为改变，以帮助社区为极端天气做好万全准备。根据预报，他们鼓励居民开展清理雨水排水沟、修理房屋和整理物品等工作，以增强气候韧性。这些行动由 KDI、CCI 和其他七个本地合作伙伴负责指导和监控。CCI 通过整合混凝土墙来改善卫生基础设施，以减少在大雨和强风期间发生倒塌事故的风险，另外他们还引入了多种必要的卫生选项，因为如果对其不加以重视，势必会让废弃物越积越多，从而加剧降水引发的洪涝风险。因此，分别有 76% 和 81% 的内罗毕和达累斯萨拉姆受访者表示，他们采取的行动有助于保存其家庭收入并更好地保护他们的资产和贵重物品。在雨水排水沟堵塞等问题持续存在的情况下，Weather Mtaani 领导

人也会组织社区清理活动，在大雨警报前对社区提供必要的保护。特别是在达累斯萨拉姆，需要重点提及的是青年教育，当地学校也将教育儿童如何在极端气候条件下保护自己作为头等大事，通过增强气候韧性来为年轻人赋权。在该市的 8 所试点学校中，通过协调项目培训了 19 名教师和 240 名学生。到 2020 年 9 月，有多达 13 711 名学生收到了信息[1]（图 5.5 ~ 图 5.6）。

DARAJA 在增强内罗毕和达累斯萨拉姆一些高风险非正式住区的城市气候韧性方面作出了重要贡献，覆盖了九十八万两千余名居民[2]。通过采用用户和生产者之间的全系统共同生产方法，该计划将国家气象和水文服务与本地社区发展组织联系起来，首次促成了二者之间的合作。国家气象服务现在拥有多种新模式，预报产品可以覆盖更广泛的终端用户，包括城市中最脆弱的人群。通过设计包容

资料来源：由联合国人居署提供。https://world-habitat.org/es/premios-mundiales-del-habitat/ganadores-y-finalistas/daraja-servicio-inclusivo-y-comunitario-de-la-ciudad-para-el-pronostico-del-clima-y-la-alerta-temprana/untitled-800-x-500-px-17-2/

图 5.5 重视青年气候变化教育，学校教授孩子们天气和气候风险相关的知识，以增强气候韧性和适应能力

1　URL: https://www.resurgence.io/daraja/。

2　Resurgence.URL: https://www.resurgence.io/daraja/。

资料来源：全球灾害防备中心。（20204）.URL: https://preparecenter.org/resource/case-studies-daraja-project/

图 5.6　基贝拉的壁画对天气模式进行了描绘，提高了当地儿童对气候影响的认识

的传播系统，使得在不同城市规模上可以播送本地化的、及时的早期预警预报，提供以用户为中心的每日和每周预报。调查数据显示，在最初的 18 个月内，内罗毕非正式住区中获得较早的准确天气情报、早期预警和气候信息的比例从 56% 增加到了 93%，98% 的居民表示他们积极使用 DARAJA 信息服务来为恶劣天气做准备[1]。类似的，在达累斯萨拉姆，信息获取比例从 74% 增加到 93%，91% 的受访者表示他们能完全看懂这些信息。

经验借鉴

1. 推进全系统的、共同生产的方法，为城市非正式住区提供天气和气候信息服务

DARAJA 是第一批明确将早期预警信息传播集中在城市非正式住区的人口的项目之一，它将国家、区域和城市级别的各地方的行动者聚合在一起。该项目强调了采用多利益相关者、共同设计过程的重要性，以产生创新且有效的方法来为脆弱社区做好防范准备。通过使用本地语言和图标，并通

---

[1] Resurgence.(2021).URL: https://www.resurgence.io/film-on-pioneering-weather-service-for-african-communities-premieres-globally/。

过可信渠道传递给非正式住区中最脆弱的城市居民群体，该项目象征着民众开始逐渐抛弃政府官员使用的"官方"渠道，因为在过往的官方渠道场景中，技术信息经常被生活在非正式社区中的居民误解，或者根本无法传达给这些社区。因此，DARAJA 挑战了传统的、自上而下的早期预警信息分享方法，反而促进了密集和复杂城市网络中深得民心的传播和反馈。通过连接多方行动者，DARAJA 展示了一种创新模型，该模型可以培养出一种相互反馈的文化，再结合科学和技术。这种模型可以在其他脆弱的城市社区中推广和复制。

2. 推广创新和多样化的传播策略，以提高将信息传递到"难以触及"社区的效率

在基础设施差、识字率低和数字工具获取有限的情况下，气候服务信息差距在非正式住区中不断扩大，城市被迫采取创新手段弥合这种差距。通过利用多种多样的定向传播渠道，DARAJA 明确了多样化传播的重要性，有效地在内罗毕和达累斯萨拉姆的此类社区中播送定制信息。主流传播渠道如社区广播和电视具有极大的影响力，它们通过本地化广播传递气候信息。通过利用这些电信实体促进天气信息的翻译，DARAJA 的方法确保了定制信息的包容性和及时送达，覆盖了那些难以获得最新天气信息的边缘和外围城市社区。

3. 鼓励青年积极参与气候信息服务的传播

致力于教育和培训青年关于天气和气候信息服务及气候风险的知识，DARAJA 再次强调了年轻人在地方层面建设气候韧性的关键作用。作为积极主动、充满活力的社区领导者，青年在内罗毕和达累斯萨拉姆的非正式住区中在形成气候风险知识和意识方面发挥了关键作用。鉴于年轻人普遍具备较高的数字素养，能熟练使用社交媒体平台，以及倾向于参加志愿服务，城市可以利用年轻人的技能，通过可便捷访问的渠道分享信息，弥合当地居民与专业机构之间的信息差。反过来，赋予青年提供气候信息服务的权力，可增强青年的主人翁意识并鼓励其培养技能，从而打造更具气候韧性和可持续性的城市社区。

中国上海杨浦：青年与街区共荣——长白 228 街坊的可持续更新实践[1]

案例背景

长白街道 228 街坊位于上海市东北角的工业区，用地面积约 3.47 公顷，是 1950 年代上海兴建的"二万户"工人住宅[2]。在街坊的东南、西北拐角，有 6 栋建于 1980 年的六层公房。作为城市百年工业化历程的见证者，该社区承载着几代产业工人的光荣与梦想，但随着居住密度高、社区设施老化、环境脏乱、居住安全隐患多等问题的显现，曾经产业工人聚集的青年社区逐渐成为人口老龄化、缺乏活力的衰退住区。首先，老旧小区设施衰退，外墙破损、排水不畅、公共空间品质差、缺乏餐饮购物等社区生活配套，大大影响日常生活品质和社区体验；其次，社区承担了大量养老与流动人口管理压力，其功能设置及服务供给与当代青年需求不匹配，难以吸引青年定居；再次，集体记忆流失与

---

1 本案例由上海市杨浦区长白新村街道及杨浦科创集团提供，主要撰稿人为钟晓华、王宏玉、冯培文。
2 "二万户"是指 1950 年代上海市政府建设的一种工人住宅类型，特点为每栋 10 户，共 2 层，砖结构外墙，木质楼梯地板，每 5 户共享厨卫设施。共建设了 2000 个住宅单元，解决了十万余人的居住问题。

归属感弱化，新老居民均缺乏社区认同感和参与热情。

随着城市化进程的深入，中国城市由快速扩张式转向了存量更新式发展阶段，居民对于更高品质的生活环境和公共服务设施的需求日益增长。在此背景下，长白228街坊于2015年被列入上海市城市更新示范项目，在政府、企业及社区的多方合作之下，中青年规划师、建筑师及遗产保护专家积极应用海绵城市技术、组装建筑和垃圾分类等绿色低碳举措以应对气候变化，并通过将旧住宅改造为社区商业、翻新老公寓、新建社会住宅等组合建设和供应模式，为更多青年增加了生活支持、公共空间和就业机会。同时，通过旧住宅的改造升级为社区商业、老公寓的翻新修复、新建社会住宅等一系列组合建设和供应模式的创新实践，不仅为更多青年提供了生活上的支持、丰富的公共空间和多样的就业机会，还通过引导青年参与社区文化建设等措施，有效改善了街区的生活品质，增强了社区的韧性与活力，促进了社区的可持续发展，让这片历史悠久的土地焕发出了新的生机与活力（图5.7）。

资料来源：由上海市杨浦区长白新村街道提供

图 5.7 228街坊俯瞰图（改造前后对比）

实践过程

2019年起通过精心规划和建设，228街坊不仅保留了历史风貌和空间肌理，还增加了社区商业、公共服务等配套设施，打造集合多重业态的开放式街区综合体。项目成果显著，包括改善了原低质量住宅中360户家庭一千六百余人的生活条件；提升改造了街坊内6幢建于1980年的六层老公房，惠及815名住户；新建一幢450套的高层人才公寓，给近600名中青年职工提供了可负担住宅；新增公共服务及商业服务辐射周边8万至10万居民。

青年因城市的魅力而汇聚，而城市的繁荣又离不开青年的活力。青年群体不仅作为街区建设的积极参与者，更是街区更新改造的直接受益者。街道政府与开发企业紧密合作，致力于为青年群体在住宅供给、生活圈规划、设施配套、就业创业等多个方面提供全方位的支持。这种支持不仅满足了青年的基本生活需求，更为他们提供了广阔的发展空间。青年们的积极参与，也为街区注入了新鲜的活力和创新的理念，推动了街区向更加可持续、包容的城市社区迈进。从协商征收阶段、规划建设，到后续的内容设置、运营管理等各个环节，街道政府都与青年居民保持着密切的沟通与协作。青年与社区共同成长，不仅增强了街区的凝聚力，也为城市的可持续发展奠定了坚实的基础。

1. 专业青年全过程赋能城市更新

项目业主杨浦区科创集团在接手228街坊后，采纳了中青年规划师、建筑师和历史遗产保护专家团队的建议，对建设方案进行优化，大幅下调原方案的地块容积率，通过保留与修缮、合并与复建，保留12幢老房子的建筑肌理和历史风貌，重现工人新村的集体记忆（图5.8）。此外，项目还建设了集商业、文化和休闲等多元化公共服务功能于一体的社区中心，为社区居民提供丰富多样的生活体验。除了对民生需求和历史文化的关注，青年规划师和建筑师团队还积极践行"绿色低碳""韧性可持续"的更新理念。例如：利用多种海绵城市技术解决街区内涝问题；增加公共绿地、优化慢行系统打造开放式绿色街区；人才公寓采用预制混凝土构件（PC结构），装配率达到60%，而且室内装饰亦大量采用竹木纤维板安装，减少现场湿作业，减少了扬尘和噪声污染。此外，来自安墨吉规划设计公司和同济大学的青年社区规划师团队不断精细化调整规划方案细节，秉持着"修旧如旧、整旧出新"的原则，最大程度保留了228街坊素墙红瓦的建筑外观，并完善了街坊内的配套服务。众多青年建筑师团队运用现代设计理念和技术手段，将历史文化符号和现代功能植入社区博物馆、中心大草坪等空间。项目业主科创集团青年工作团队负责228街坊的工程建设、招租运营、长租公寓和物业管理等相关工作，为项目的顺利推进提供了有力的保障。同时，近300名来自社区服务、商业运营和文化创意等领域的专业青年在地就业。该项目为广泛的专业青年提供了广阔的实践平台和发展空间。

资料来源：由上海市杨浦区长白新村街道提供

图 5.8　228街坊标识雕塑

2. 多元供给打造青年宜居街区

在打造青年宜居街区方面，科创集团建造了可负担的保障性长租人才公寓"创寓228"，目前450间房共入住六百余人，是扩大保障性租赁住房供给的成果，意在解决新市民、青年人等群体的住房困难问题，为职场新人实现职住平衡提供了更多可选的方案，也为周边园区的在线新经济企业年轻职工提供个性化、全方位的安居保障。青年群体在职业生涯初期往往面临较大的不确定性，包括工作变动、生活地点调整等。保障性租赁住房提供了灵活的租赁期限和便捷的退租机制，满足了青年群体过渡性的居住需求，使他们能够更加专注于职业发展和个人成长。公寓运营方通过与本地重点企业合作、进周边高校宣传等方式，向企业青年员工和大学生介绍住房保障措施，提升地区的青年人才吸引力，推动区域经济的发展。

228街坊人才公寓不仅租金适宜、设施齐全，还专设了女性友好、宠物友好楼层，满足青年多样化需求。此外，项目还注重社区文化建设，提供了丰富的社群活动空间，如公共会客厅、露台花园等，通过举办各类社群活动等方式，增强青年群体之间的交流与互动。这有助于他们更好地融入社区生活，建立稳定的社会关系网络，提升社会融入感。在此基础上，为满足周边居民尤其是青年"一站式、多元化"的需求，街区创新"市场+公益"的生活服务配套供给模式，涵盖社区商业、体育健身、文化娱乐、生活服务等多项丰富功能，街坊内的健身中心、社区食堂等设施不仅价格亲民，而且服务周到，吸引大量年轻人来消费和参与活动（图5.9）。

3. 多方联动打造青年乐业平台

该社区不仅关注青年人的居住与生活服务需求，更在功能配置上展现出对青年职业发展的长远规划与持续投入，旨在通过全方位的支持体系促进

资料来源：由上海市杨浦区长白新村街道提供

图5.9　228街坊运动健康中心

年轻一代的个人成长与职业发展。由政府和企业合作搭建的就业创业支持平台不仅为青年人提供了物理空间，如共享工作空间、就业培训中心等，还为他们提供了信息、技术、资金等多方面的支持。平台利用互联网技术，建立了线上信息交流平台，使青年人能够及时了解市场动态、政策变化等信息，增强他们的市场敏锐度。社区积极与高校、科研机构等建立合作关系，推动产学研结合，为青年人提供更多的实践机会和创新资源。社区与企业合作，为青年提供就业技能培训和实地培训机会，涵盖培训活动区、直播带岗区、业务洽谈区、共享办公区等多个区域，完善家门口的就业服务体系建设，街道政府和区投资促进中心联动，与优质企业广泛开展合作，定期举办招聘会，目前已与8家世界500强企业实现了招聘信息共享合作，成了多家企业的技能实训中心。今年以来，社区通过"线上+线下"双联动累计培训约342人次，提供就业岗位149个，助力3家企业创业。项目通过营造提供良好的就业与创业环境，留住青年人，进而增强地区的竞争力和可持续性。

4. 社区文化激发青年行动力

长白228街坊在改造中，完整保留了12栋"两

万户"建筑的空间肌理及外观，重现工人新村的物质空间文化。同时，长白228街坊布局了工人新村博物馆，基于1950、1990、2020三个世代传承的理念，开创设计了228街坊特色标识logo，强化了区域的文化标识。在"二万户"社区土生土长的年轻人张磊，亲历了城市更新过程中集体记忆被挖掘与呈现的过程，大大激发了其社区认同感，成长为积极的兼职青年社区工作者。在街道的带领下，以他为代表的青年干部搭建了青春"YOUNG"联盟平台，发挥其信息工程师的专业特长搭建了信息化资源对接平台——"智惠广远"微信小程序，汇集志愿项目发布、展示、查询、信息公开等功能于一体，组织更多的青年志愿者进入228街坊，涵盖社区居民和公寓白领等，积极参与社区博物馆讲解、文体活动组织、公共秩序维护等方面的社区志愿服务。

此外，青年也是228街坊文化传承的重要主体。他们以话剧、音乐等艺术形式为载体，创作和演绎与工人新村改造相关的作品，如同济大学师生原创的话剧《暖·光》及其原创主题曲《两万户的交响》。这些作品不仅展示了青年对街区历史的深刻理解和情感认同，还增强了街区的文化凝聚力（图5.10）。

资料来源：由上海市杨浦区长白新村街道提供

图5.10　工人新村文化节上话剧演出现场

5. 青年参与引领绿色生活

在安居乐业、文化认同的基础上，228街坊通过较低成本的空间使用费吸引更多市场创业者入驻社区，这一举措不仅为青年创业者及寻求就业机会的青年人创造了一个集职业发展与情感交流于一体的社区支持平台，还巧妙地打破了传统市场价格规律的束缚，展现出一种更加人性化、社区化的商业模式。此外，街道政府组织搭建多元治理联盟培育了"网格治理、规约治理、联动治理"新模式，制定街区公约，强化规约化治理。2023年，长白新村街道与复旦大学、上海理工大学等高校合作，举办了Young社区治理大赛（图5.11）。青年们通过参与社区治理大赛、成立志愿服务队、开展社校联谊联建活动，以及践行"15分钟生活圈"的绿色生活理念等多种方式，积极参与社区治理并引领绿色生活。如通过推广垃圾分类，组织青年志愿者开展宣传和指导，显著提高了垃圾分类的参与率和准确率。鼓励绿色出行，设置共享单车站点，减少交通污染。这些社群组织和自治项目为街区的可持续发展和善治贡献了青春力量。

资料来源：由上海市杨浦区长白新村街道提供

图5.11 青年社区治理大赛决赛现场

经验借鉴

长白228街坊项目在支持青年成长、强化社区认同、搭建治理网络的基础上，组织动员广大青年深度参与可持续的城市更新，让青年成为社区绿色低碳建设的引领者。通过开拓青年趣味新社交、互动新可能，让政治话语、理论话语转化为青年话语、生活话语、网络话语，尝试把青年社区参与引导成为"全新社交模式"，持续挖掘、发动、召集更多青年发展型街区"青春共创合伙人"，共同增进社区的发展活力和善治创造力，共同探索和实践应对气候变化的策略，推广绿色生活方式。这一可持续性和包容性的发展模式，对于其他高密度城市建成区域同样具有可推广性，为打造青年乐业平台、推动绿色低碳社区建设树立了典范。

1. 城市更新提升老城的青年吸引力

为了吸引更多青年的参与，需要打造出青年宜居的乐业社区。为了配合当代青年的求职需求，多元化地提供保障性租赁住房，为以刚毕业的大学生为主体的青年群体提供个性化、全方位的安居保障。此外，创新"市场+公益"的生活服务配套模式，满足青年日常生活的"一站式"需求。在社区中营造青年社群活力模式，促进青年自主参与社区事务，借助青年群体独到的视角和开放的思维方式，为社区决策注入创新思维和多样化的解决策略，使得社区治理更贴合实际情况，也能更好地满足居民多变、多样化的需求。

2. 社区建设增强专业与实践的结合度

城市转型和社区更新中要充分引入青年专业规划师、建筑师团队、社会企业及艺术家等力量，通过深入调研与居民沟通精细化调整社区更新的规划方案，融入以绿色低碳和韧性可持续的更新理念，以更好地打造新型智慧社区。在这一过程中，展现青年专业者在社区韧性建设中的重要作用，将专业知识运用与青年人的独特需求结合起来，在解决青年基本居住问题的基础上，应重视青年的健康生活及行为活动需求，推动集需求、安全、活力为一体的韧性社区建设。

3. 文化记忆强化青年社区认同

青年积极参与社区治理，可以从维护情感入手。为了与青年产生情感共鸣，需培养青年的社区认同感和归属感。在街区更新和改造中保护并共享历史集体记忆，是构建社区文化、强化青年认同、提升街区凝聚力的重要策略。在建筑设计和街区改造中，需要保留和修复具有历史意义的建筑物，并融入现代设计元素，创造出既有历史感又具现代活力的街区环境。此外，通过街区历史展览、老照片展和口述历史等项目，激发年轻人对街区历史的兴趣和热爱，或是邀请老居民讲述历史故事，促进代际交流和文化传承。

4. 治理创新赋能青年低碳行动力

青年作为社会变革的重要力量，他们对绿色生活方式具有较高的敏感度和接受度，其倡导力和行动力在推动社区绿色转型与协同治理中尤为关键。通过搭建政社企多方联动的治理平台，举办青年治理大赛、成立志愿服务队等创新性的活动和项目，青年群体帮助社区推广垃圾分类、低碳出行等绿色生活理念，激发各方社区成员的积极响应与共同参与。

中国香港：绿汇学苑——历史建筑绿色转型，引领低碳生活方式[1]

香港大埔警署建于1899年，位于香港大埔运头角的一座小山丘上。2010年，一度闲置的警署旧址被香港特别行政区政府纳入"活化历史建筑伙伴计划"，并与嘉道理农场暨植物园合作，被改造成一个多功能的文化和休闲场所——绿汇学苑。将历史建筑群活化为向公众推广可持续生活方式的基地，致力重建个人与社会及自然的和谐相依关系，倡议"助人自助"小区协作模式，推动大众实践低碳生活，树立人与自然和谐共生的生态文明建设楷模。

1. 历史建筑的可持续再生

绿汇学苑采纳综合保育策略，促进历史建筑与自然融合，保存其历史、建筑及生态特色。复修计划着重建筑特色的保育所需，活化原有的空间布局、天然通风及采光等绿色建筑设计。百年而成的林荫顺应自然地融入生态园景，与毗邻的鹭鸟繁殖地连接。自2015年启用的绿汇学苑常被形容为城市中的绿洲后，绿汇学苑常被视为永续园景及绿色建筑的典范，荣获联合国教科文组织亚太区"文化遗产保护奖荣誉奖"、香港"环保建筑大奖"和"生态环境服务建设网络特别嘉许奖"等。该建筑于2021年升格为法定古迹。

此外，绿汇学苑以低碳转型为营运目标，其从低碳原则运作的"慧食堂"于2017年荣获香港环境卓越大奖饮食业界金奖。学苑整体营运也体现了节能设计、绿色采购、源头减废、资源循环、零厨余及可回收餐具、生态园境及绿色活动策划等低碳管理理念。

2. 教育赋能青年气候行动

绿汇学苑是多元化的教育基地，并以青年为

---

[1] 本案例由香港特别行政区发展局撰写。

主要对象,为实现国家的"双碳"目标和《香港气候行动蓝图2050》提供有力支撑。当中核心项目包括:

(1)绿色生活课程。绿汇学苑通过"慧食工作坊"等活动教授市民实践低碳生活,从而应对气候变化。课程结合互动游戏、食材园探索、食物烹饪等体验式活动,让参与者了解并实践低碳生活策略,增强个人对环境保护的意识。

(2)碳先锋培训。绿汇学苑提供先锋培训,制作《碳中和行动卡》等教材,鼓励青年将碳审计概念应用于家庭和校园,成为碳中和先锋。学苑还参与"迈向碳中和湾区少年行"项目,强化粤港澳学生间的交流与合作,共同促进碳中和目标的实现。

(3)"碳中和大挑战"。自2022年启动,设定15个生活行动起点征集减碳创意提案,推动多方位减碳行动。活动包括讲座、工作坊及小区共享会议,吸引众多学校、机构和公众参与,共举办56场次活动,与78间学校及机构合作,超过8 700人次参与,共收集得逾16万减碳行动承诺,提升公众对气候灾害风险的关注(图5.12)。

资料来源:由绿汇学苑提供

图5.12　在绿汇学苑服务的大学实习生为同学导赏苑内的低碳设计及分享绿色生活实践历程

摩洛哥马拉喀什：Pikala 自行车——通过生态导游培训[1]

在摩洛哥，交通高度依赖机动车辆，全国约 65% 的人口缺乏可持续的出行选择[2]，城市缺乏关键的骑行基础设施，如自行车道和停车架。特别是马拉喀什市，由于机动车辆导致的空气污染水平很高，该市长期存在青年失业和缺乏可持续旅游机会的问题。2016 年，荷兰社会企业家坎塔尔·巴克尔（Cantal Bakker）在通过 1% 俱乐部平台成功众筹后，在该市启动了 Pikala 自行车计划。1% 俱乐部平台是一个在线平台，致力于为可持续影响项目筹集公共资金，以应对与可持续发展目标相关的挑战。摩洛哥政府为 Pikala 自行车项目的落地和有效运营提供了必不可少的支持——为 Pikala 自行车工作室提供了免租场地。该场地空间采取多用途经营，兼具学习和商业功能，提供自行车修理培训、举办学校交通安全研讨会、骑行培训和自行车租赁，并兼营导游、社区外展活动和零售。

作为一个旨在促进环保交通的强大的社会项目，Pikala 成了一个多功能的自行车基础设施计划。同时，它还在可持续出行领域培训和聘用当地城市青年。该计划教授年轻人道路安全和自行车机械构造方面的知识，并为他们提供绿色就业机会（图 5.13）。与此同时，该计划为当地人创造了多个绿色工作机会，如导游、送货员、社会项目经理和自行车修理工等，大力培训当地青年和辍学者。通过这种教学方法及 Pikala 在该领域的经验，年轻的摩洛

资料来源：URL: https://qantara.de/en/article/pikala-bikes-initiative-morocco-more-mobility-more-confidence-more-freedom

图 5.13　一名年轻人在 Pikala 上机修课

哥人能够在马拉喀什成为通过认证的生态导游。目前已经有 45 名年轻人被雇佣[3]。

自成立以来，Pikala 已经教会了 650 名女性如何骑自行车，并教育了 23 000 名儿童，超过 400 000 人参与了 Pikala 骑行活动[3]。该计划还帮助了两百七十多名农村学生骑自行车上学，为摩洛哥这些弱势群体开辟了通向更光明前途的道路[4]。作为一种环保的交通方式，骑自行车有助于减少温室气体排放和空气污染，从而积极促进当地的气候缓解政策。同时，它在当地人口中尤其是年轻人中培养了一种环保意识和更健康的生活方式，从而减少了资源消耗和碳足迹。值得一提的是，许多在荷兰被遗弃的自行车被进口过来后实现了再利用，

1　本案例由联合国人居署撰写。
2　URL: https://ecohustler.com/technology/pikala-bikes-a-cycling-revolution-in-marrakech.
3　Pikala 自行车。URL: https://pikalabikes.com/。
4　URL: https://www.infrahub.africa/case-studies/pikala-bikes。

Pikala 有效地将未使用的材料进行升级改造，使其成为闭环系统的一部分。

由于成立之后取得了巨大成功，Pikala 获得了 Tui Cate 基金会、荷兰外交部和 DHL 速递公司的支持。该计划现在正在扩展到摩洛哥的其他城市，包括拉巴特、阿加迪尔和卡萨布兰卡，这反映了摩洛哥全国对环保自行车文化日益增长的需求。特别要强调的是，促进女性骑自行车是一种赋权手段。该计划在这一领域增加了定向培训和研讨会的举办力度，现在 Pikala 的员工和志愿者中有 40% 是女性（图 5.14）。通过展示综合自行车基础设施的影响，并在摩洛哥城市青年中推广自行车文化，Pikala 在促进以可持续出行为基础的环保文化方面取得了显著进展，推进了全国的气候韧性城市化进程。

资料来源：Pikala 自行车。URL: https://pikalabikes.com/

图 5.14　年轻女性参加 Pikala 自行车计划的骑行活动

政策建议

基于以上案例和实践，我们看到青年通过社会支持、专业培训及参与赋能在应对气候变化和促进社会可持续发展中发挥了积极作用。据此，我们提出以下政策建议，旨在提升青年人的环境意识和气候行动力，以促进本土化低碳生活、社会融合和地方发展。

建议 1. 整合资源推动可持续社区更新

面对全球气候变化加剧，政府需与多方合作，通过公私伙伴关系推动可持续社区更新，这也符合联合国可持续发展目标SDG11的可持续城市和社区的建设目标，通过绿色社区建设，推动本地化的可持续发展。在城市更新过程中，政府提供政策和基础设施支持，企业和基金会提供资金和技术支持，社会组织提供专业服务和培训，共同推进社区绿色改造，实现多方共赢。政府可通过税收减免、补贴和商业化社区资产鼓励私人资本参与，减轻财政负担。青年是社区绿色改造的重要力量，应通过专项培训和设计辅导提升其参与度和领导力。基金会、学校、企业可设立"种子基金"或奖金，支持青年在社区内实施低碳技术和社会创新项目。这不仅让青年获得实践技能和经验，还能发挥其在绿建和环保设计方面的创意，成为社区绿色发展的核心力量。

建议2. 建立青年参与的社区议事网络和协作机制

建立多方协作机制，鼓励青年积极参与社区议事网络，对提升社区低碳建造行动的可持续性至关重要。社区、政府、社会组织、企业和基金会等多方主体需构建跨界合作网络，确保青年在制定和实施社区政策中有发声机会。在这样的网络中，青年能贡献智慧与力量，并在解决问题过程中学习和成长。通过社区论坛、公众咨询会、议事会、工作坊、社区节、方案征集、数字化平台等形式，青年能够全面参与决策，共同解决如空间改造、垃圾分类等实际问题。专题讨论和研究可促进低碳社区建设方案的产生，并融入政策和行动实施中。同时，青年社会组织应发挥专业协调作用，整合资源保障社区低碳建设行动的持续性。例如，高校师生、专业人士与居民共同参与社区改造，推动社区融合和低碳生活普及。社区社会组织连接公共服务与企业资源，增强社区韧性与治理效能。

建议3. 推广碳审计与碳中和教育项目

通过教育和培训项目，培养青年成为碳中和的先锋力量，加强其环保意识和实践能力。在学校和社区推广环境教育，提高青年对气候变化的认识，并掌握低碳技术、绿色生活和社会创新技能。推动绿色产业发展，创造绿色建筑、环保交通等领域的就业机会，与企业和社会组织合作提供实习和岗位，帮助青年将知识转化为行动。引入家庭和校园碳审计概念，政府制定绿色社区标准，推广"零碳社区"认证，评估能源使用、废物管理、绿色建筑表现。结合SDG12目标开发教育资源，教育青年量化和减少碳排放。促进青年在低碳行动上的区域交流与合作，形成跨地区联盟，扩大低碳理念影响。

建议4. 鼓励青年参与包容性社区治理

在气候行动中融入正义教育理念，关注气候变化对弱势群体的影响，鼓励青年人积极参与包容性社区治理，促进社会融合。推广社区互助机制，倡导通过社区互助项目，如邻里互助、社区资源共享等，增强居民之间的信任和合作，促进社区的可持续发展。青年可以通过志愿服务和社会项目，推动这些互助机制的落实。垃圾分类、绿色出行等活动不仅增强了社区凝聚力，还提高了社区的整体韧性，推动了绿色生活方式的广泛普及。政策倾斜支持青年与弱势群体的合作。社会组织和社区项目鼓励青年与弱势群体共同参与气候行动。例如：在非正式住区开展防范极端天气的教育和行动，提高社区的整体韧性。

通过整合公私合作、跨界社会组织、基金会和本地社区的多方资源，相关项目推动青年参与低碳生活和社区治理，不仅能够促进社会融合和地方发展，还能够推动实现全球气候治理目标。这些政策建议不仅有助于提升青年的环境意识和社会责任感，还能够通过实际行动，为实现SDGs作出贡献。

第六章 青年参与低碳与韧性城市建设

引言[1]

气候变化在联合国 2030 年可持续发展目标（SDGs）中占据重要地位，SDG13（气候行动）中明确要求采取紧急行动应对气候变化及其影响。这一目标强调各国需将应对气候变化的措施纳入国家战略，包括在灾难应对机制、气候变化相关教育等方面采取措施，明确了发达国家和发展中国家在应对气候变化中的共同但有区别的责任。SDGs 强调全球合作的重要性，而气候变化作为全球性挑战，需要各国共同努力才能有效应对。2024 年，青年引领城市气候行动成为世界城市日的主题。青年对气候变化的关注和行动，不仅是对当前问题的回应，更是对未来社会的负责任表现。青年对新技术、新思想、新信息有更深的见解和更强的接受能力。他们能够在气候治理领域发挥创新思维，推动技术进步和产业升级。例如：在可再生能源技术、碳捕捉与储存技术、气候适应性农业等方面，青年可以提出新的解决方案和思路，为气候治理提供有力的技术支持。他们能够从长远的角度思考问题，为子孙后代留下一个更加宜居、繁荣的地球。

在青年活跃思维的推动和城市对气候变化应对的不断探索下，城市发展呈现出更加绿色、韧性和宜居的特点。低碳发展路径和基于自然的韧性策略是推动可持续城市化进程的关键驱动力。这些策略的实施不仅对于应对气候变化、增强城市韧性至关重要，而且对于促进社会经济的协调与统一发展同样具有不可替代的作用。具体而言，低碳发展通过显著减少温室气体排放，有效缓解全球气候变化，保护珍贵的自然生态系统和人类生活环境。它还推动能源、产业和技术结构的优化升级，引领经济向绿色、低碳、高效、循环的方向发展。同时，基于自然的韧性策略通过构建湿地、绿地和森林等生态基础设施，显著提升了城市对洪水、干旱和热岛效应等自然灾害的抵御和恢复能力。这些措施不仅为城市带来了生态上的益处，也为居民提供了更加健康、舒适的生活环境，从而促进了社会的和谐与进步。

本章将从城市绿化、矿场修复和发展、口袋公园建设，以及青年气候行动倡导等角度展开。案例一关注了英国利物浦的城市绿化倡议，重点来讲述利物浦在未来很可能面临更频繁和更严重的气候影响，包括在极端夏季高温、局部洪水，以及生物多样性丧失的情况下，是如何居安思危采取一系列前瞻性的计划和倡议来面对未来的诸多不确定性。案例二讲述了中国香港如何通过精心的设计和建设，将一个废弃的矿区改造成一个韧性、绿色和宜居的生态可持续社区。案例三讲述了上海市徐汇区作为超大城市核心区域，如何在寸土寸金的地方为社区居民提供更多的绿色生态空间及相关公共服务，将一个个口袋公园建在了老百姓的家门口、社区旁，让以人为本的城市发展理念和精细化治理思路得到了更好的实践。最后一个专栏将介绍印度尼西亚万隆的青年气候行动倡导计划。该计划赋权 15 ~ 24 岁的万隆市本地青年，推广"共同创造"的概念，以及为 10 个由青年领导的致力于社会环境行动的组织提供支持的宝贵经验。

---

[1] 本章由同济大学、联合国人居署和香港特别行政区政府发展局合作完成。其中，利物浦案例、印度尼西亚专栏由联合国人居署撰写，香港案例由香港特别行政区政府发展局撰写，上海徐汇案例由同济大学联合团队撰写。

参考案例

英国利物浦：城市绿化倡议

案例背景

位于英格兰西北部的利物浦拥有丰富的工业遗产，居住着超过90万人口。像英国其他主要城市一样，它也面临着在追求经济发展目标、为居民和游客保持城市吸引力和健康度的同时，以可持续方式管理其城市形态的挑战。于是，社会经济和生态维度经常与政治任务不同步，导致城市发展计划相互冲突和掣肘。随着人口密度的提高和城市边界的外扩，利物浦经历了城市系统日益碎片化的过程，这导致人与工作场所和设施脱节，同时也削弱了自然生态系统的完整性。这些问题综合起来，降低了城市系统的内在韧性，使其无法有效应对气候变化和社会经济转型。

在未来，利物浦很可能将面临更频繁和更严重的气候影响，包括极端夏季高温、局部洪水，以及生物多样性丧失，所以利物浦不得不作出改变，应对一系列环境挑战。利物浦仍然在使用一百五十多年历史的老旧无力的排水系统，它是英国排名第四的最容易遭受地表水泛滥的城市，一旦发生洪灾，将直接影响约48.6万居民[1]。此外，城市的大规模开发导致绿地的丧失和碎片化，栖息地的破坏也导致生物多样性下降。这些影响对生活在多个相对贫困的城市地段的居民产生了关键的连锁反应，特别是那些更容易受到洪水、热浪和污浊空气影响的人。他们往往有着更高的心血管和呼吸系统疾病罹患率，并且由于财力较弱，通常无法购买重疾保险，无法支持他们在极端天气事件发生后顺利恢复。

作为英国的领军城市之一，利物浦通过利用创新的"顺应自然的解决方案"（NbS）来使城市化进程重归自然，从而帮助应对这些环环相扣的挑战，同时保持最佳的城市功能，确保城市的高品质生活。作为智能城市绿化的蓝图，利物浦于2017年6月加入了由欧盟资助的"地平线2020"计划的"URBAN GreenUP"研究型倡议，作为"利物浦城市绿化基础设施战略"的一部分，该倡议旨在加速绿化基础设施的推广，使城市规划重归自然，增强连通性并生成快速应对气候影响的解决方案。作为一个活跃的城市学习实验室，该倡议测试了诸多新的可能性，确立了新的战略，并展示了新技术在城市NbS开发中的运用机会。

实践过程

1. 采取融入自然的改造措施

作为应对随城市化扩张而来的本地气候变化挑战的低成本、可持续方法，URBAN GreenUP倡议的着眼点在于其改造措施，有四十多个NbS项目遍布城市各处，它们被认为是最适合进行整合改造的区域。绿植屋顶和墙壁、雨水花园、蓄水池、实验性传粉昆虫空间和植草路肩、创新的浮动生态系统岛屿、移动式弹出森林和城市林业等，都是综合绿化战略中采取的措施（图6.1）。

这些干预措施在全市范围内协同工作，分为4个核心组，包括：（1）覆盖广大城市区域的以减轻气候变化影响为目的的大规模再自然化解决方案。（2）解决特定城市区域急性环境问题的单一绿

1　AIPH. 英国，利物浦：利物浦URBAN GreenUP倡议。URL: https://aiph.org/green-city-case-studies/liverpool-uk-urban-greenup/。

资料来源：Viritopia.(2020).Parr Street.URL: https://www.viritopia.com/learn/case-studies/parr-street

图 6.1　利物浦帕尔街的栽满本地植物的绿化外墙改造项目

化基础设施解决方案。(3) 减少暴雨和洪水影响的水利干预措施。(4) 让人们更密切地参与利物浦绿化使命的非技术性干预措施。

在帕尔街停车场和圣约翰购物中心前安装了绿化墙。前者包括一个 132 平方米的由活体绿植枝叶构成的表面，其中包含一万两千多株植物和花卉，而后者则长达 165 米，是现今英国最长的绿化墙之一，拥有超过 14 000 株常绿植物。此外，为增强城市连通性，现在有 3 条新的绿道（总长 4.3 公里的绿色旅行路线）将绿化基础设施元素彼此打通，鼓励人们采取步行和骑自行车等软性主动旅行模式，同时诸多解释性标识也贴心地为路线使用者解释其好处（图 6.2）。

资料来源：URBAN GreenUP Project for UNESCO World Heritage Site Liverpool. Available at: https://flaviagoldsworthy.co.uk/projects/liverpool

图 6.2　标识牌为人们提供有关绿化干预措施的更多介绍

在利物浦历史悠久的海滨地段的沃平码头和塞夫顿公园打造了两个生态系统岛屿。该倡议对城市的环境质量和韧性产生了重大影响。已经将五百二十多万升的雨水从传统下水道中分流出来，NbS措施在调节水流和水量、建立防洪韧性，以及通过自然方式过滤重金属和营养物质来改善水质等方面发挥了显著作用。在城市雨水汇集点，栽种了包括沉水植物、挺水植物和外围物种在内的多种水生植物，并在某些地点针对性补充了林地和传粉昆虫。绿化基础设施元素，如活体绿植立面和行道树，还为空气净化和温度调控作出了贡献，它们吸收了超过155 000公斤的二氧化碳，减少了颗粒物和二氧化氮，且根据预测模型，在酷暑期间，峰值夏季地表温度最高可降低7.5℃。在特定地点，生物多样性和传粉昆虫数量也有了高达920%[1]的增加。在社会经济影响方面，绿道的发展有助于减少污染并鼓励健康的主动旅行模式，同时改善了人们的心理和身体健康，企业也报告了多重收益，其中82%认为绿化有益，94%对绿化区域的评价提高了一倍，92%表示行道树增加了人流量和贸易。绿化还促成了新的以社区为导向的倡议，如iNaturalist物种识别应用程序的开发、身心健康项目、公民科学活动和志愿者机会等。

2. 多利益相关方协力进行项目开发

广泛而积极的咨询是该倡议成功的关键因素之一。为了确保项目成果符合当地社区的需求，且能惠及更广大的群体，URBAN GreenUP倡议在设计和实施时积极引入了多个利益相关方，包括政府机构、教育和商业企业、社区团体和居民等。项目官员采用了一系列鼓励参与的办法，如临时咨询会、街头调查、邮寄调查，以及在线宣传等。他们还与市议会同僚在法律和采购、公路、排水、公共卫生、再生、公园、再生和规划等领域保持了持续对话；另外，还与外部公用设施提供商、环境监管机构和法定机构保持对话，以获得必要的许可证和批准。

项目得到了社会各界广泛的支持，许多单位在项目实施过程中提供了切实帮助。同时，项目也优先考虑在本地采购以减少燃油里程。位于默西塞德郡的环境慈善机构"Faiths4Change"帮助清理了一块杂草丛生的地块，打造出了一个小型教堂花园，如今已经发展成一个大型食物种植区。现在它为该慈善机构提供了可持续的生计来源，也是当地社区的宝贵资源；它还为当地人提供了园艺技能培训场所，为社工提供了实习机会。"公园之友"小组也通过因势利导的土建施工和NbS施工提供了支持，来缓解公园的淹水问题，并想出了让人们更容易抵达公园和将野花种植融入此地的方法；他们有一个受过水上安全培训的小组，专门负责照料一座淡水岛屿。与本地景观设计承包商"ReShaped"合作，开展了相关实验，以确保生物多样性种植的可持续方法，大型零售商"利物浦一号"也与该倡议进行了合作，启动了后续绿化工作（图6.3）。

3. 设计可再生和自我维持的绿化解决方案

该倡议在项目实施阶段贯彻了可持续实践。利益相关方参与、可持续设计原则和应急计划共同确保了各个绿化项目的长期性。通过广泛参与，某些现场干预措施被整合进了议会的维护计划，而其他干预措施则通过法律协议被第三方土地所有者和企业主认领。社区团体也认领了某些地点，其他干预措施还争取到了企业赞助。为工作人员和合作伙伴

---

[1] AIPH. 英国，利物浦：利物浦 URBAN GreenUP 倡议。URL: https://aiph.org/green-city-case-studies/liverpool-uk-urban-greenup/。

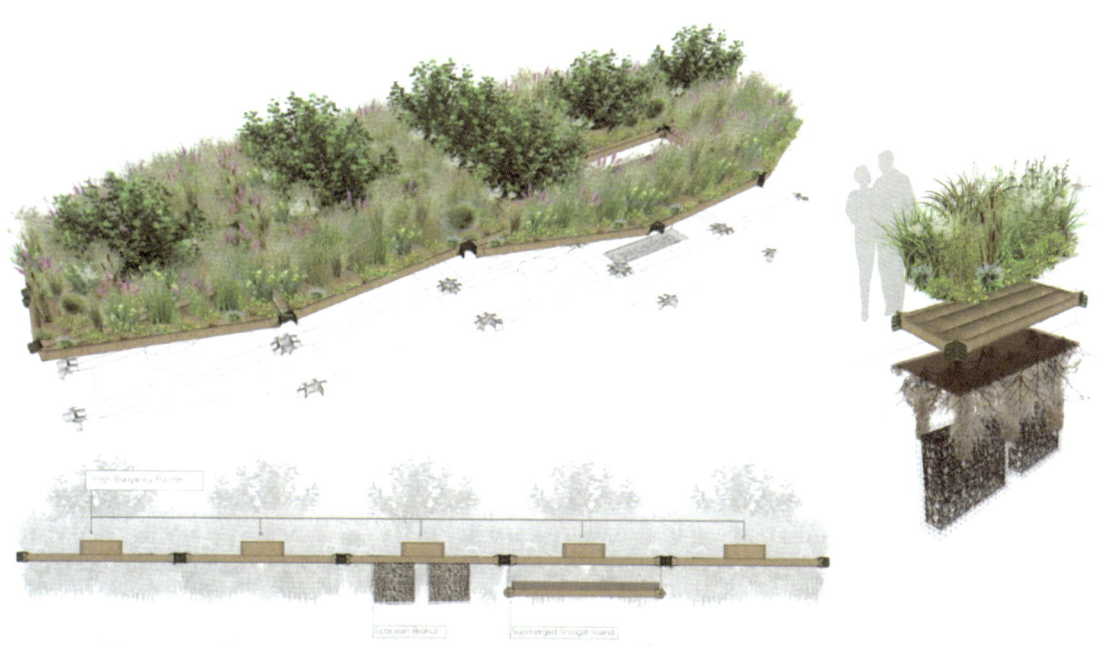

资料来源：生物矩阵水体。启用新式浮动河口生态系统岛屿。URL: https://www.biomatrixwater.com/news/new-estuarine-floating-ecosystem-launch/

图 6.3 在利物浦历史悠久的沃平码头设计的盐水浮动河口生态系统岛屿创造了独特的多层栖息地

提供了跟随维护访问的机会，并在简报中编制了短期和长期维护手册，帮助确保利益相关方了解各自的维护责任且具备必要的技能和知识。在可持续设计方面，精心挑选种植组合，提供整个生命周期内所需的养料（挑选可以在原位生存超过100年的树木）和传粉物种的栖息地。种植密度和配合物种特意设计为共同生长，令其能够战胜入侵物种并形成低维护的连续社区，实现以最小干预获得持续好处。此外，为了建立应急计划，整体预算中包括了10%的应急支出和更长的项目交付时间，以应对成本超支和延误。

自成立以来，该倡议已经形成了一个开创性的"使城市规划重归自然"的方法，利用多个地理数据层最大化NbS措施在城市中的实施效果。在这种方法下，首先进行的是基线评估，对国家、城市和地方政策进行考虑，这是"使城市规划重归自然"过程的第一步。这个步骤实现了对社会、经济和生态资源基础的一个全局概览。其次，对城市中现有的绿化基础设施网络进行分析，以诊断NbS干预的瓶颈点。此步骤围绕四个主题进行：（1）一座可持续的城市。（2）一座很酷的城市。（3）一座健康的城市。（4）一座拥有生物多样性的城市。最后，在基线评估的基础上建立一个证据基础。在识别出瓶颈点后，可以选择有针对性的绿化基础设施解决方案，在洪水和生物多样性问题叠加发生的地点最大化发挥其作用。

4. 利用数据监测和报告绿化效果

在一套全面的监测框架的支持下，使用40个欧盟EKPLISE关键绩效指标评估了单项NbS措施对环境、社会和经济可持续性的贡献。这些指标涵盖了从气候缓解和适应、水资源和绿地管理、空气质量、城市再生、参与式规划和治理、社会正义和凝聚力、公共健康和福祉，以及经济机会和绿色就业等一系列问题。依照官方标准化方法，监测官员通过建模工具或直接从来源采集数据。还测试了新颖的建模技术，包括远程、太阳能供电的持续空气质量监测器，以及作为可持续排水系统（SuDS）的一部分安装在树木和雨水花园中的土壤生命传感器。2023年5月，基线和监测数据被上传到欧盟Zenodo数据库，以确保实现开放访问。同时，利物浦还在其中集成了一个免费且易于使用的城市数据门户。此外，利物浦还为不同的NbS措施制作了案例研究，生成了有关成本和采购的信息，以及每个案例的好处和难处。

便捷的知识转移和数据共享使得全球的研究人员和从业者能够从该倡议中学习，并根据自己所在城市的具体情况制定类似的计划。URBAN GreenUP倡议的关键经验教训已经影响了利物浦的新公共领域总体规划，并得到了一份补充规划文件的支持，同时也催生了生物多样性净增益和地方自然恢复策略等立法修正案。相关施工还获得了额外的后续绿色恢复资金扶持，成功在5处关键地点进行了同样的施工，包括在公园湖泊中引入浮动生态系统岛以改善水质、在食品中心交付一面低成本的绿化墙、一套公园可持续排水系统，以及树荫掩映的传粉昆虫廊道和空间。利物浦市议会和默西森林项目共同建立了一个平台，为未来的建设打下基础，具有历史意义的NbS项目地点展示了它们在提供长期益处和增强城市韧性方面的成功。

经验借鉴

1. 要认识到政治意愿和灵活政策框架在实验顺应自然的解决方案中的重要性

政治激励对于成功实施城市NbS措施至关重要，市政当局必须要有利好政策和法规的支持，这是实施长期城市发展战略不可或缺的要素。相应地，当地政府需要将分区法和建筑规范等元素与绿化基础设施要求对齐，以激励在城市发展中落实基于自然的措施。然而，当没有足够的资金时，成功实施是不可能的，获得充足的投资对于NbS的制定和维护至关重要，通过培养强大的政治承诺，城市可以帮助确保与私营部门、学术界和非政府组织的必要伙伴关系，从而获得所需的财务资源和技术专长。

2. 要通过改造将顺应自然的解决方案整合进现有城市基础设施中以实现气候韧性发展

作为该倡议的核心前提，将绿化基础设施顺势改造到利物浦现有的城市基础设施中，实现了在NbS措施落地的过程中优化成本效益、降低实施难度、减少资源消耗。通过修改现有结构，改造措施可以使市政当局省去拆除、建设和土地收购等带来的高成本，保留自然元素，并在韧性建设和可持续城市化中诞生灵活的解决方案。现在人们已经广泛认识到，NbS措施在城市气候变化适应中发挥着关键作用，它可以调节微气候、管理雨水、改善空气质量和能源效率，以及增强基础设施的气候影响耐久性。因此，城市从业者必须理解这些工具是管理城市复杂气候变化影响的多功能、可扩展的韧性建设组件。

3. 要积极监测城市顺应自然的解决方案的效果

虽然"顺应自然带来的益处"这个概念并不新鲜，但生态系统服务和自然资产的价值尚未被广泛认可。URBAN GreenUP计划在实施过程中产生的数据填补了科学文献中的一项重要空白，因为它生成了量化环境、社会和经济利益的核心证据基础。同时，它还帮助制定了一个全欧盟的NbS整合参考框架，强调了使城市再生计划重归自然的重要性。基线可以帮助城市和城镇设定可衡量的气候韧性和适应目标，而跟踪能力可以更好地突显出有进展的领域。此外，有了实时监控，可以对NbS措施的绩效进行持续评估，使人们能够在干预的地点和类型学等方面进行调整和优化，以最大限度地提高其在气候变化适应方面的有效性。因此，全球的市政当局需要多评估各自的基于自然的干预措施的效果，以加强城市政策制定者和规划者之间的基于证据的决策。

中国香港：安达臣道石矿场用地发展

案例背景

中国香港特别行政区政府（简称"特区政府"）持续积极开发新的土地资源，以满足社会及经济发展的需要，尤其是市民对住房方面的需求。安达臣道石矿场旧址是一片特区政府近年新开发的位于市区边缘的大型土地。自20世纪50年代起，安达臣道石矿场一直生产沥青、石料和混凝土等建筑材料，在香港发展过程中担任着重要角色。2017年，在石矿场完成其历史使命后，特区政府把握契机，把这片占地约40公顷的珍贵土地规划为集住宅、商业和休憩设施于一身的新社区，预计可容纳约30 000人。

实践过程

1. 公众参与规划

在新社区的规划过程中，相关部门秉持可持续发展的原则，致力加强新社区应对气候变化所带来的影响，并通过讲座、公众论坛、巡回展览及邀请公众递交意见书等方法，收集市民尤其是年轻人对可持续发展、绿色低碳及韧性城市生活的意见，从而敲定最合适的发展方案（图6.4）。在整合及分析有关意见后，新社区规划出约15.5公顷土地作公

资料来源：由香港特别行政区政府土木工程拓展署提供

图 6.4 公众参与规划讲座

园、蓄水池及蓄洪湖之用，一方面可为居民提供更多绿化及休憩空间；另一方面可作为应对气候变化的防洪设施。其容量可抵御香港防洪设计标准所规定的强降雨量，可以将洪峰的峰值流量大幅度减低，从而大大舒缓下游旧社区排水设施的压力。新社区设有完善的人行连系设施，鼓励居民以更健康的步行模式出行，也能减少对车辆的倚赖，减少对邻近旧区交通造成的影响。

新社区的整体定位为中等规模的社区，其布局是把住宅区设于南北两区，中间部分则用作文娱核心区，并以绿色走廊连接区内不同发展及设施，大大增加区内绿化空间。文娱核心区除了提供商业及政府设施外，还设有休憩用地及广场供居民和访客使用。新社区的规划提到了适度的建筑物高度限制，该限制可以避免影响旧石矿场的独特地貌及确保附近山脊线不会被遮挡。此外，为纪念石矿场的丰富历史背景，新发展区设有一个"石矿公园"，特区政府通过设计比赛所征集的设计理念，把公园划分为剐石区、碎石区、爆石区及砌石区4个区域，并在有关区域内设置富有石矿场主题元素的艺术及建筑设施，配以多元化的休憩、健身及体育康乐设施，供不同年龄及兴趣的市民使用。

新社区毗邻山峦，有不少山路小径连接到郊外的行山径，包括香港现时4条长途远足径之一的卫奕信径（Wilson Trail）。登山人士可以在山上高处俯瞰美丽的维多利亚港景色。为方便区内市民使用这些行山径，新社区整合了现有山路小径，并在适当位置加装指示牌，打造成为一条安全宜人的登山径。登山径的建材以环保塑木材料及天然石材为主，令其更环保、更安全、更能与自然环境相互融合。

2. "蓝绿建设"设计

新社区采用崭新设计理念，有效实践了一地多用的发展模式，充分利用珍贵的土地资源。新设计把区内绿化空间的功能提升为应对气候变化的基础设施，包括人工蓄洪湖、地下雨水蓄水池、多孔透水砖人行道路面、生态洼地等。这些应对气候变化的基础设施应用了"蓝绿建设"概念，旨在原地疏导雨水，把雨水分散处理，并以渗水及蓄水方式收集雨水。在需要时把蓄存的雨水释放及加以利用，有助减低下游排洪设施的压力和水浸的风险、提升城市生态系统功能，以及促进市区绿化，同时可以避免在毗邻区域交通繁忙的街道进行大规模的渠道改善工程：

（1）人工蓄洪湖公园。新社区位处香港九龙半山，海拔约200米。下雨时，山上的雨水会被新社区内排水系统收集，然后通过下游现有排水管道系统及河道排放到维多利亚港。

新社区内的蓄洪湖公园是首次在香港开放使用的蓄洪湖公园，将成为区内的标志景观及休闲设施。蓄洪湖的防洪容量约为24 000立方米，可将洪峰的峰值流量从每秒7.4立方米减低至每秒1.7立方米，大大舒缓了下游区域排水设施及河道的排水压力。蓄洪湖所收集的雨水会在暴雨后有序排出，剩余的部分将保留在湖中，经过适当处理后用于周边公园的林木灌溉，以减少对水资源的消耗。此外，偌大的湖面还可以用作减缓附近地区的热岛效应。

蓄洪湖的周边设有缓坡草坪和园景设施，供市民休憩、观赏及亲水之用；湖中亦设有浮桥供市民近距离欣赏湖中各种景致。此外，蓄洪湖应用了创新及智能科技设计，通过实时监察天气情况及蓄洪湖的水位，在暴雨来临前适时发出警报通知市民有序离开公园，以保障市民的生命安全。

（2）地下雨水蓄水池。除人工蓄洪湖外，新社区南面还设有功能相若的地下雨水蓄洪池，以降低区内及下游地区的水浸风险（图6.5）。在雨季期间（3月至10月），蓄水池会收集及暂时储存区内表面及相邻岩坡上的雨水径流，容量达10 000立方米（水深1米）。蓄水池配有智能科技设备从香港天文台获取实时的降雨预报数据，并会在暴雨来临前启动自动水闸系统，适时地把已储存的雨水全部排放到下游，以腾出空间接收暴雨。在非雨季时（11月至2月），蓄水池会储存20 000立方米的雨水（水深2米），为下游河道环境、生态和景观提供可靠的补给水源。此外，蓄水池上盖还设有各式的休憩康乐设施，包括两个多用途户外篮球场/排球场、两个五人足球场暨手球场、小食亭和相关设施，以满足当区居民的需求。

资料来源：由香港特别行政区政府土木工程拓展署提供

图 6.5　兴建中的人工蓄洪湖

（3）生态洼地及人行道的多孔透水砖。市区地表的径流通常含有污染物，因此新发展区设置了两个生态洼地，除了可以类似地下排水系统一样输送雨水以外，还可以在过程中移除雨水中的粗/中沙粒、污染物和营养物质。其中一个生态洼地位于主干道的人行道旁边，主要收集人行道的地表径流。其集水区面积约为4 000平方米，经过滤后的雨水会排入下游的自然水道。另一生态洼地位于南面的"石矿公园"区域，集水区面积约 12 公顷，经其过滤后的雨水会被引导后储存于人工蓄洪湖中。除此以外，新发展区大部分主要公共道路旁的人行道均采用多孔透水铺装材料，以增加雨水渗透，借此改善地下水补给及减少地表径流积水，并可减缓热岛效应。

（4）低碳人行连系设施。新社区有 4 条主要人行连系设施，辅以有盖的自动扶梯及／或人行天桥连升降机及楼梯，组成连贯的人行网络，提供安全、方便、无障碍的步行环境，以此吸引区内人士以步行出行，降低对区内交通的需求。人行连系设施除了把新社区及毗邻 5 个区内现有屋邨（人口合共约 10 万）联系起来，还伸延至毗邻市中心及巴士转乘站和 40 个现有或已规划的社区设施，大大加强了新社区外内的连系性及畅达性（图 6.6）。

资料来源：由香港特别行政区政府土木工程拓展署提供

图 6.6　安达臣道石矿场用地发展与区内的人行连系设施示意图

经验借鉴

1. 积极沟通，加强年轻人对社区的归属感和幸福感

工程团队在新社区的规划及实施过程中，积极鼓励持份者及年轻人参与，并吸纳他们的意见，提高他们对社区的归属感和幸福感，努力共建绿色低碳和韧性的新社区。在施工期间，工程团队除协调不同工程项目的推展外，还通过社区联络小组及举办工地参观,向各持份者及年轻人讲解工程进度、交流意见及分享信息。通过这些积极与持份者的紧密联系的活动,工程团队迄今共收到了超过20封嘉许信及获得了四十多个与安全及环保有关的工程奖项,肯定了团队的工作及对新区的贡献。

2. 以人为本,提供社区共融设施

人行连系设施大大增强新社区及毗邻地区的连系性及畅达性。在自动扶梯开放使用初期,工程团队特别邀请了区内团体及失明人士为有关设施进行测试(图6.7)。通过该次测试,工程团队能更准确地、适切地调整自动扶手电梯左右两边上下发声提示器的音量及发声方向,让失明人士能清楚分辨上梯和下梯的正确位置及方向。在人行连系设施正式投入运作后,相关失明人士表示终于可以通过连系设施,提升他们过去二十多年从未体会到的体验,以及减少他们出行时对别人或交通的依赖。工程团队以上的举措充分展示了他们对弱势社群的关怀,以及以人为本的精神。

资料来源:由香港特别行政区政府土木工程拓展署提供

图6.7 专业团体到工地参观并给予意见

中国上海徐汇:厚植绿色、生态惠民——徐汇共治共享高品质口袋公园[1]

案例背景

上海是中国国际经济金融、贸易、航运、科技创新中心,辖区总面积达到6 340.5平方千米,常住人口数量接近2 500万人。徐汇区是上海市的中心城区,也是经济最为活跃、人口吸引力最高和生态宜居环境最优质的区域之一,辖区面积约为54.93平方千米,常住人口约110万人,人口密度超过了2万人/平方千米。其人口密度约为上海市

---

[1] 本案例在上海市徐汇区绿化和市容管理局、徐汇区建设和管理委员会等部门支持下,由同济大学可持续发展与管理研究所研究员陈海云博士主笔,来自同济大学、上海市政工程设计研究总院、上海交通大学、上海大学等机构专家参与撰写。

平均人口密度的5倍，中国香港和美国纽约平均人口密度的3倍。高密度的城市环境也面临着区域气候变化的巨大压力，城市绿地公共空间建设作为城市绿化和生态建设的重要组成部分，对于改善城市生态环境、提高城市的气候适应能力具有重要作用。公园建设不仅可以增加城市绿地面积，还能有效缓解城市热岛效应，改善空气质量，为市民提供更好的生活和工作环境。徐汇区作为一个超大城市高密度中心城区，如何为广大居民提供更多的公共绿地空间和高质量的公共服务，推动城区可持续发展和精细化治理[1]，成为摆在城市管理者面前的重大课题。

为了更好地应对区域气候变化和满足民众对城市绿地空间的迫切需求，"十四五"期间，上海计划建设口袋公园（街心花园）300座，其中2022年、2023年，"新建改建60座口袋公园（街心花园）"均被列入上海市为民办实事项目，口袋公园建设已经成为全市乃至全国提升城市气候韧性的重要抓手。在此政策支持下，徐汇区结合当地实际情况，聚焦老百姓"家门口"的小型绿地空间，通过老绿地改造、单位附属绿地打开、拆违建绿、桥荫绿化等城市灰空间的再利用，打造了一批老百姓喜欢的社区公园、口袋公园、街心花园等美丽街区。过去5年，徐汇区改建和新建了包括乐山绿地、吴兴花园、日晖绿地、棠角花园、上音绿地等近30个口袋公园，将在"十四五"末（2025年）完成百园之区的建设（图6.8～图6.9）。其中，徐汇区乐山公园是该区域还绿于民、还景于民，提供高质量服务和精细化治理的典范（图6.10）。

资料来源：上海市徐汇区绿化和市容管理局、建设和管理委员会

图6.8　吴兴花园

1　精细化治理是指在城市治理中，通过细化目标、细化措施、细化管理、细化评估等手段和方法来提高治理的精确性和精细度。

资料来源：上海市徐汇区绿化和市容管理局、徐汇区建设和管理委员会

图6.9 日晖绿地

资料来源：上海市徐汇区绿化和市容管理局、徐汇区建设和管理委员会

图6.10 乐山公园一角

实践过程

乐山绿地始建于1980年代，位于徐汇区乐山社区中心区域，占地约5 600 m²，是周边地区唯一的集中公共开放空间。改造前绿地内部空间阴暗、绿地内植物大量退化、噪声扰民、设施陈旧、功能与当代市民游憩需求无法匹配，同时由于长期以围墙进行封闭管理，也导致出现大量社区居民在狭窄零散的街道空间中以自带座椅的方式进行休憩的不合理状况。2021年徐汇区结合乐山片区综合治理项目的推进，对乐山绿地进行整体景观和功能的提升改造。

在实践过程中，徐汇区重点从以下几个方面入手：

1. 通过走访调研听取公众意见和需求，进行"以人为本"的参与式设计

乐山绿地在方案设计阶段，就充分考虑百姓需求，绿化市容局对周边居民和在绿地中的游客进行走访，通过发放意见征询表、实地调研等方式听取各界意见，形成乐山绿地建设"正面清单"和"负面清单"。例如：对生态友好型、全龄友好型等配套设施和服务的"正面清单"进行了详细界定，也对过度商业行为、华而不实建设等"负面清单"进行了明确说明。在方案初步完成后，绿化市容局主动安排设计单位和街道、居民代表进行座谈会，优化设计方案，解决例如噪音扰民、人行道狭窄、缺乏座位等一系列问题。在绿地施工中，绿化市容局还增设居民意见箱、微信群等与居民保持沟通。很多居民也自发参与设计施工，真正实现公园绿地共商共建，提升了群众参与度和满意度。

2. 凝聚青年力量，让青年群体成为口袋公园建设的参与者、组织者和倡导者

在口袋公园的建设管理中，85后青年占比85%，95后青年占比50%。青年群体主要扮演了3大"角色"：（1）参与创新者。凭借对新鲜事物的好奇心和探索精神，为口袋公园的设计和建设提供了许多富有创意的建议。（2）活动组织者。通过组织各类活动，如自然教育、园艺课堂、社区营造、参与式设计等，为公园及其街区增添活力和魅力，促进邻里之间的交流。（3）绿色倡导者。关注环境保护和生态平衡，参与口袋公园的管理和维护工作，提高公园及美丽街区的服务质量。

3. 践行"双碳"理念，注重生态引领，多方位构建绿色低碳的绿色公共空间

为践行"双碳"理念[1]，徐汇区不断推进口袋公园建设理念的绿色低碳转型，建设重点从"单一景观打造"转向"绿色低碳建设"。徐汇区一方面注重绿色生态理念引领，口袋公园作为美丽街区的重要组成部分，设计和建设应尊重自然环境，强调绿色发展和生态回归；另一方面强调生态功能引领，注重海绵城市理念运用，大面积使用透水铺装材料，增设雨水花园和雨水收集装置，对雨水进行减排、缓排、净化、蓄存，促进水资源循环再利用。通过绿色低碳的生态营造及系列性科普活动，"双碳"战略、生物多样性保护、绿色低碳等理念传播开来，进一步强化绿色公共空间的低碳与自然生态内涵。

4. 通过对各类细节的不断打磨来实现居民对公园使用的实际需求

项目改造立足乐山社区居民的日常需求，设计于细微之处下功夫。乐山绿地使用群体中一大半都是老年人，改造前由于绿地空间闭塞、座椅缺乏，老人只能自带小板凳在路边晒太阳，阻碍交通的同时也形成安全隐患。鉴于此情况，绿化部门进行了

---

[1] 双碳，即碳达峰与碳中和的简称。2020年9月中国明确提出2030年"碳达峰"与2060年"碳中和"目标。

全时段日照分析，根据分析结果对绿地内座椅进行重新分布，实现了"冬暖夏凉"的日照条件。另外，绿化部门在绿地靠近幼儿园的一侧增设了座椅，采用不同高低搭配来满足各年龄层、各身高群体的需要，部分区域还加装了木质面板和靠背，进一步向广大居民传递了"人文温度"。

经验借鉴

1. "以人为本"和全过程参与是口袋公园建设和管理的重要思路

在以口袋公园为代表的公共绿地空间建设过程中，徐汇区积极鼓励和邀请居民参与，把百姓意见充分融入口袋公园建设的全流程，形成相对成熟的参与式实践路径：设计之前——发布改造信息、民众意见征集；设计阶段——发放意见征询单、实地调研考察、召开座谈会听取建议并根据建议优化方案；施工阶段——增设意见箱、开通微信工作群定期通报工作进展，便于广大群众查看监督和反馈；管养阶段——形成绿地居民自治公约。乐山绿地是上海市第一个有老百姓全过程参与建设的口袋公园，完成投入使用近3年，成为上海人流量最高的口袋公园之一，真正实现了激活城市生态活力、服务群众美好生活的改造目标。

2. 青年引领、生态同行，让绿色生态的口袋公园充满青春与活力

以口袋公园为代表的公共绿地空间建设和管理过程中青年群体扮演了非常重要的角色，从设计、建设到管理，青年群体用他们的审美、智慧和行动来推进口袋公园的建设，将现代审美与自然景观相结合，设计出既符合时代潮流又不失自然韵味的口袋公园，这种设计不仅提升了街区的整体美感，也满足了居民对美好生活的向往，使得美丽街区更富青春活力。此外，生态同行成为整个口袋公园建设管理过程中的重要理念。在绿色生态的口袋公园建设中，青年群体无疑是推动这一进程的关键力量。他们以独特的视角、创新的思维，以及积极的行动力，为口袋公园的建设管理注入了新鲜血液与无限可能。

3. 共建、共享、共治下的机制创新成为精细化治理的宝贵经验

口袋公园的建设和管理在共建、共享、共治的机制创新和精细化治理方面进行了诸多有价值的探索。在共建机制创新方面，一方面，多方参与、汇聚民意。不同群体共同出谋划策，广泛汇聚民众实际需求。另一方面，搭建平台、沟通协调。相关部门代表组成的协调委员会定期召开会议，讨论和解决口袋公园建设中的问题。在共享机制创新方面，一方面，均衡布局、服务全民。通过优化和均衡城市绿地布局，建设小而美、小而精的口袋公园，为市民提供更多元化的休闲空间。另一方面，设施完善、功能多样。结合适老化、儿童友好等要求，设置无障碍设施和全龄友好设施，确保不同年龄段的市民都能享受到口袋公园带来的便利。在共治机制创新方面，一方面，多方联动、协同管理。通过属地街镇和相关职能部门的多方联动，提升绿地日常管养水平。另一方面，监督机制、确保质量。设立专门的监督机构或由市民自发组织监督小组，定期对口袋公园的管理状况进行评估，并向相关部门提出改进建议。

印度尼西亚万隆：青年气候行动倡导计划

为了加强年轻人在气候行动中的影响力，印尼发展灵感基金会（YIIM）、IBU 基金会和 U-Report 在 Insight 投资管理公司的支持下，在万隆市设立了青年气候行动倡导计划（Y4CA）。该计划旨在为万隆市 15～24 岁的本地青年赋权，推广"共同创造"的概念，以及为十个由青年领导的致力于社会环境行动的组织提供支持。倡导计划于 2024 年 2 月 23 日至 25 日举行，期间开展了形式多样且生动活泼的气候主题活动，35 名参与者接受了为期三天的倡导培训（图 6.11）。

培训使用了从联合国儿童基金会（UNICEF）《青年倡导指南》模块中选取的一系列培训材料，涵盖的主题包括气候变化及其对青年的影响、倡导简介、实质性参与与象征性参与的区别、作为倡导利益相关者保持心理健康，以及在准备倡导计划时的可信度等。参与者们被邀请制定可以在地方层面实施的具体行动计划，内容包括问题识别、目标设定和倡导策略设计。相应的，倡导计划还为儿童和青年提供了将他们所学的概念亲自付诸实践的机会。此外，还为参与者们在培训期间设计的行动计划提供了资金支持，来帮助实现这些想法和推动倡导工作的开展。认识到资金支持是有效实施活动的重要方面，资金支持可以用于举办本地研讨会、社会宣传活动和气候主题项目。通过传授关键知识和技能，倡导计划得以帮助赋权并鼓励年轻人作为变革的代理人，在应对气候变化方面发挥积极作用。

资料来源：由联合国人居署提供。http://www.english.yiim.or.id/training-the-youth-to-advocate-for-change-and-anticipate-the-climate-crisis/

图 6.11　青年气候行动倡导计划的参与者们

政策建议

建议1：城市基础设施建设需要顺应自然生态规律，从而更好地应对气候变化，建设可持续的韧性城市

在当今全球气候变化的背景下，城市作为人类活动的主要集中地，其基础设施建设不仅关乎居民的生活质量，更直接影响到城市的可持续发展能力和对气候变化的适应能力。因此，将自然生态规律融入城市基础设施建设，并致力于构建韧性城市，成了城市规划与发展的重要方向。要摒弃单一工程思维，融入生态理念。传统的城市基础设施建设往往侧重于快速、高效的工程化解决方案，但这种方式往往忽视了与自然环境的和谐共生。为了实现可持续发展，我们必须转变思维方式，将自然生态规律置于核心地位，采用生态友好型技术，减少对环境的负面影响，促进自然生态系统的恢复与保护。

因此，构建韧性城市以应对气候变化迫在眉睫。一方面，要具有前瞻性思维与预判性方案。气候变化带来的极端天气事件频发，对城市的正常运行构成了严峻挑战。因此，构建韧性城市成为应对气候变化的必然选择。城市规划者和决策者需要具备前瞻性思维，预见未来可能面临的风险和挑战，并提前制定相应的预判性方案。另一方面，多维度提升城市韧性。首先，要加强城市基础设施的冗余度和灵活性，确保在遭遇灾害时能够迅速恢复运行。其次，要提升城市的灾害预警和应急响应能力，建立健全的灾害管理体系。最后，还要加强社会资本的积累和社会网络的构建，提高城市居民的自救互救能力。此外，推广绿色建筑和低碳交通方式也是提升城市韧性的重要途径。

建议2：城市有限土地资源的高效利用需要进行系统性规划和多用途设计

随着城市化进程的加速，城市土地资源日益紧张，如何高效利用有限的土地资源成为城市规划与发展的重要课题。在这一背景下，系统性规划与多用途设计显得尤为重要，它们不仅是提升土地利用效率的关键，也是构建生态韧性社区、促进城市可持续发展的重要手段。香港案例中一地多用的发展模式不仅提高了土地资源的利用效率，还促进了社区功能的多元化和生态化。通过合理规划与设计，原本单一用途的土地会转变为集居住、商业、休闲、生态等多种功能于一体的综合性区域，从而满足城市居民多样化的需求，提升城市整体品质。生态社区建设需要系统性规划与设计。生态社区的建设是一个复杂而系统的过程，需要综合考虑自然环境、社会经济等多个方面的因素。系统性规划是确保生态社区建设有序进行、各项功能协调发展的基础。通过制定科学合理的规划方案，可以明确生态社区的发展目标、空间布局等关键要素，为后续的建设和管理提供有力指导。此外，在生态社区的设计过程中，应注重生态优先、以人为本的原则。一方面，要充分利用自然资源和环境条件，通过绿化、水系、景观等生态要素的融入，打造宜居宜业的生态环境；另一方面，要充分考虑居民的生活需求和行为习惯，通过合理的空间布局和设施配置，提高居民的生活质量和幸福感。

建议3：城市绿色公共空间的建设需要以人为本，以满足社区居民最主要的需求为基准

城市绿色公共空间作为居民生活的重要组成部分，其建设与管理愈发受到重视。这些空间不仅是城市生态的绿肺，更是居民休闲娱乐、社交互动的重要场所。上海徐汇案例秉持以人为本的原则，以满足社区居民最主要的需求为基准，并注重其作为复合型公共服务载体的多功能性。城市公共空间营造需要全过程的居民参与思维。在设计阶段，就应广泛征求社区居民的意见和建议，了解他们的实际需求和使用习惯；在建设过程中，可以设立居民监督小组，对施工进度、材料使用、施工质量等进行监督，确保建设过程符合设计要求，同时减少对居民生活的影响；管理阶段同样需要居民的参与，通过建立反馈机制，鼓励居民对绿色公共空间的使用情况、管理效果等进行反馈，以便及时调整管理策略，提升服务质量。以口袋公园为代表的城市公共空间应具备复合型公共服务载体的多功能性。口袋公园作为城市绿色公共空间的一种重要形式，其设计应超越单一的景观价值，成为一个复合型的公共服务载体。除了提供绿化、美化环境的功能外，公园还可以增设休闲座椅、健身器材、儿童游乐设施等，满足居民的不同需求。同时，口袋公园还可以作为社区文化活动的举办地，如举办音乐会、艺术展览、社区聚会等，增强社区的凝聚力和文化氛围。只有这样，才能真正实现绿色公共空间的价值最大化，为城市居民创造更加宜居、宜业、宜游的生活环境。

建议 4：要采取响应的政策来鼓励青年人持续参与应对气候变化行动和建设韧性城市

鼓励青年人参与应对气候变化与韧性城市建设的政策策略。在应对全球气候变化和建设韧性城市的道路上，青年人的力量不可或缺。他们不仅是未来的主人翁，更是当下行动的重要参与者。为了更有效地动员青年人持续参与这些重要议题，我们需要采取一系列响应的政策措施，以增强他们的参与感、获得感和荣誉感，并激发其活力与朝气，带动更多人加入这一行列中来。发挥青年人的活力和朝气，感染更多人参与。为了充分发挥青年人在城市可持续发展中的作用，我们需要采取一系列措施来激发他们的活力和朝气。首先，要建立健全的青年参与机制，为青年人提供参与城市治理、环保行动等的机会和平台。这可以通过青年志愿者组织等方式实现，让青年人在实践中学习和成长。其次，要加强教育和宣传，提高青年人对城市可持续发展的认识和责任感。通过学校教育、社会宣传等多种渠道普及相关知识，引导青年人树立正确的价值观和行动观。最后，要关注青年人的成长和发展需求，为他们提供必要的支持和帮助。这包括提供就业创业机会、优化成长环境等，让青年人在为城市可持续发展贡献力量的同时实现个人价值的提升。

第七章 | 青年传承与创新低碳文化理念

引言[1]

全球气候变化及其带来的环境问题已经成为当今人类生存和发展面临的重大挑战。然而，当前的气候研究和行动往往以科学数据、技术解决方案和经济利益为中心，从根源改变人类生产生活方式的文化良方则较少受到关注，应对全球气候危机亟需补齐文化这块拼图。文化是低碳价值观的塑造者，是决定个人与群体气候行动方向的"扳道夫"；文化是全球气候愿景与本地化解决方案之间的桥梁，发挥着至关重要的协调和融合作用；文化是气候行动的加速器，通过其多样化的传播途径高效地将低碳意识传递给更广泛的受众，从而促进社会整体低碳行为的形成和巩固。将文化置于气候政策的重要位置成为治理者对城市未来可持续发展的关键性投资。如今，以人与自然和谐共生为愿景，以绿色低碳生活方式为有形表现的低碳文化越来越被人们感知、接受与践行。低碳文化提倡二氧化碳低排放、自然资源低消耗、自然环境低污染，作为可持续发展理念的一种表达形式和经济社会绿色发展的助推器，能够为推动城市居民形成低碳环保的生活方式，进而享受绿色产业成果提供内生动力。

作为未来世界的领导者和变革者，应对气候变化，青年人的行动至关重要。青年是实现"碳达峰碳中和"目标的重要群体，也是推动可持续发展和促进经济社会发展全面绿色转型的重要贡献者、实践者。文化在塑造青年绿色低碳价值观，唤醒青年群体对绿色生活方式的认同感和责任感方面起到举足轻重的作用。首先，文化通过其潜移默化、深远持久的影响力，将生态智慧与低碳理念内化在青年一代的认知和价值体系中，形成其环境保护和资源可持续利用的内在驱动力；其次，文化以艺术、音乐、戏剧、文学等多样化的表达途径与传播媒介激发青年的创造力和创新意识，激励青年以新颖和具象的方式诠释和传播环保理念；最后，文化的多样性和包容性为青年在多元文化背景下探索和实践低碳理念提供了广阔的空间，通过跨文化的对话与合作，构建出符合不同城市和社区需求的本地化低碳解决方案，使全球气候愿景能够在本地得到有效实现。

作为拥有敏锐洞察力的群体，青年在与自然的互动中更容易感知与接受绿色低碳文化的内涵，并通过发挥该群体独有的创造力，采用对环境不具剥削性的工作和创作方式将生态文明理念与愿景合理转化为在地化、生活化的气候友好型文化产品，将生态文化价值拓展外化为人们可见可感可参与的城市生活新场景。青年作为接受气候行动相关创新性教育的关键世代，扮演着低碳文化传承者与创新者的双重角色。他们不仅是传统生态智慧与在地知识的继承者，还通过批判性思维和创新能力，将传统智慧与现代科技相结合，创造出适应当代需求的生态文化战略与气候行动模式。青年作为社会上最富活力、最具创造性的群体，更容易将低碳文化与数字化媒体等现代传播手段相结合，创作出覆盖全年龄层的音乐、影片、动漫、游戏等作品，并以其为媒介宣传绿色可持续的生活方式，引发全民对气候问题的关注，对气候行动紧迫性、必要性的认同，鼓励公众与决策者参与气候行动。青年作为气候谈判的中坚力量，在应对气候变化和绿色发展的议题中积极发声，通过参与公共政策讨论、社区规划和气候会议等多种途径推动城市决策者将绿色低碳

---

[1] 本章作者为上海图书馆（上海科学技术情报研究所）盛阳、施雯、欧阳琛、汤颖颖，联合国人居署。其中，哈兰德里案例、新加坡专栏由联合国人居署撰写。

文化理念融入城市治理的政策框架中。这种自下而上的参与方式让气候政策更加符合实际需求，具有更强的可操作性和可持续性。

青年的积极参与和创新实践为构建公平包容、可持续和环境友好型社会文化氛围奠定了坚实基础。政策制定者和社会各界应进一步支持和鼓励青年的低碳文化创新活动，将青年倡导的低碳文化理念与气候行动纳入主流叙事，促使未来一代永远怀有对气候问题的关注和思考，共同应对全球气候变化挑战，推动可持续发展。

基于全球实践，本章选取三个案例与两个专栏，探索青年传播低碳文化，践行绿色生活方式的途径。荷兰阿姆斯特丹市的"时尚向善"行动通过博物馆的交互式体验、教育项目、创新平台的搭建等多维手段，激发公众特别是青年群体对绿色时尚行动的参与热情，为时尚行业的可持续发展提供了宝贵的经验。希腊哈兰德里市的Cultural H.ID.RA.N.T.项目以哈德良水道为核心，结合历史遗产与现代基础设施建设，重建了水资源管理系统，提升了城市的气候韧性与居民福祉。项目发动了青年力量，采用参与式设计与跨部门治理，强调水资源的集体管理与公民赋权，成功推动了城市绿色空间的扩展和文化认同感的增强。这一模式为现代城市在应对气候变化和环境退化的背景下实现可持续发展提供了重要借鉴。中国成都的麓湖公园社区通过开展以青年为主导的文化活动、设计竞赛和多方协作，打造了一个以生态为核心、兼具文化活力的绿色社区示范项目，成为生态与文化融合的可持续发展典范。在肯尼亚科罗戈乔贫民区开展的"我们的未来"（Future Yetu）项目，通过赋予社区成员气候变化数字叙事者的身份，增强了政府与社区之间的对话，推动了气候政策的规划和制定，并提升了居民的气候行动意识和数字技能。新加坡则是通过举办Youth4Climate节，以艺术、电影和音乐等形式推广绿色文化，鼓励青年参与低碳可持续发展实践。

参考案例

荷兰阿姆斯特丹："时尚向善"行动

案例背景

近年来，随着经济的不断发展和消费者需求的多元化，时尚行业在消费品产业中的地位日益凸显，已成为全球规模最大、最国际化的产业之一。然而，在追求快消时尚的当下，其"获取—制造—废弃"的线性商业模式造成了大量能源消耗、自然资源浪费、环境污染与碳排放。时尚产业已经成为严重危害地球健康与人类福祉的元凶之一。产业的绿色转型成为整个行业义不容辞的必然选择。在此背景之下，"时尚向善"这一非营利性组织应运而生。该组织由一群充满理想的青年群体创立，旨在通过"可持续时尚"相关前沿理念与宝贵经验的广泛传播与持续共享，启迪尚未涉足此领域的探索者、赋能业界充满潜力的创新者，携手推动时尚产业向绿色、低碳、环境友好的方向发展。

2017年，该组织在荷兰阿姆斯特丹市中心的一栋百年建筑内创建了世界上第一个以"可持续时尚"为主题的博物馆——"时尚向善"博物馆

（Fashion for Good Museum）。自2017年4月以临时展览启幕，至2018年10月成立第一个互动空间，再到2020年正式成为官方博物馆，"时尚向善"博物馆始终以前瞻视野与创意手法，融合永久装置、限时展览、教育启蒙项目、实用工具包及研究报告，辅以沉浸式交互体验方式，激发了广泛的社会共鸣与积极反馈，影响力持续扩大（图7.1）。与此同时，项目组织者还搭建了"时尚向善"创新平台，旨在汇聚时尚界的创新先锋，加速颠覆性解决方案的规模化应用，为时尚行业的绿色低碳转型注入强劲动力。2024年6月，博物馆虽正式落幕，但其使命未竟，转而聚焦于创新生态的拓展与深化，以更为深远的战略视角持续引领并加速可持续时尚理念在全球范围内的实践与普及。

资料来源：Fashion for good（2024）. Fashion for good museum 2017—2024 Legacy Report

图7.1 "时尚向善"博物馆（Fashion for Good Museum）

实践过程

1. 深层次互动，跨领域共创，普及绿色时尚新思潮

（1）互动之旅"启航"良好时尚行动。"时尚向善"博物馆的互动式展览巧妙融合尖端科技，为访客打造了一场多维度、深层次的交互体验（图7.2）。访客进入博物馆时便会佩戴上带有RFID的手环，开启个性化探索之旅。从设计专属T恤到决定30天内不买新衣服，再到承诺参与气候行动，访客的每一次互动都会被收集并整理成一份个人专属的"良好时尚行动计划"（Good Fashion Action Plan），并在这段数字化旅程结束后通过电子邮件发送至个人，以激励其对当下气候危机的深思。这种互动体验不仅能够促使访客反思消费习惯，激发其践行可持续时尚的决心，同时也作为纽带将访客引入博物馆的数字社群，共享气候资讯，共促气候行动。后续调研显示，高达98%的参与者展现出积极的低碳行为转变，彰显了项目的深远影响。

（2）亲绘绿意洞察服装行业全生态链。在展览设计方式上，博物馆同样追求对访客的多重感官触动。特设的T恤设计工作室以投影为幕，触控平板为笔，让访客亲手在数字T恤上绘制创意图案（图7.3）。此后，访客可以选择将其数字化珍

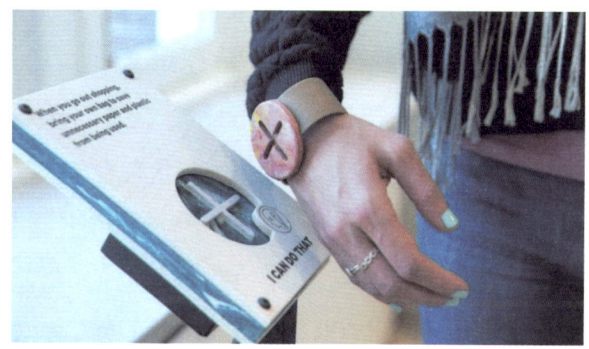

资料来源：https://www.localprojects.com/work/corporate-experience/the-fashion-for-good-experience/

图7.2 "时尚向善"博物馆的互动手环

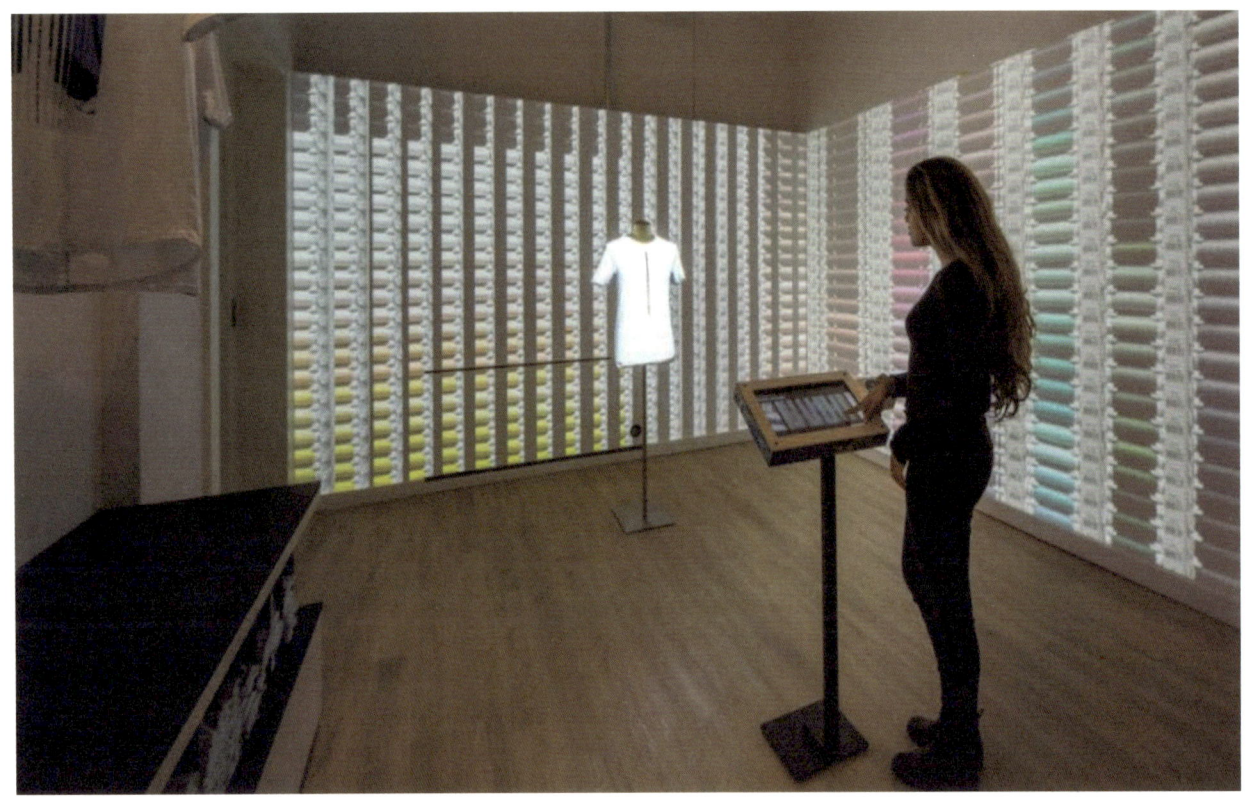

资料来源：https://www.localprojects.com/work/corporate-experience/the-fashion-for-good-experience/

图 7.3　带有投影的 T 恤设计室

藏或购买一件由可生物降解材料制作而成的实物，亲身体验设计的乐趣与环保的责任。此外，通过亲手抚摸棉花与棉布，了解从采摘棉花到制成服装的全过程，访客得以深入洞察时尚产业背后的环境足迹。

（3）跨行业合作共创可持续时尚多维叙事。在7年的运营时间内，博物馆累计吸引逾11.5万[1]名访客，不仅通过常设展览持续发声，还策划了13场临时展览，携手青年设计师与跨学科精英，编织可持续时尚的多彩叙事。其中，"了解棉花"（Knowing Cotton Otherwise）展尤为瞩目，它跨越艺术、设计与科学的界限，构建了一个探索棉花与时尚紧密关系的互动空间，展览中的3个篇章，即棉花与时尚产业的关联、棉花在全球文化网络中的作用，以及棉花循环利用的创新手段分别由各领域先锋携手共创，通过展览收集到的故事与洞见被编纂成书，持续启迪未来。

2. 多梯度教育，多渠道推广，共育低碳时尚新生代

博物馆起初将具备一定时尚知识，同时认可绿色低碳理念的18～35岁青年女性定位为其核心受众，然而组织团队很快意识到，要真正实现时尚行业消费行为的深刻变革，必须触及并影响更为广泛的观众群体，特别是那些对低碳理念与气候行动尚

---

[1] Fashion for good（2024）. Fashion for good museum 2017—2024 Legacy Report.

觉陌生的观众。因此，团队将教育重心聚焦于两个关键群体：（1）下一代的时尚消费者，他们是未来市场的主导力量。（2）时尚行业的专业人士，他们则是引领行业趋势与标准的核心群体。为实现这一目标，团队精心构建了梯度化的文化传播策略，旨在以多维度、多层次的方式渗透到更广泛的受众之中。这一策略不仅涵盖了针对不同年龄段、知识背景及兴趣偏好的定制化教育内容，还充分利用了现代科技手段与数字化平台，以更加生动、直观的方式展现可持续时尚的魅力与价值。

博物馆提出"您身边的知识课堂"理念，诚邀各年龄段人群踏入这片学习之地，旨在促进社区范围内消费行为的绿色转型，引领公众向更加环保的服饰消费模式迈进。其策略细分为4个层次：启蒙无知者，激发其可持续时尚意识与行动；培育兴趣者，通过丰富的教育体验尤其是针对青年的项目加深对服装低碳生产与消费的理解；深化核心群体，为既有意识的时尚爱好者及专业人士、网络红人搭建深度交流平台；赋能实践者，编织时尚活动网络，激励环境友好型时尚创新实践。此外，博物馆前瞻性地聚焦于未来设计师及时尚界专业人才的培养，为荷兰时尚教育体系量身打造了一系列课程。这些课程横跨基础教育至高等教育，如"一件T恤的旅程"（Journey of a T-shirt）启蒙小学生，"采取行动，改变时尚！"（Take Action, Change Fashion）激励中学生，"循环时尚项目"（Circular Fashion Programme）赋能职业教育学生，以及"未来课堂：棉花背后的故事"（Classroom of the Future: The stories behind cotton）启迪高等教育群体（图7.4）。此外，博物馆还慷慨地将教育工具包开源共享于网站，进一步扩大了其教育影响力。

通过这些梯度化的文化传播策略与精准的教育项目设计，博物馆团队成功将可持续时尚的理念与实践深植于更广泛的观众群体之中，为时尚行业的绿色低碳发展注入了新的活力。2021年至2024年间，博物馆吸引了来自200所学校的8000

资料来源：https://fashionforgood.com/our_news/fashion-for-good-museum-launches-educational-toolkit-the-circular-fashion-programme/

图7.4 "循环时尚项目"（Circular Fashion Programme）工具包

名学生[1]，学生观众占全部访客的比重超过四分之一。其卓越的教育项目不仅赢得了频繁回访的荷兰国内学校的青睐，还吸引了来自比利时、挪威、丹麦等十多个国家的学校前来交流学习，充分彰显了其在推动全球可持续时尚教育领域的领先地位。

3. 线下集结动能，线上拓展边界，共筑时尚变革新社群

在这座文化底蕴深厚的建筑中，"时尚向善"博物馆已成功策划逾75场活动，汇聚了超过7 500名访客[1]。从庆典式的展览，到头脑风暴的圆桌论坛，再到气候主题电影放映与图书发布会，每一环节都在启发参与者对绿色低碳生产生活方式的思考。此外，博物馆还精心组织了研讨会与服装交换活动（图7.5）。活动不仅促进了志同道合者间的交流与联结，更携手构建了一个活力四射的社群，共同驱动时尚界气候正向变革的浪潮。

博物馆以线下活动为基石，巧妙运用数字化手段，在线上构建了一个互动体验良好的社群生态，进一步放大了其影响力半径。在自媒体运营方面，博物馆通过社交平台发布高质量的文字、视觉设计与音频内容，同时推出虚拟展览与在线活动，拓宽了展示的边界，传达给了更广泛的线上受众。在赢得媒体方面，博物馆积极策划活动、发布新闻稿及展览预告，成功吸引了《华尔街日报》《福布斯》等全球知名媒体的关注与报道，实现了广泛的社会曝光。此外，博物馆还邀请了众多可持续时尚领域的意见领袖与网络红人参与活动，借助他们的社交媒体平台，进一步放大了活动的影响力与辐射范围。运营期间，博物馆的媒体影响力实现了质的飞跃，赢得了相当于4 600万欧元价值的媒体曝光，社交媒体粉丝数突破25万，新闻订阅者亦达到1.5万之众[1]，彰显了其在推动时尚向善道路上的卓越成就与深远影响。

4. 创新平台搭建，全产业链介入，孵化气候行动新势力

"时尚向善"行动搭建起创新平台，构建了一个绿色低碳的赋能生态系统，汇聚了致力于可持续创新的先锋人物、品牌、零售商、制造商及资助者。通过强化能力建设、专家指导、融资对接及市场拓展，该平台不仅培育了一个充满活力的社群，共同探索并推广低碳技术与环保理念，还深刻影响着时尚产业的气候行动路径。

鉴于时尚供应链对环境的深远影响及其固有的复杂性，该平台选择深度介入其中，将焦点对准原材料的绿色采购、低碳加工技术、生产流程优化以减少碳足迹、零售分销中的环境友好实践、提升消费体验的同时增强环保意识、确保供应链透明度及全程可追溯性以监督环保表现等六大关键且具挑战性的领域。通过融资支持，平台助力创新者们将气候友好的解决方案从构想变为现实，推动其走向商

资料来源：https://amsterdamsmartcity.com/updates/event/clothes-swap-at-fashion-for-good-museum

图7.5 服装交换活动

---

1 Fashion for good（2024）. Fashion for good museum 2017—2024 Legacy Report.

业化，进而引领时尚产业向低碳转型。

作为博物馆内的一抹亮色，"创新廊"专注于陈列展示那些活跃在"时尚向善"创新平台上，积极应对气候变化挑战的创新者故事（图7.6）。同时，这些故事也在平台官方网站上广泛传播，激发更多人对气候、环境及低碳时尚的关注与参与。截至2024年7月，项目已汇聚超过2 994名环保创新者，成功支持了184位领军人物，启动了570项旨在减少碳足迹的试验性项目，实施了423个具体案例，总投资额高达19亿欧元[1]，为时尚产业乃至全球气候治理贡献了不可小觑的力量。

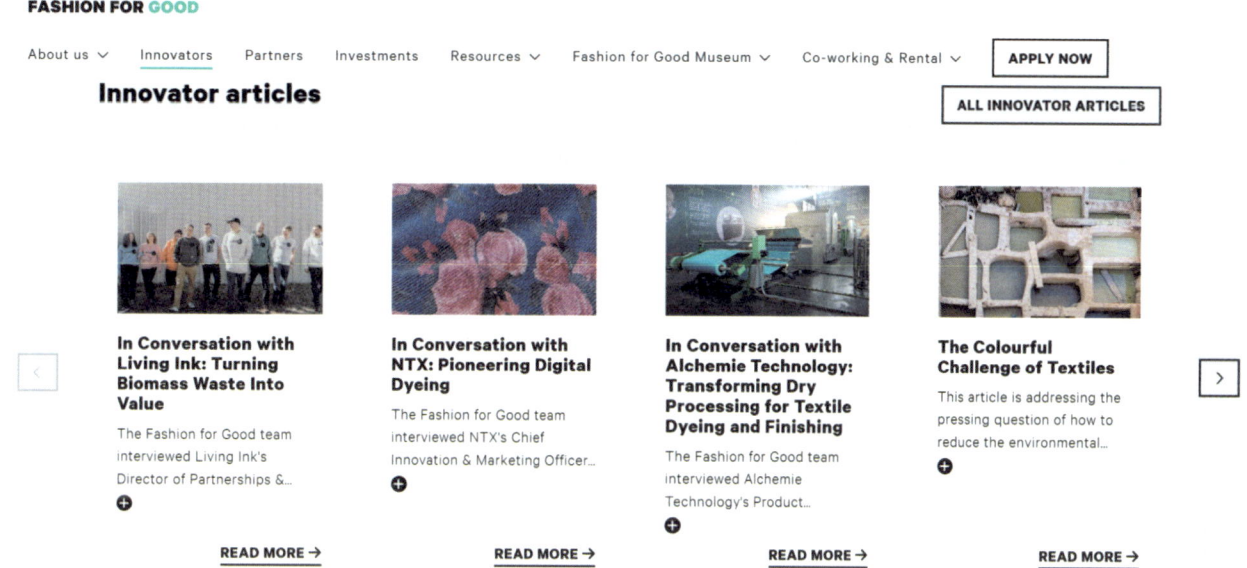

资料来源：https://fashionforgood.com/innovators/

图7.6 在"时尚向善"官网上展示的创新者的相关文章

经验借鉴

1. 交互式体验空间有利于启发青年群体的生态价值观构建

文化拥有无所不在且深邃浸透的力量，能够潜移默化地重塑个体的意识架构，进而在根本上塑造个体的行为模式。青年群体作为文化传承与变革中的活跃分子，拥有开放的思维与敏捷的学习能力，尤为易于被互动式展览所吸引并受到启发。相较于传统单向展览的被动接收，交互式展览以其独特的反馈机制，为青年观众打造了一个参与式舞台，极大激发了他们对时尚产业气候问题的探索欲。在此过程中，青年沉浸于多感官的丰富体验中，低碳文化、绿色时尚和可持续发展的理念得以高效且深刻地触达其内心。展览巧妙地引导青年依据个人兴趣与价值观，自主构建个性化的气候行动地图。这种高度定制化的体验精准对接了青年多样化的生活态度与价值观念，为他们后续的低碳行为转型奠定了心理基石。展览结束后，博物馆持续的信息传递与

---

[1] https://fashionforgood.com/。

反馈收集机制，不仅构建了一个活跃的互动生态系统，助力组织者精准评估展览成效、持续优化活动策略，更在持续的交流互动中，加深了青年对可持续理念的认知深度与情感共鸣，促使他们实现从理论认知到实际行动的跨越，成为参与气候行动、推动社会绿色低碳发展的重要力量。

2. 量身定制教育项目有利于深化青年群体的绿色行动理念

文化机构应拓宽视野，超越既有受众圈层，积极投身于广泛而深入的教育实践中，尤其要聚焦于青年群体这一引领未来气候行动的中坚力量。在本案例中，教育不仅是推动时尚产业低碳变革的关键手段，更是灵魂所在，它要求针对不同背景与需求的受众，实施精准的教育策略，确保知识与理念的有效传递与深度影响。在策划每一个项目、展览与活动时，均要深思熟虑，充分考虑目标观众的学习风格、接收方式及认知习惯，以此为基础进行课程定制，旨在不仅触及并吸引那些对既有内容不感兴趣或陌生的群体，更要在行业内部巩固并深化时尚可持续理念的教育根基。青年群体作为这一教育进程中的重中之重，应被赋予更多关注与资源倾斜，要通过为他们打造专属的学习路径与成长平台，确保他们能够获得全面、深入的气候变化教育，形成绿色低碳的生产生活理念。

3. 创新型共享平台有利于催化青年群体的自发性低碳实践

创新型共享平台作为一种媒介生态，催化了青年群体在可持续发展领域的自发性变革。此类平台通过巧妙整合线下低碳文化空间与线上高效传播渠道，不仅实现了低碳理念与气候行动信息的广泛传播与深度渗透，更构建了一个基于可持续共识、聚焦于低碳与气候议题的青年社群网络。在此社群中，青年群体作为变革的主体，其环保意识与低碳行为深受平台内容的熏陶与影响，逐渐形成了时尚可持续及生产生活可低碳的共同认知与价值取向。平台通过提供多元化的对话机制与互动空间，促进了青年之间思想火花的碰撞与融合，进而激发了他们自主构建个性化认知体系与低碳行动框架的内在动力。这一自发性变革力量的形成，是平台创新性与青年能动性在气候行动领域相互作用、相互促进的结果。平台通过技术创新与模式创新，成功打破了传统信息传播与社群构建的界限，为青年群体提供了前所未有的参与低碳实践、讨论气候变化的机会与表达空间。在这个高度共鸣的社群内，青年消费者以可持续时尚为文化纽带，热烈交流环保理念，共同孕育出更具影响力的绿色行动；怀揣共同愿景的青年行业精英自由交流行业洞见与实战经验，通过集思广益与持续学习，探索并实施绿色低碳的行业发展模式。由此可见，在全球气候危机的挑战下，创新型共享平台在催化青年自发性变革力量方面发挥着不可或缺的作用。它不仅是低碳知识与气候行动信息传播的重要桥梁，更是青年群体实现自我成长、投身社会变革、共同守护地球家园的关键舞台。

希腊哈兰德里：Cultural H.ID.RA.N.T 倡议——利用文化遗产实现蓝绿城市再生

案例背景

作为北雅典专区最大的市镇，哈兰德里的郊区占地面积达到1.08万平方公里[1]，居住着超过

---

[1] 城市创新行动 https://uia-initiative.eu/en/uia-cities/halandri。

7.4万名居民。哈兰德里拥有丰富的文化历史和建筑遗产，古罗马人曾在此修造哈德良地下水道，这条长达20公里的水利基础设施网络连接了7个市镇，在公元140年至20世纪30年代初的近1 800年时间里一直为雅典城供给水资源。在哈兰德里的中心地带，哈德良水道横穿雷马提亚（Rematia）溪流。这条被峡谷环绕的水道流经周边众多城市化地区。溪流两岸森林茂密。作为受到保护的自然资源构成了该地区重要的生态廊道，这里为行人提供了亲近本地动植物的通道。然而，自2009年希腊遭遇全国性经济危机以来，市政府将工作重点转向经济复苏，通过优先发展服务业和休闲业大力扶持市场，振兴地方经济。在这一过程中，城市资源承受了不小的压力，政策在历史记忆保护方面的缺失导致哈德良水道等珍贵历史城市资产遭受遗忘。古老的水道只能长久隐匿于地表之下，主体结构多处逐渐破败。遗憾的是，相关部门对公众呼吁的漠视，使得地方文化资产的保护与培育未能获得足够的重视。这一现象削弱了哈兰德里市民的文化认同感、主人翁意识及社区归属感，相较于雅典历史遗迹核心区的卓越遗产品牌影响力，哈兰德里的遗产资源显著逊色。此外，城市的快速发展与建设未能有效兼顾市民对绿色空间的便捷访问需求，阻碍了步行友好性的提升。溪流沿岸的大面积绿地尚未得到有效激活，直接导致本地居民人均公园面积仅为2.8平方米，远低于雅典人均的4.8平方米[1]。在这一系列因素综合作用下，本地的社区凝聚力、身份认同感及城市韧性均被严重削弱，尤其是在应对气候变化挑战，如极端高温频发和水资源短缺加剧的当下，这种影响尤为显著。2020年7月启动的Cultural H.ID.RA.N.T项目（Cultural Hidden IDentities ReAppear through Networks of WaTer）试图通过由文化遗产主导的再生过程来解决当前城市面临的诸多问题。该项目利用哈兰德里废弃但功能尚存的哈德良水道作为蓝绿基础设施中心重建的载体，旨在重焕当地社区生机，推动自然资源的可持续利用，并增强城市对气候变化的适应能力。着眼于重振城市水资源，Cultural H.ID.RA.N.T项目的宗旨是让这处一度被遗忘和隐藏的水源重新供所有市民使用。借助这一倡议的推动力，市政府构建了围绕高效自然资源管理、公民参与和地方服务参与管理的宏大的对话战略框架。具体而言，该项目将哈德良水道视为共享的文化遗产符号，将地方历史与水资源概念结合起来，不仅将其定位为全民共享的公共资源，更在应对气候变化挑战与促进社区韧性建设的背景下，视其为推动蓝绿城市再生战略的关键绿色可再生资产。

实践过程

1. 大力推进参与式共同设计和跨部门治理

Cultural H.ID.RA.N.T.项目在欧盟"城市创新行动"（UIA）框架下运行，该倡议由欧洲区域发展基金资助，旨在支持欧洲城市测试并验证创新的城市挑战解决方案（图7.7）。项目汇聚了八大合作伙伴[2]，采用精细化的合作治理结构进行运作。在这一框架下，每个合作伙伴都被明确分配了专项工作包，并

---

[1] 城市创新行动 https://uia-initiative.eu/en/uia-cities/halandri。
[2] 这些合作伙伴包括哈兰德里市政府、Commonspace Coop（一家合作设计机构）、雅典供水和排水公司、地中海自然与人类研究所（MedINA）、Thymio Papayannis and Associates（一家建筑和设计公司）；派迪昂大学区域发展研究所（RDI）、Ohi Pezoume表演艺术（一家非营利表演艺术组织）和东阿提卡州古物监察处（希腊文化部下属机构）。

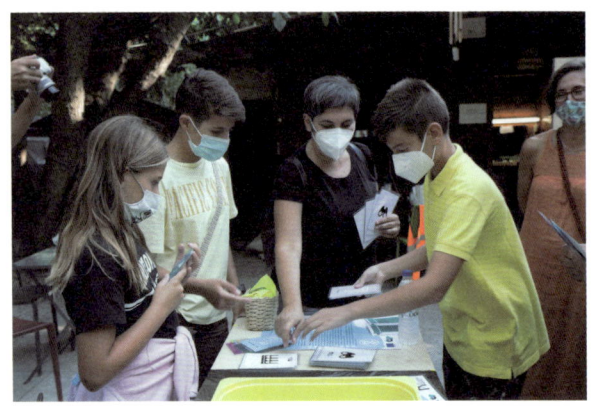

资料来源：http://www.guangzhouaward.org/a/3316.html?lang=en

图7.7 孩子们践行Cultural H.ID.RA.N.T倡议

负责具体实施与管理。各项决策均通过周度协调会议进行集体讨论与制定，并由项目指导委员会负责监督。该倡议在操作上通过采用跨部门的工作方法脱颖而出，其中合作治理系统确保了市民在设计和实施阶段得以全程参与。为了促进共同设计和共同治理，项目专门成立了地方市民团体，确保决策与地方社区的需求和愿望一致。通过持续参与，地方社区成员在项目成果管理中拥有了决策权，还实现了对文化遗产资产集体所有权的过渡。实践覆盖了13个学校社区，随着年轻领袖参与规划阶段和实施阶段，青年参与也成了不可或缺的一环。学校项目和青年俱乐部通过参与社区大扫除和植树等实践活动，培养了年轻一代的责任感和管理意识。青年代表还被邀请列席项目咨询委员会，帮助指导项目的进程。同时青年志愿者和青年专业人士提出了创新的绿色技术解决方案，来复原各种历史遗址，如使用太阳能电池板、高效节能照明设备和可持续材料等。此外，青年环保主义者们还举办了研讨会和培训会，对社区进行可持续实践相关的教育。由此可见，社区与青年的积极参与对于在地方再生计划和水资源配送系统中嵌入公平与包容原则具有关键意义，同时也对哈德良水道历史传承及文化公共活动的策划与执行起到了重要的作用。

2. 创立数字档案和文化节

为有效调动公共遗产资源，Cultural H.ID.RA.N.T.倡议使用数据来构建哈兰德里的有形和无形遗产。该倡议的目标是建立全方位的地方历史数据库（哈兰德里本地档案库），促进各类素材的收集，包括制度知识（基于技术和研究）与日常知识（口述历史、书面历史、民众记忆和个人经历等），所有素材经系统化整理后上传至开放访问平台，形成数字工具。值得注意的是，该倡议自启动之初便致力于同步激活本地利益相关者网络。为了探究地方居民与作为水资源及文化资源双重载体的水道之间的历史关联，地中海自然与人类研究所（MedINA）携手公共机构、科学家、地方团体和特殊需求人群，共同监督并指导了口述历史、历史文献及考古资料的收集工作。这些档案被打造为文化和教育的有力工具，通过揭示过往的变迁，增进公众对哈兰德里现状的了解。档案的知识成果还为制定发展政策提供了坚实的共同基础，有效促进了环境可持续、文化创新、社会包容及民主对话的进程。数字档案库采用开放的架构设计，确保信息的全面覆盖与吸引力。同时融入先进的数字多媒体讲述技术，使记录信息的展示既全面又引人入胜。

为增强公众对水资源与城市资源可持续管理的认知，当地专门设立了一年一度的Hidrant节，并于2021年9月首次举办（图7.8）。节日将水道的部分区段融入特色文化表演之中，不仅延续了数月间学生及居民参与活动的热情，还构建了一个平台，促使地方协会与非政府组织（如口述历史协会）以更系统、高效的方式融入。2022年5月，第二届Hidrant节成功举办，以此为契机，当地正式推出了地方档案数据平台。这一系列文化活动不仅显著提升了社会对水资源与城市资源管理重要性的认识，

资料来源：https://www.archalandri.gr/show-item/community/

图 7.8　2021 年 9 月首度 Hidrant 节日期间当地居民举行聚会

还推动了以市民为主导的管理模式在水、自然、城市资源及基础设施领域的实践与发展。

3. 建立"水作为公共资源"的意识

为了增强水网与当地社区生活的紧密关联，本倡议聚焦于将无形的文化遗产要素——如公共水资源，与市镇四个关键区域的物理空间复兴有机融合（图 7.9）。项目覆盖总面积达 21 400 平方米，干预地点包括：（1）Gyftopoulou 街区和雷马提亚溪流的部分溪岸。（2）哈德良水道水库和 El Alamein 街的罗马井，包括一个新的地下水箱。（3）Kodrou & Antistaseos 街区，干预方法是集成一个更大的地下

资料来源：城市创新行动 https://uia-initiative.eu/en/uia-cities/halandri

图 7.9　当地社区成员检查与水道网络相连的基础设施

水库。(4) Eptanisou 街，修建一处新的绿地公园。这些地点被选为聚会、活动、社区互动和搭建关系网的场所，与市政府新供水系统形成良性互动，共同塑造地方文化资产。尤为值得一提的是，项目在青年参与方面取得了显著成效，7%~8%（1500平方米）的翻新工程是由709名学生与他们的家长和老师一道参与设计的[1]。为提升水道的可见度并拉近其与社区的距离，征集到的公共空间提案聚焦于几项关键设计：如将显性结构元素转化为承载历史记忆的纪念碑，赋予其文化价值，以及通过建筑和景观要素展示不可见的地下网络。此外，提案不仅成功地将用于非饮用水提取的泵站与基础设施无缝融入新公共空间，还通过增加现有户外区域的绿化，增强了空间的气候韧性。此外，通过将水利基础设施转型为实体资源，该水道现已成为城市新空间中的亮点，辅以新安装的照明系统，进一步激发了其作为互动趣味元素的潜力。

迄今为止，新的水利基础设施开发已经产生了8500平方米的新公共空间[2]，而远期规划则旨在达成24000平方米目标，并栽种14800株灌木和180棵树。新铺设的5公里灌溉管道系统精准对接至多个关键节点，与地下水泵及水库构成高效联动网络。两辆移动水罐车的购入实现了未直接接入新水利基础设施网络的市镇区域的供水。针对气候引发的水资源挑战，项目积极推广雨水收集与高效灌溉等节水技术，实现年节约用水约25000立方米[3]。

新的哈德良水网创新性地成为首个面向公众开放的城市非饮用水网络。该倡议将水视为文化遗产的生动载体，通过哈德良水道的复兴，构建了一个集可持续再生与集体认同于一体的综合体系。通过自然资源的可持续利用、遗产的品牌化策略及新增的高质量公共空间等举措极大地改善了城市环境。城市绿化和以社区为中心的可持续水利基础设施增强了市镇应对地方气候变化影响的内在韧性。通过水网的活化利用，该倡议成功复兴了市镇的地方文化资产，使其有形与无形遗产重新焕发光彩，展现在世人面前。如今，哈兰德里周末游客量高达约5000人次，优质绿地使用率激增300%[4]。

经验借鉴

1. 珍视城市水利遗产，促其融入现代城市以构筑韧性环境

哈德良水道的绿化干预措施与重获新生开创性地展现了对抗地方气候挑战、逆转环境退化、提升环保认知及复兴地方历史遗产的新策略。该倡议展示了在干旱对水资源丰富地区威胁日益加剧的情况下，通过保护自然水资源、培育地方公民责任感、融合历史水网智慧与现代工程技术等举措，能够开辟出独特的路径，从而凝聚社区人心，加速推进可持续且具有气候韧性的城市发展。因此，重新整合城市中被隐匿的水资源，不仅能够有效扩充文化协商框架下的有形与无形文化遗产资源，还成为在城市面临环境适应性挑战时，构建韧性城市体系的关键策略。

2. 通过共同治理认可城市水资源的集体所有权和"水作为公共资源"的重要性

通过对水资源的集体式管理，Cultural H.ID.

1　http://www.guangzhouaward.org/a/3316.html?lang=en。
2　城市创新行动 https://www.uia-initiative.eu/en/news/detours-corrections-deviations。
3　https://urbact.eu/partnersearchtool/cultural-hidrant。
4　https://atlas.hubin-project.eu/case/cultural-hidrant/。

R.A.N.T. 倡议强调了社区所有权和公民赋权，由此，水得以成为遗产与社区、实体与无形行动、象征价值与新兴职业、可持续资源使用与气候韧性之间的纽带。此模式通过激活市民角色，颠覆了传统政策框架中的既定规则、习俗与结构，代之以市民广泛参与为核心，有效驱动了历史文化遗产保护与可持续基础设施管理的协同发展。倡议促成了市镇内环境、自然资源和城市空间之间新型文化生态与互动关系的形成，构建了一个鼓励市民们积极、民主参与的平台。为实现水资源管理的可持续性，让市民共担自然资源管理之责，对于增强社区韧性、提升居民福祉至关重要，同时也为探索符合可持续发展目标及《新城市议程》要求的城市空间可持续发展路径提供了实践范例。

中国成都：麓湖公园社区的青年力量

案例背景

麓湖公园社区所在的成都天府新区，是"公园城市"概念的首提地（图7.10）。

资料来源：麓湖社区基金会

图 7.10 麓湖公园社区实景

公园城市并非简单的"公园"叠加"城市"，而是要实现两个系统——自然生态系统和人类的生产生活系统的耦合，强调要"从公园中生长出城市"。[1] 2018年2月，习近平主席在成都天府新区考察时指示："要突出公园城市特点，把生态价值考虑进去。"自"公园城市"概念提出以来，成都先后出台《成都市美丽宜居公园城市规划（2018—2035年）》《成都市未来公园社区规划导则》等顶层设计文件，旨在建成公园城市示范区，并陆续开始了面向未来的公园社区建设。

---

1 廖茂林，占妍泓，周灵，等.习近平生态文明思想对公园城市建设的指导价值[J].中国人口·资源与环境，2021，31(12)：140-148。

麓湖是其中一处具有垂范性的公园社区，位于成都天府新区核心区，占地八千多亩，其中2400亩是水域面积，阡陌的水系和绿景交错，最终将容纳近20万常住人口。麓湖奠基始于2009年，早在"公园城市"概念出现之前便开始践行其要义，即这方土地真实经历了从引水灌溉形成生态湖泊到在湖水之上筑造"水城"的完整过程，是从公园中生长出的社区。

公园社区最终都会面临一大挑战，即社区内拥有的大量公共区域，包括湖泊与绿地，作为开放的城市资源，需要得到长期的管理与养护。麓湖公园社区也不例外，必须充分考虑开发商退出后，如何对社区自然生态系统实现长效的管理。麓湖的解决方案是采取"以文化人"的方式，通过多样化的文娱活动形式，在社区内培育良好的生态文明素养与公共传统，引导公众知行合一，践行有利于生态养护的生活方式。尤其在其中，充分发挥了青年群体的力量，并且有意识地以构建"儿童友好型"社区的方式，让未来一代在成长过程中也能受到潜移默化的影响。本案例的主要实施方是麓湖社区基金会，由社区开发商成都万华新城发展股份有限公司发起并捐赠初始资金，后续融入政府资助与社会捐助，日常负责以公益资助的方式促进社区在绿色环保、儿童友好、文化艺术、议事协商等方面的发展。

实践过程

麓湖社区基金会每年以"绿动计划"为倡导，孵化、推动一系列以生态为主题的公众教育和参与性项目、公园社区可持续低碳运维项目，如生态湿地营造及教育、城市生物多样性教育、公园景区绿化垃圾堆肥再利用等。与此同时，麓湖公园社区更强调将人与自然的和谐共生理念、对自然生态的人文关切情怀植入日常的社区生活、渗透在丰富的文娱活动之中，旨在无形之中培育良好的生态文明素养。在此过程中，麓湖社区基金会的核心作用是赋能、链接、孵化，为想要贡献自己力量的麓湖居民或相关者提供支持性的平台与资源。广泛的青年群体，包括关注麓湖发展的大学生、麓湖社区中的青年居民等，正成为其中的中坚力量。

1. 高校学生设计公园社区

2022年10月至2023年7月，国际公益性组织"C40城市气候领导联盟"举办第二届"C40学生重塑城市全球竞赛"。赛事宗旨是由全球不同城市提供有意愿开发或待改造的社区项目，鼓励大学在读学生提出具有创新性的绿色繁荣社区设计方案，以应对气候挑战。成都麓湖公园社区作为竞赛选题入选，与巴塞罗那、墨尔本、米兰等其他11个国际城市的社区项目共同成为青年学生的"设计考题"。麓湖社区基金会、麓湖公园社区作为落地方，与成都市政府外事办、市委社工部（社治委）、天府新区党群工作部，以及国际公益组织C40等多方力量共同协作，为青年设下了发挥所学与想象的平台，探索可持续的城市解决方案。

麓湖公园社区成为设计目标后，成都市政府外事办、市委社工部（社治委）、C40组成竞赛宣讲团，走进西南交大、成都理工大学、成都大学等在蓉高校，向青年大学生宣传赛事规则、分享绿色社区应对气候挑战的基本知识，也帮助他们了解作为"考题"的麓湖的发展现状。竞赛要求由城市规划、建筑、环境，以及商科、房地产开发与管理、工程、艺术等专业的学生组成多学科团队参赛，并鼓励参赛团队实地考察麓湖公园社区。

为对接参赛队伍，麓湖社区基金会从成都高校大学生中，招募6名"志愿者协调官"，同时邀请了对社区较为了解的专业人士担任"导师志愿者"，如麓湖社区基金会理事范体惠、万华投资集团战略研策部投资研策经理谌菲等，引导参赛学生考察社区，使设计方案更具落地性。

成都理工大学 SUMMER AS YOUNG 团队最终荣获竞赛优胜奖。除改良雨水收集和灌溉、有机废物管理等方向外，获奖方案特别提及，麓湖是一处多水系、多桥洞的公园社区，可对部分桥下空间进行创意营造，在尽可能保留通行功能的同时将其打造成特色化下穿通道，开展艺术展览、音乐会等文化活动，也可安装太阳能板和蚯蚓堆肥板块，打造生态花园。方案也设想构建社区闲置物品共享服务，开展物品旅行。这显示出学生试图以非常规的、文化艺术的方式，提升绿色繁荣社区的韧性。类似的创新性解决方案在参赛学生提交的策划案中层出不穷。

设计竞赛在大学生和社区之间搭建了一个平台，多方力量正在社区这个平台上产生连接，使学生参与社区设计并不止步于"纸上谈兵"，而是赋能青年塑造绿色家园的起点。赛后，麓湖社区基金会举办了绿色繁荣社区·青年力工作坊，邀请赛事相关方、志愿者和社区代表对项目进行复盘，并探讨如何让学生创意在社区落地。事实上，SUMMER AS YOUNG 团队提案中的闲置物品社区流转机制正在变为现实。麓湖社区基金会 C40 竞赛项目负责人杨璐表示，麓湖社区基金会希望在青年力 + 近零碳社区方面有一系列可持续计划，将在近零碳社区方面为大学生持续提供实践的舞台、交流的平台，以及广阔的就业链接。

2. 青年麓客共创社区节日

麓湖公园社区为了让居民与自然生态之间形成强烈的情感链接，创办了 3 个社区文化节日，即一年一度的麓湖渔获节、麓客共创之夜和麓湖龙舟节（图 7.11 ~ 图 7.12）。表 7.1 梳理了三大节日的主题、内容与参与情况。

资料来源：麓湖社区发展基金会

图 7.11　麓湖渔获节巡游

资料来源：麓湖社区发展基金会

图 7.12 麓湖龙舟节

表 7.1 麓湖社区文化节日总览

节日	麓湖渔获节	麓客共创之夜	麓湖龙舟赛
时间	每年秋季（9月至10月）	每年春节前夕（1月）	每年端午前后（6月）
主题	重塑家乡文化	社区"春节联欢晚会"	传承民俗节日
内容	水陆巡游、文化市集、在地溯源、邻里宴、生态教育等	居民和麓客社群报名参与节目海选，导演组编排入选节目。晚会采取歌舞、表演、对谈等形式呈现，以及邻里宴聚会	水上开幕演出、龙舟赛、龙舟赛少儿组、水上趣味赛、夏日音乐会、夏夜派对等
2023年志愿者服务总时长	1 858 小时	1 462 小时	1 084 小时
2023年参与人次	线下参与人数2.5万人，共创人群900人次	四百多名演职人员，线下两千多人参与，线上30万人次观看	线下参与人数7 730人，线上观看人数3.6万人次

数据来源：麓湖社区基金会

这三大社区节日的共性在于：活力共创，意在生态。

活力共创，源于社区节日皆由社区基金会、社区居民和各方志愿者共同组织、落地，尤以青年群体为核心力量。麓湖社区将麓湖业主及居民、在地机构工作人员，以及认同麓客价值观的人统称为"麓客"，鼓励拥有共同兴趣爱好的麓客组成不同主题的麓客社群，如麓客光影会、麓客雅集会、麓客艺术会、麓客设享会、麓客味道美食会、麓客烘焙社、麓客爱美会–社交舞帮、麓客童悦社、麓客英语戏剧社、麓客园艺会、麓山业主舞蹈队、麓客农耕社、麓客书画社、麓客阅读社等。这些社群类似大学社团，经过认证便可向麓客社群联合会提出资助申请，由社群联合会执委根据需求情况审批，已经实现会员制的社群可申请每年不超过2万元的配捐额度，但需要提供社群活动计划，平时也需要为社区提供一定的志愿者服务时长。社群中拥有不同才艺的麓客们成为三大社区节日的重要筹办者和参演者。其余居民也能以不同的角色加入共创的社区节日中，如宣传志愿者、执行志愿者，甚至和其他伙伴组成一支小队，"承包"管理一片活动区域等。

意在生态，指三大节日在丰富社区文娱生活、增强社区情感链接的同时，在策划活动时也侧重以生态环境为主题。麓湖龙舟赛直观地与"亲水文化"相关联，传统赛龙舟比赛和创新的趣味"抓鸭子"等活动，以及赛前开幕表演都以麓湖公共水系为"赛场"和"舞台"，令参与者感受到水之乐趣。麓湖渔获节是更具综合性的社区节事，从水元素出发，引入环保主题，在艺术巡游、街头艺术、装置艺术等展演形式中引发参与者思考保护生态环境的重要性。麓客共创之夜虽是一台除旧迎新的盛大演出，也会在内容板块中嵌入"环保"主题，如2022年的晚会用一个特定环节回顾了社区环保事件，大力宣传重视生态保护的良好实践。

在文化娱乐活动的引导下，人们自然被浸润在可持续发展的理念下，由此再在社区内导入各类绿色行动，就会形成更高的参与率和接纳度。

3. 戏剧方式引导儿童议事

2021年4月14日，麓湖社区基金会提出构建"麓湖儿童友好社区"的项目计划，致力于让未来一代真正参与社区公共生活，成为社区共建的一分子。

社区首先设置了儿童议事会，赋予儿童享有参与社区建设的权利。每一期儿童议事会都邀请社区儿童参与，围绕某个主题展开讨论。如2023年社区第四期的儿童议事会上，25位来自社区和周边学校的小朋友就"在气候变化的大议题下社区能做什么"展开讨论（图7.13）。议事会引入戏剧教育的方式，帮助孩子学习抽象的议事规则，并在专业的戏剧老师引导下迅速进入情境，继而分清事实、作

资料来源：麓湖社区发展基金会

图7.13 儿童议事会现场

出评价、分析原因、提出解决方案。在推进过程中，戏剧老师和议事导师合作，将气候变化、低碳目标等宏大的概念应用到日常生活中，帮助孩子以个人视角观察、分析、体会，真正地参与城市生活，最终用垃圾分类、以骑行代替开车、光盘行动、多种树木和小草等他们所能明白的方法，回答"减少碳排放，我们能做什么"这样具体的问题。这场议事会最终得到3个来自孩子们的提案：（1）排练以倡导"减污降碳、绿色消费、低碳可持续生活"为目标的话剧，在社区和学校大型活动上进行展演。（2）是以传统工艺皮影戏为形式，制作"垃圾分类"主题定格动画，在各大线上平台进行宣传推广。（3）制作"减少食物浪费"倡议海报，在学校、社区、餐厅进行公示。这些议案将被提交到社区基金会，与来自成年人的其他提案一并讨论。如果通过，社区将调动资源将议案落地。在这个过程中，重要的是让孩子们看到改变真正发生。

社区也创造多样化的机会，用戏剧展演的形式呈现未来一代对环境的理解与思考。如2024年4月22日世界地球日当天，麓湖公园社区招募社区内的亲子家庭，共同以"全球战塑"（Planet vs. Plastics）为题，以麓湖自然物为主体，共同即兴创作环境短剧。参与家庭自由组队，分成了水底世界、陆上生物、人类生活三个团队，各自思考"塑料会给植物、动物们带来什么问题和伤害"，并进行故事构思，绘制服装与道具。入夜后，家长和孩子们用独特的黑光剧形式，即在全黑的舞台环境中，通过灯光投射在荧光绘制的舞台、道具、服装上，表现奇幻的舞台效果，从而将塑料对各种生物和人类自身的影响进行了生动的演绎（图7.14）。

资料来源：麓湖社区发展基金会

图7.14 亲子参与"全球战塑"黑光剧共创与演出

以教育戏剧的方式推进儿童仪式与儿童生态教育，这种基于文化的方式易于让幼龄的未来世代产生较强的参与感，于早期成长过程中便能在心中埋下构建绿色繁荣家园的"种子"。

经验借鉴

1. 设计竞赛有助于赋能青年参与绿色家园建设

全球城市都在不同程度地采用重塑城市设计竞赛的方式，达到撬动优质设计师、建筑师和创新者的创造力，实现城市更新的目的。本案例中"C40学生重塑城市全球竞赛"在成都麓湖公园社区的落地，采用了相同的形式，但意义更为深远，即不仅有助于探索形成美好家园的优化方案，更为尚未步入社会、尚未站上核心"舞台"的青年学生提供真正参与城市构建的机会。一方面设计竞赛要求参赛团队提交具有可落地的切实方案，这能促进青年学生将课内习得的设计思维、专业知识和可持续发展理念与城市建设实践相接轨，构成具有现实意义的演练；另一方面设计竞赛有助于激发青年学生具有创新性的洞察，让这批最具有创造力和颠覆性思维的群体，为专业设计师、建筑师和规划者提供非常规的、具有碰撞性的创意火花，双方共创才能真正引领不同于以往的气候行动。

类似的学生设计竞赛可以成为青年人群直接参与绿色家园建设的起点，但组织方需注意两点：（1）确保目标社区与青年学生之间实现"双向奔赴"，包括作为"考题"的社区应该有组织地为参赛学生提供实地考察、信息共享的设计支撑。（2）确保设计竞赛设有赛后响应机制，包括对学生提案进行复盘，搭建平台联动利益相关方促使有潜力的提案落地，为学生提供更多参与社区设计的机会等。

2. 节事共创有助于赋能青年引领生态科普行动

行动源于认知。公众对气候变化的科学性和可持续发展的实践方式仍然存在认知不足，或仅能从宏观层面认同其重要性，但在个体层面欠缺认同感和参与感。本案例通过社区基金会联动各麓客社群、共同为社区策划节事、创作文娱作品和互动活动，显著提高了面向公众的科普工作的触达率与有效性。一方面，社区节事在主题设计上抓住了与气候行动相关的生活元素，特别是麓湖公园社区独特的水系生态，成为一个重要的切入点，让参与者迅速与之发生情感连接。他们首先爱上了身边的水生境，从而自然萌发出对水资源的保护意识。另一方面，社区节事的主要创作者——以青年力量为主导的麓客社群，在创作和组织过程中发挥了各自的文娱专长。无论是音乐、舞蹈、戏剧还是视觉艺术，这些年轻人在编创、排演文娱作品和活动的过程中，自觉或不自觉地将与生态相关的可持续发展理念和实践方式渗透在了他们的作品中。由于节日文化具有强大的凝聚力和感染力，通过这种节事共创的方式，社区不仅搭建了一个科普知识传播的平台，还有效营造了一种可持续生活的社会氛围。

3. 教育戏剧有助于赋能未来一代直面气候挑战

本案例在引导儿童进行社区议事的过程中，运用了教育戏剧的方法。在本质上，教育戏剧是一种将戏剧方法运用于学校课堂教学的教育方法，它主要采用角色扮演、主题升华、情境设置等方式来开展相关教学活动，并通过这些方式来达到育人的目的。[1] 这种方法，通过把抽象的概念转变为具体的人与人之间的关系，通过设置一个情境来寻求可能的结果，首先能够帮助幼龄孩童对本身较为抽象的气候危机和可持续发展理念等产生具象化的认知，为未来一代提供科学的生态教育。同时，这种方式对人文教育存在独特的价值，能够通过"生命体验"和"隐喻勾连"两条途径为学生种下人文的"种子"[2]。随着他们的成长，这些"种子"有可能萌发成对生命的关照和对人文价值的珍视，最终引领他们采取切实的行动，为实现可持续发展的目标贡献力量。

---

1 李婴宁. 英国的戏剧教育和剧场教育 [J]. 戏剧艺术，1997(01)：56-61．
2 严孟帅，拓丹丹. 重返人文："教育戏剧"融入人文教育的理论探索 [J]. 现代大学教育，2021，37(06)：29-36+111。

新加坡：Youth4Climate 节

作为绿色转型的先驱，新加坡正加速其应对气候危机的步伐，并着重指出此进程亟需社区间的紧急响应与紧密协作。为支持"绿动新加坡气候行动周"（Go Green Singapore Week），由城市发展有限公司（CDL）主导，新加坡可持续发展及环境部组织的 Youth4Climate 节作为 CDL 的年度旗舰青年环保倡议活动，旨在推广绿色文化，促进城市中可持续生计策略的发展（图 7.15）。该活动通过艺术、电影、音乐等多种形式的创意表达，构建了一个教育青年、激发其拥抱绿色生活方式与文化的创意平台。自 2018 年首次举办以来，Youth4Climate 节通过组织研讨会、专题讲座、音乐演出、环保电影展映及一系列充满活力的配套活动，为新加坡青年群体提供了一个展示环保热情、分享绿色愿景的舞台。

South Beach 财团作为重要合作伙伴，见证了 Youth4Climate 节于 2023 年 7 月 8 日至 9 日成功举办第六届盛会。为了积极响应"绿动新加坡"的号召，鼓励社区成员携手为可持续未来贡献集体力量，CDL 精心策划并组织了多项以气候为主题的活动与倡议。为彰显其在提升可持续性意识领域的长期坚定承诺，CDL 积极组建并引领多个青年团体，围绕气候行动与倡导、气候政策与法规、气候科学与教育等核心议题定期举办研讨会，持续推动相关知识普及与行动实践。节日设有生态友

资料来源：城市发展有限公司

图 7.15　2023 Youth4Climate 音乐会上的青年参与者们

好型市集，汇聚了包括零废弃新加坡"Zero Waste Singapore"、Darifarida、Metier Foods 及 Soil Social 等在内的40家参展商，共同致力于推广可持续生活理念与环保实践。每天的活动均以放映《快乐的大脚》系列电影的第一、二部作为收官，此举巧妙呼应了CDL第三届气候行动展览的核心议题——冰川消融，城市沉沦（Melting Ice, Sinking Cities），旨在通过气候相关影片的展示，提升青年、家庭及友人等群体对气候变化问题的认知与警觉性。在"绿动新加坡"气候行动周的闭幕之际，主办方举办了Youth4Climate音乐会，作为整个行动周的收官大戏。音乐会包含11场由青年主导的音乐表演，还融入了三个故事讲述环节，特邀"我的树屋：我们爱我们的星球"环保故事讲述大赛的历届获奖者担任主讲人。一年一度的Youth4Climate节为青年创新项目提供了培养未来绿色倡导者的平台。活动利用创意手段传播气候变化的基础知识，并有效放大了青年群体的声音，从而提升公众对气候变化的认知与关注。Youth4Climate致力于推广生态智慧与创新实践，塑造出一个倡导可持续发展、积极响应全球及国家气候行动目标的城市社群生态，并确保每一个城市成员都能成为可持续未来的积极参与者和受益者，共同迈向一个更加绿色、韧性且包容的城市未来。

"我们的未来"（Future Yetu）项目：以数字叙事手段参与社区气候行动

科罗戈乔是肯尼亚第四大非正规定居点，位于肯尼亚首都内罗毕的东北部，其低洼的地势和低效的排水系统导致当地极易受到气候变化的影响：洪水和暴风雨等气候灾害导致房屋和基础设施受损，粮食短缺和水资源中断，同时加剧了水传播疾病的流行风险。科罗戈乔占地面积仅约1.5平方公里，却承载着近20万人口的生计。该地区居民多为从其他贫民窟迁徙而来的弱势群体，由于认知水平有限，加之信息闭塞和资源匮乏，他们往往难以有效应对气候灾害带来的冲击，面对气候变化的挑战时显得尤为脆弱与无助。在城市联盟的资助下，由青年团体引领的社区组织"Hope Raisers Initiative"在科罗戈乔发起了"我们的未来"项目，通过数字叙事的方式和三个阶段的行动传播气候变化与灾害应对知识，放大来自社区的声音，在社区与决策者之间搭建起气候问题的沟通桥梁。

阶段一：进行基线调查，启发数字叙事灵感。通过对当地社区成员、媒体、地方领导人和非政府组织的利益相关者进行深度访谈与在线问卷调查，收集科罗戈乔居民对气候变化的认识和看法，掌握可以触发个人叙事创作的相关信息。

阶段二：举行创作研讨会，教授数字叙事方法。项目成员在当地举办了为期三天的数字故事创作研讨会，邀请了20位来自不同群体的妇女、青年、教师、宗教人士、社区活动家、残疾人，以及内罗毕政府环境部门的工作人员作为代表共同参与，并教授他们新媒体传播工具使用技能，让成员自行创作剧本，制作视频，以自身经历讲述或艺术表演的形式展示气候变化对社区与生活带来的影响，呼吁更多人关注气候危机这一社会议题，号召年轻一代采取行动（图7.16）。由代表们创作的"小视频"在马塔图移动小巴士上循环播放，又经由小巴士的

资料来源：https://www.hoperaisersinitiative.com/future-yetu

图 7.16　科罗戈乔居民制作气候主题视频

行驶路线传遍科罗戈乔的大街小巷，在当地年轻人中引发热议，也引起了政府的持续关注。

阶段三：创建"碳汇口袋公园"，培养年轻一代低碳意识。项目成员在当地社区小学建造了一个"碳汇口袋公园"。这是一个集教育、生态与社区参与于一体的绿色空间。通过种植快速生长的竹子等植物，该项目不仅为社区提供了碳汇资源，还通过在公园中进行数字故事展映活动，向下一代传递气候变化知识，培养他们的环保意识与气候危机应对能力，进而助其成长为未来解决气候问题的中坚力量。

本案例的亮点在于通过巧妙运用数字化的叙事策略，赋予每个人以气候问题参与者和叙述者的身份。这一创新举措尤为契合青年群体的接受偏好，极易激发其深刻的共鸣与积极的参与热情。在共同目标与价值观的引领下，青年群体得以跨越传统界限与政府展开对话，深度参与气候政策的规划与制定过程中，实现了从旁观者到行动者的华丽转身。此外，青年引领设计和推广的数字叙事能够将冰冷的科学事实转化为通俗易懂的信息和直击心灵的故事，从而帮助居民缔结气候变化"与我有关"的认知，有利于培养居民特别是青年人对气候行动的参与意识和自治意识。同时，通过参与数字化故事的创作与传播，青年人在实践中锤炼了运用数字工具的能力，掌握了信息时代下表达自我、影响社会的关键技能，为其在未来的可持续发展道路上扮演更加积极和更具引领性的角色奠定了坚实的基础。

政策建议

建议1. 深入挖掘本土文化元素与气候变迁的内在关联，构建具有地域特色与时代特征的气候叙事框架

（1）鼓励青年学者和研究人员运用大数据分析、人工智能模拟等新颖的研究方法和工具，探索本土文化元素与气候变迁的内在关联，并进一步拓展至文化适应性与气候韧性构建的层面，为气候政策制定提供理论依据和实证支持。

（2）引导青年群体成为在地文化气候档案建设的主力军。利用数字化技术和新媒体平台，创新性地记录和传播本土文化与气候变迁的故事。通过青年视角的解读与创作，使气候叙事更加贴近年轻群体，增强其对本土文化的认同感和气候变化的关注度。

（3）构建青年设计师实践平台，通过发起一系列具有地域特色的气候适应性设计项目，如绿色社区改造、文化遗址保护性修复等，设计出符合当地气候特征的公共空间与景观，既保留地方文化特色，又有效应对气候变化挑战，实现文化传承与生态文明的和谐共生。让青年设计师在真实场景中锻炼技能、积累经验。

建议2. 将绿色低碳理念融入多元化教育模式，培养具备全球胜任力的青年气候领导者

（1）在各级各类学校中开发并实施融合绿色低碳理念的多学科课程体系，深度整合气候科学、环境政策、可持续发展理念与生态文化等内容，并通过组织体验式教学、探究式学习让青年学生与真实世界建立联系，从而培养学生的系统思维和创新能力，使之能够灵活运用跨学科知识框架，有效应对日益复杂的气候变化挑战。

（2）挖掘文化艺术在环保教育中的独特价值，借助艺术作品、戏剧表演、电影制作、文学创作等多种创意形式，将复杂的气候科学数据与抽象的环境政策转化为生动具体的视觉与听觉体验，从而深化包括青年在内的公众对气候行动必要性与紧迫性的深刻理解与广泛认同，激发青年艺术家群体在气候变化议题上的创作热情与深度探索，培育兼具文化敏感性与环境责任感的气候领域未来领袖。

（3）强化绿色文化节庆与社区教育的联动，通过低碳环保主题的文化节庆活动，结合讲座、互动体验工作坊、在线课程等多种形式的社区教育课程，向社区成员普及气候变化与低碳生活的相关知识，提升和培育居民的参与意识、环境意识和主人翁意识，形成创建低碳社区人人出力、保护生态环境人人有责的共识。在此过程中，赋予青年群体核心角色，如志愿者领袖、活动策划者与环保倡导者等，通过实践锻炼提升其环保意识、组织协调与社会担当能力，共同营造绿色低碳社会风尚。

建议3. 鼓励青年开发引领未来的绿色技能，构建文化产业绿色产品供给体系

（1）针对时尚、影视制作、文化旅游、文化娱乐等产业的青年从业者开展节能减排、环保材料应用、可持续生产方式等绿色技能提升计划，制定绿色文化产业标准，实现文化产业的节能减碳与生态可持续。

（2）构建文化产业绿色技能孵化平台，汇聚文化产业内的创新资源，如设计工作室、技术实验室、创业孵化器等，为青年提供创新创意的展示、交流和孵化空间。鼓励青年创作者在设计、制作、运营等各个环节中融入气候友好的理念，共同探索文化产业在缓解气候危机、促进生态可持续发展方面的新路径。

（3）建立线上线下相融合的绿色技能交流体系，促进青年间的经验共享、技术深研与创新协同，加速绿色低碳文化产品的优化迭代与品质提升。同时，实施精准市场需求引导，辅以多元化宣传与引导策略，深化消费者对绿色低碳文化产品价值的理解与青睐，保障绿色低碳产品从创意萌芽至市场普及的全链条高效运作，进而推动文化产业向更加绿色、可持续的方向迈进。

第八章 | 青年建设城市与社区共治平台

引言[1]

随着极端天气事件的增多、海平面上升，以及生物多样性丧失的加剧，城市治理亟需变革。传统的治理模式难以应对这些复杂多变的环境挑战。如何提升城市在气候变化中的韧性，优化资源配置，实现可持续发展，已成为各国城市管理者迫在眉睫的任务。

在这一背景下，青年群体作为未来社会的主要力量，在应对气候变化和推动可持续发展中展现出巨大的潜力和影响力。据世界银行统计，全球15～24岁的青年人口约占总人口的16%，且这一比例在发展中国家尤其显著[2]。青年的创新思维、强烈的责任感，以及对未来的关注，使其在推动气候行动和社会变革中发挥着不可替代的作用。通过积极参与城市治理和社区建设，青年不仅可以贡献他们的想法和技术技能，还能够引领和推动城市和社区的可持续发展。

然而，尽管青年在推动可持续发展方面的潜力巨大，实际参与过程中却面临诸多障碍。这些障碍主要包括缺乏参与决策的正式渠道、资源和支持的不足，以及对气候变化行动的了解和教育机会的缺失。根据联合国开发计划署的调查，大多数的青年表示他们的声音在地方政策制定中常常被忽视[3]。许多城市在规划和政策制定过程中往往未能充分考虑青年群体的意见，使得他们难以参与实际的应对气候变化行动。此外，现有的社会和经济结构使得青年在气候行动中容易被边缘化，其创新想法和解决方案难以获得必要的支持和推广。

为了克服这些障碍，充分发挥青年在应对气候变化中的积极作用，建立一个青年友好型的城市与社区治理平台显得尤为重要。此类平台的核心在于优先考虑青年在社会环境中的积极参与和赋权，确保他们有机会、有意愿并能够有效参与气候行动和城市治理。通过建立系统化的机制和工具，提供教育和资源支持，鼓励青年在低碳交通、绿色基础设施建设和社区可持续发展等领域积极贡献他们的智慧和力量。

为探索如何具体实施这些措施，本篇选取了3个典型案例，通过这些案例分析青年在城市治理和气候行动中发挥的作用及面临的挑战，以期为其他城市提供可行的参考方案和实践经验。3个相关案例分别是：（1）布宜诺斯艾利斯于2020年推出了"BA气候行动平台"，这是一个开放环境数据和指标的在线平台，旨在促进青年和公众的广泛参与，确保他们在地方政策制定中的发言权[4]。通过该平台，青年可以直接访问城市的环境数据，如空气质量和温室气体排放等，参与度显著提升，约30%的平台用户为18～30岁的青年群

---

1 本章作者为同济大学彭震伟、陈晨、黄怡、刘超、曹湛、李彦、魏巍、闫心航、陈诗芸，联合国人居署。布宜诺斯艾利斯案例、利马案例和洛杉矶专栏由联合国人居署撰写。
2 https://blogs.worldbank.org/en/opendata/chart-how-worlds-youth-population-changing. Chart: How Is the World's Youth Population Changing?
3 https://www.undp.org/publications/fast-facts-youth-and-gender-equality. Fast Facts: Youth and Gender Equality。
4 https://www.buenosaires.gob.ar/. 布宜诺斯艾利斯市政府官方网站。

体。这种数据透明化的举措,鼓励青年在气候行动中发挥更大的影响力和创新能力;本案例还包括一个专栏:洛杉矶"市长气候行动青年委员会"(MYCCA),旨在构建市政府领导层与青年领导者之间的新型联络机制,为年轻一代在城市中推动气候行动提供了核心平台。(2)利马的"利马青年行动"计划自 2019 年启动以来,通过建立青年议事会和举办培训活动等方式,鼓励青年积极参与地方治理[1]。该计划已推动多个青年主导的社区项目,增强了青年在城市决策中的作用和影响。(3)在蒙巴萨,"大船"社区组织自 2009 年起通过红树林恢复项目和经济赋权计划,积极促进青年参与生态保护[2]。通过这些项目,青年不仅参与了环境治理,还获得了经济支持,增强了他们在社区中的领导力。这些案例展示了如何通过具体措施和政策支持,激发青年在城市治理和气候行动中的潜力和积极性。

总而言之,青年作为未来的主力军,在应对气候变化和推动城市可持续发展中具有至关重要的作用。通过建立和完善青年友好型的治理平台,城市可以更有效地调动青年的积极性和创造力,充分发挥他们在创新解决方案和环境行动中的潜力,从而推动更加包容和可持续的城市发展。未来,期待更多的城市能够借鉴这些成功的经验,积极探索青年参与的新路径,创建更具包容性和参与度的政策和机制,进一步提升城市在全球气候变化中的应对能力和韧性,确保所有居民,无论年龄,都能共同享有一个更健康、更可持续的未来。

参考案例

阿根廷布宜诺斯艾利斯:布宜诺斯艾利斯气候行动平台——推动市民主导的城市气候行动

案例背景

城市仅占全球总面积的 3%,却消耗了全球 80% 的能源并排放了约 70% 的温室气体[3],这凸显了制定有效气候政策以实现韧性、可持续的城市化的城市战略规划的重要性。为促进气候政策的有效执行,各市政府致力于推动利益相关者的全面参与,并确保公众能够获取官方气候变化资讯,以此推进公平的气候韧性发展策略,确保所有城市居民及社区能够有效地应对本地气候风险。2017 年,布宜诺斯艾利斯成为全球首批承诺在 2050 年前实现碳中和的 25 个城市之一。为了加速推进响应更迅速的城市气候行动,布宜诺斯艾利斯市在 2020 年推出了"BA 气候行动平台"。这是一个在线互动平台,整合了多个可衡量的气候相关指标,提供环境管理方面的开放数据。作为核心目标之一,该平台旨在促进公众获取环境信息并鼓励市民行动,激励气候变化信息的民主化,确保能对政府在减少碳排放方面的行动进行问责,并通过具体行动增强市民参与,从而在文化变革的过程中降低气

---

1 https://www.munlima.gob.pe/. 利马市政府官方网站。
2 https://bigship.org/. 大船社区组织官方网站。
3 公共部门创新观察站 URL: https://oecd-opsi.org/innovations/ba-climate-action。

候变化风险。

作为全球首个将开放数据治理与气候变化议程相结合的城市，布宜诺斯艾利斯致力于吸引和激励本市居民积极参与气候行动。城市愿景是到2050年成为一个碳中和、有韧性和包容的城市。通过开放信息的做法，促进政府与各种非国家行为者之间展开对话，并通过汇集关键气候和环境信息的独特数据集，使市民被带到了本地气候行动过程的前沿。在确保透明度、协同合作和多样化的市民参与的基础上，布宜诺斯艾利斯采用的策略还为城市中的年轻人提供了直接对地方政府气候变化政策和行动产生影响的机会。

实践过程

1. 开启共同设计过程

为促进多方利益相关者的参与，构建合作伙伴关系对于BA气候行动平台的发展至关重要，核心在于布宜诺斯艾利斯市政府与拉美及加勒比开发银行（CAF）之间的协作。相应地，生产过程也围绕共同创造和建立共识的原则展开，开启了与支持创新市民技术发展的组织Democracia en Red之间的合作。遵循PMBOK（项目管理知识体系）方法，采取共同创造的方式使城市能够发展出适应本地市民、专家和民间社会组织具体需求的平台，从而促进信息传播、优化关键资源，以及完善定制化的气候策略。

实践过程的第一阶段以探索性研究为中心，主要是汲取来自专家的洞见和想法。在新冠肺炎疫情期间，为联邦创新城市提供创意与策略的马拉松活动中，市政府对15名活动家、非政府组织代表和政府政策制定者进行了深入访谈。访谈中设置的问题旨在深入了解哪些子主题是优先气候行动、当前缺乏哪些相关数据，以及有哪些创意可以激励个人层面的行为改变。市政府从访谈中收获了一系列建议，受访者们特别要求了向公众开放空气质量、水质、废物、温度、交通和能源等数据，同时还提出了诸多创意概念，包括家庭可持续发展计划、生态商店和合作数据收集倡议等。此外，受访者们建议政府采用具有说服力的可视化工具、交互式地图，以及叙事手法等手段，作为一种话语资源来整合地理定位数据。他们还强调了合作进行数据收集的重要性，并建议为"布宜诺斯艾利斯气候行动计划2050"设立明确指标的重要性，以便实施针对性监测。同时，受访者们还指出，政府需要建立一个寓教于乐的互动平台，这个平台应具备以用户为中心的界面，并确保所有市民均可登录访问。

在实践过程的第二阶段，通过一系列合作研讨会与市民社会行为者进行共同创造。在这些研讨会中，青年活动家与非政府组织代表和专家聚集在一起，探讨如何发起旨在激发低碳行为的市民行动活动，并提出了激励计划和可持续生活方式的公共承诺等建议。合作圆桌会议吸引了六百多名居民，围绕气候行动的动机及其面临的阻碍提出了许多想法，如建议改进回收系统、改善电动汽车配套设施，以及注重可持续教育等。后续在与气候非政府组织的合作中，开发出了相关工具原型，包括家庭措施层面的绿色积分奖励计划，以及一个与邻居共享乘车的平台。

最终阶段的重点是根据先前合作收集到的见解，在平台上提供开放数据。平台已发布了三十多个环境开放数据集，涵盖温室气体排放和空气质量、能源来源、消耗和效率、可持续交通、综合废物管理、绿色就业、气象数据、气候变化适应和缓解计划及减排目标，以及市民参与的倡议和提案等。为增强公众意识，还举办了开放数据挑战赛，以激励在数据可视化方面的创新。同时，设置了工作台，组织了一场黑客马拉松。活动中，参与者们开发设计了具有影响力的数字产品原型，并将其集成到平台中以促进市民行动。这些数据集被设计为可下载使用的形式，便于为新研究提供资料，并具有互动可视化功能和参与提案机制，使用户能够跟踪气候指标和气候目标的进展（图8.1）。

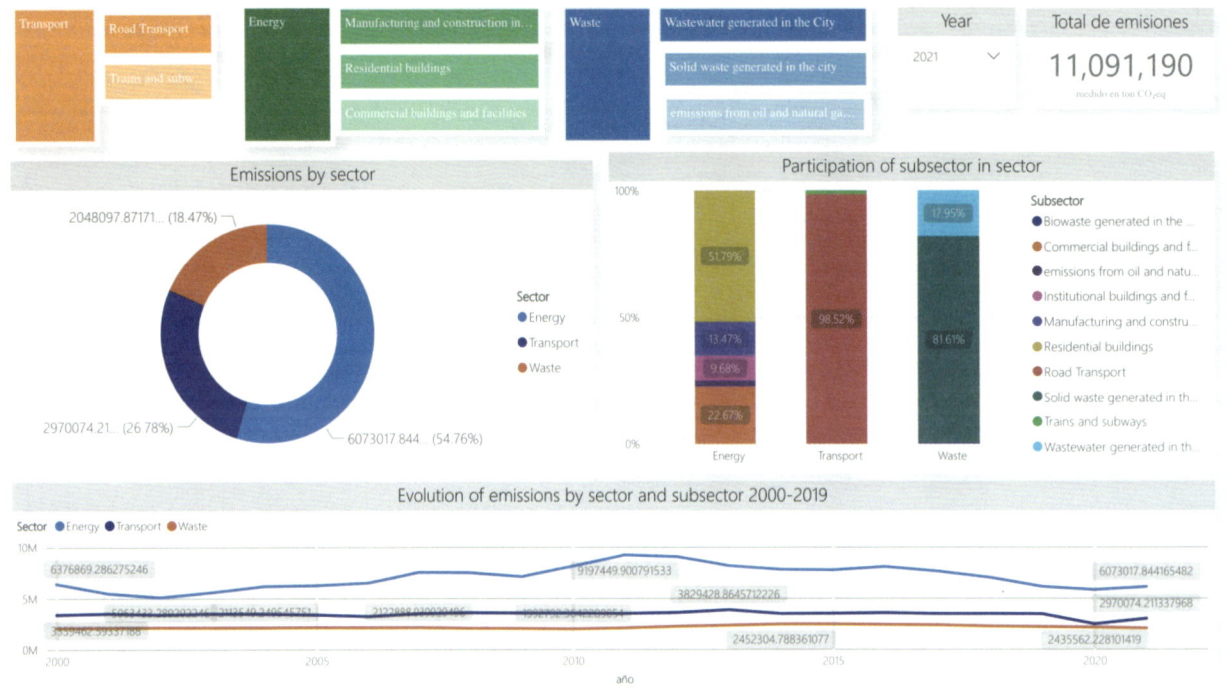

资料来源：URL: https://buenosaires.gob.ar/climateaction/ghg-inventory

图 8.1 温室气体排放清单展示了按照行业、细分行业、来源和范围来分类的各项数据，以及 2030 和 2050 年的减排目标

该平台促进了市民对城市气候行动的监测，让数据的再利用创造了公共价值，促进了基于证据的官方—民间协同决策。值得注意的是，此过程中应用的方法已被详细记录，且经过特意设计，以便任何政府机构都能进行复制和调整，并根据自身特定的本地特色和需求进行调整。当前，相关机构发布了现有数据的质量更新，整合了可由计算机读取的开放数据，以最大限度地提高公众评估气候变化进展的可访问性。

2. 设计多元应用方案

基于公开数据，该平台整合了多元数据源，进而开发出多种应用。通过各项就业指标，能够让我们得以深入了解绿色就业的分布情况，以及本市青年绿色就业机会的性别细分数据，这些指标的整合为布宜诺斯艾利斯政府制定新的开放政策、加速绿色经济的转型提供了依据。城市花园、生态设计和城市废物回收等方面的数据有助于识别出那些可能从传统的不环保经营转向可持续生产模式的公司。同时，平台致力于积累与绿色就业机会创造、现有培训需求、公共推广政策、经验、最佳实践和相关经验教训等相关的知识和学问。此外，该平台还与一个名为"您的可持续足迹"的碳足迹计量应用程序打通，此应用由"全球居民"和"绿色学校"这两个城市教育项目设计开发。该应用程序允许布宜诺斯艾利斯居民根据大数据和具体排放数据来计算他们的二氧化碳足迹，以此培养更具气候意识的城市人口。自 2020 年 12 月启动"布宜诺斯艾利斯气候行动计划 2050"以来，关于树木、绿地、自行车和排放、室内效率、市民准备和可持续食品的六个优先行动的进展也都可在平台上查看。

该平台还整合了城市最前沿的气候行动计划和各类行为者的提案及更新，让市民和青年、民间社会组织和私营部门之间的通力协作变得可见可览。BA 气候行动平台通过分发可轻松访问的信息和动态更新的视觉资源，增进了民众对气候变化的参与和意识，同时制定了专门针对市民的目标策略，以鼓励他们参与气候行动过程（图 8.2）。

资料来源：URL: https://buenosaires.gob.ar/climateaction

图 8.2 可持续交通信息包括关于自行车道、快速公交系统和步行区建设的时间序列数据，以及对 2050 年未来交通选择的预测

经验借鉴

1. 在气候治理中逐渐培养协同共创的工作方法

BA 气候行动平台的发展展示了在设计城市气候治理工具方面进行合作的好处。通过与非政府行为者合作，该平台展示了市政府可以如何更好地满足定制化信息和市民激活方面的需求，如何通过让

相关数据变得公开可查，使得将来推动开放数据议程时有数据上的输入和支撑。通过共同创造过程，地方政府、私营部门、非政府组织和民间社会之间的合作借助了市民、专家和企业的知识，生成了因地制宜的气候数据解决方案，并将公平注入本地气候治理之中。此外，多方利益相关者的参与将多样化的视角整合到 BA 气候行动平台中，可能会激发监测气候变化的新方法和创新解决方案，而这些在更自上而下的过程中可能并不会出现。考虑到气候变化挑战在城市地区变得越来越复杂，这种方法可谓是带来了关键价值。此类工具所采取的共同创造方法的不断迭代和机动灵活的特点还可以增强其韧性和适应性，使其能够随着现实情况和新信息的变化而发展。然而，值得注意的是，为了改善与市民的对话，市政府需要为平台用户开放永久的沟通渠道，以探明他们的需要和诉求，同时网站随着城市一道不断发展和变革，从而实现持续的透明度和问责制，增强公众对国家机构的信任，使他们成为气候行动的一部分。

2. 促进地方气候行动的开放数据政策

BA 气候行动平台作为一个创新模型，让市政府得以提供动态的、面向公众的城市气候行动数据。作为全球首个将开放治理与气候倡议相结合的城市，布宜诺斯艾利斯的做法凸显了合作、透明度和数据问责在有效应对气候变化中的关键作用。可轻松访问的气候行动信息有助于加强民主完整性并提高政府运作的有效性，反映了地方气候治理的一种创新性和突破性尝试。作为一个可复制的工具，该平台促进了政府间在气候变化应对方面的知识转移，并解锁了在无需大规模投资初期项目开发阶段的情况下扩展数据开放政策的机会。另外，平台的开源性质允许用户通过增加功能来改进平台开发，突显了构建公开可访问数据工具的优势。通过采用反思性政策框架，开放数据这种方法可以帮助市政府通过数据驱动的决策来加速气候行动，监测气候目标的实时进展，优化资源分配，在地方气候治理中建立信任和问责，并增加市民对气候行动的参与和意识。这些信息变得可访问后，带来的数据透明度有望促进青年对气候行动的更深层次的参与。值得注意的是，在布宜诺斯艾利斯促进个人层面行为改变的应用程序"您的可持续足迹"等应用程序，可以通过提供个人气候数据，在青年参与和具体气候行动之间建立重要的桥梁。

美国洛杉矶："市长气候行动青年委员会"（MYCCA）

2019 年，洛杉矶成立了旨在构建市政府领导层与青年领导者之间的新型联络机制。MYCCA 汇聚了一批年龄在 15 至 22 岁之间、背景多元的青年（图 8.3）。他们致力于加速实施有抱负、有活力的气候变化应对措施，提升公众气候意识，并与行业领袖及专家合作，激发市民广泛参与气候解决方案的探索与实践。

MYCCA 成员任期一年，委员会会议由市长可持续发展办公室负责召集，并在会议间隔期间组织小组会议，以支持特定项目的推进。为获取可持续发展项目的实地案例，委员会成员还参与了外出考察活动。市长每年至少出席一次会议，听取最新工作进展，并鼓励青年气候领导者积极参与城市层面的气候承诺决策。

资料来源：URL: https://makerfaire.com/yearbook/2023-projects/los-angeles-mayors-youth-council-for-climate-action/

图 8.3　市长气候行动青年委员会的成员

为扩大参与度，委员会邀请市政府、环保非政府组织及当地企业领袖参与其会议。为激励青年及社区采取具有实质意义的气候行动，MYCCA 发起了"洛杉矶气候故事"倡议，通过讲述故事加深公众对气候变化对当地社区影响的认识，并培养公众采取应对行动的潜力。

因此，MYCCA 在联结洛杉矶多元化青年群体方面发挥了关键作用。它不仅促进了知识转移和经验共享，还推动了合作伙伴关系的建设，为年轻一代在城市中推动气候行动提供了核心平台。

秘鲁利马："利马青年行动"——促进青年参与地方治理

案例背景

秘鲁的人口结构相当年轻，青年占了较大比例。据秘鲁国家青年秘书处[1]统计，15至19岁的人口占全国总人口的四分之一。首都利马是拉丁美洲最大的城市之一，人口约1 000万[2]，其中这里的青年人口（2 201 239人）约占全国青年人口的三分之一[3]。然而，2019年的调查发现，利马的青年几乎不参与地方治理。当年，利马仅有两个城市青年组织自愿参与地方治理。

为了扩大城市青年在政治和市民参与方面的权利，促进更广泛的对话，并为青年提供机会积极参与地方政府决策，利马于2019年1月启动了"利马青年行动"（Lima Joven Acciona）计划。该计划将青年视为城市战略参与者，旨在弥合青年与市政府之间的鸿沟，逐步实现包容和平等的地方治理决策过程。计划涵盖了4个战略行动：教育战略、赋权战略、社会行动战略，以及参与式空间创建和启用战略。计划将教育作为关键变革工具，通过促进领导力培训学校的发展，加大对青年组织和青年公共演讲的支持，以提升青年的能力。此外，计划力求让青年以更好的站位有效地表达和阐释城市和社区面对的挑战，并提出相应的解决方案。为加强青年的实际行动参与，该项计划将与市政府及其战略伙伴合作的市政项目中的青年参与提高优先级，并创造青年可参与的制度空间，以确保青年参与地方治理受管理决议和政府条例等规范性文件支持。

实践过程

1. 为青年参与地方治理建立制度空间

"利马青年行动"计划不仅致力于为青年策划各种福利活动，还旨在提升青年在城市发展中的行动效能和主观能动性，确保青年能够在城市转型项目和计划中发挥关键作用。为了建立青年合作新模式，利马采用了以代际互动、全面参与和跨学科行动为核心的三管齐下的方法。采用代际互动法时，将青年视为社会变革的推动者，并在此基础上规划和采取行动。解决青年和更多群体所面临的城市挑战。该计划还建立了多个战略联盟，以便在框架内开展活动。这些联盟包括城市内的不同社区、社会组织、在培训课程和研讨会中提供专业知识和服务的独立专家，以及为辩论比赛和青年会议等活动提供支持的民间协会、非政府组织和大学。

该计划构建了4个专门的制度空间，旨在促使利马青年积极参与地方治理。首先，计划建立了"利马都会区青年领袖网络"，促进无组织青年协同合作，增强青年的领导能力，并为社区提供支持。其次，"青年组织都会区网络"是利马首个专为青年组织设计的虚拟平台，旨在帮助青年组织在城市、公共和私人机构，以及市民之间形成工作网络。该网络的目标包括编制关于利马青年有组织参与地区治理的文件和出版物。2020年5月至6月期间，利马举办了一场社会变革论文比赛，邀请了青年撰写关于青年参与地区治理的文章。最后，利

---

1 Medium. URL: https://pnudperu.medium.com/young-people-in-bicentennial-peru-e6e5e7e8aa59。
2 The World Bank. URL: https://blogs.worldbank.org/en/transport/improving-lives-lima-one-intersection-time#:~:text=With%20an%20estimated%20population%20of,biggest%20cities%20in%20Latin%20America。
3 Municipality of Lima. URL: https://redmetro.gpvlima.com/public/estadisticas-organizaciones。

马还设立了"利马塞尔卡多德利马区青年参与委员会",为利马塞尔卡多德利马区的青年代表提供了参与地方治理的平台。该委员会[1]由个地方青年组织组成,受邀设计和制定解决社区挑战的项目和方案,促进青年参与计划制定过程。

2002年建立的都会区青年政策推广与管理系统于2019年2月13日市长第228号决议实施后重新启动,这为青年与公共和私人机构之间搭建了高效协作的平台,推动了城市青年政策和行动方案的设计、管理和评估。该决议的实施带来了多项积极影响,包括提升了利马都会区系统3个相关机构之间关于年度工作计划行动的协调效率等。这3个机构分别是:(1)都会区青年政策委员会。(2)都会区市青年项目协调员。(3)由二十多个青年组织代表组成的都会区青年参与委员会。系统重新启动后,三方机构的工作计划执行情况有所改进:2019年三方机构完成了79%的工作计划,而2020年第一季度就完成了86%。另外,这也加速了都会区市青年项目协调员广泛参与地方治理的进程,他们广泛深入31个独立区的治理工作中,携手31家公共与私人机构解决青年问题。截至2020年,利马全市范围内已成功举办了23次青年会议,汇集了有关各种城市挑战的提案,86个青年组织参与了咨询和决策过程[1]。

2. 制定都会区青年战略

都会区青年战略是由利马青年主导的区域发展指南,根据都会区青年政策推广与管理系统的框架制定(图8.4)。作为包容性极强的技术指南,该战略旨在引导各方提出倡议和提案,为青年群体创造广阔的参与空间。它作为一个统一框架,致力于提升城市青年的生活质量,并确保青年在地方规划中能够得到充分倾听。该战略围绕秘鲁《国家二百周年计划指南》和《国家青年政策》,以及全球可持续发展目标,精心设定了八大核心主题:(1)健康与健康生活方式。(2)就业创业。(3)优质教育。(4)和平与暴力预防。(5)环境可持续性与环境保护。(6)公民参与、社团主义与治理。(7)社会创造与创新。(8)文化与身份认同。这些核心主题为地方服务提供和项目开发提供了引导,确保与《国家青年政策》的优先目标保持一致。截至2020年,已有超过1400名青年参与了该战略的制定,提出了涉及八个主题领域的解决方案[1]。在提案提出后,青年可以与地方政府合作,在地区层面有效实施《国家青年政策》,影响利马的42个独立区。另外,利马将青年政策纳入法规,为青年提供了积极参与市政项目和社会干预的机会,帮助青年培养治理和领导技能,发起城市项目。

3. 整合评估与问责机制

为了编制"利马青年行动"进展监测季报,

资料来源:International Observatory on Participatory Democracy. URL: https://oidp.net/distinction/en/candidacy.php?id=1280

图8.4 青年在利马都会区青年战略中阐述并提出城市解决方案

---

1 Municipality of Lima. URL: https://redmetro.gpvlima.com/public/estadisticas-organizaciones。

利马制定了通用指标矩阵,用于监测目标的进展情况。利马还测量了多个核心指标,包括接受领导力和公共演讲培训的无组织青年成员的数量、经认证的青年组织数量、由有组织和无组织青年设计并实施的社区项目数量、受益于社区和社会干预的居民数量、青年参与的制度空间数量,以及参与的公共和私人机构数量。此外,利马还设计了更为详细的指标,以生成分项信息,如分别按性别、居住区、受教育水平、职业和学校划分的青年人数。这些信息有助于规范不同的活动数据库,并有助于评估活动范围。对于青年组织,指标还涵盖关注的主题领域、涉及的地区,以及是否存在登记制度。利马还开发了定性工具,包括反馈会议、开放性问题表、"最显著变化"工具,以及对参与项目青年的访谈。

截至2020年,"利马青年行动"已在领导力、组织能力和公共演讲等领域培训了3 000名青年,吸引了2 253名青年参与对话和辩论,并与公共和私人机构合作建立了56个战略联盟,以尽早实现目标。此外,该计划还促进青年设计和实施了108个社区和社会项目[1](图8.5)。目前,利马拥有321个活跃的城市青年组织和3 040名青年成员[2],该计划在推动青年参与城市治理方面发挥了至关重要的作用,进一步确认了青年在应对当代复杂城市挑战中的关键作用。值得一提的是,儿童和青年积极参与了利马省2021—2030年气候变化地方计划的知识交流过程,该计划于2019至2020年间制定,为都会区的43个区制定了全面的气候战略。

经验借鉴

1. 意识到建立专门的制度环境以帮助青年融入城市治理的重要性

"利马青年行动"作为将青年融入地方治理的成功典范,通过制度转型实现了这一目标。该计划采用全方位、结构化的方法,充分利用了当地市政

资料来源:Photo was obtained from the Lima Joven twitter page. URL: https://x.com/lima_joven/status/1550215581739122691/photo/1

图8.5 学生们根据"利马青年行动"计划在圣安尼塔阿方索·乌加特(I.E.P Alfonso Ugarte, Santa Anita)中学生物花园种植幼苗

1　International Observatory on Participatory Democracy. URL: https://oidp.net/distinction/en/record01.2021.php。
2　Municipality of Lima. URL: https://redmetro.gpvlima.com/public/estadisticas-organizaciones。

委员会和议会等传统参与空间，建立了专门的青年制度空间，帮助青年从城市发展的被动接受者转变为积极贡献者。这些空间的设立使城市能够更好地满足青年的独特需求，促进了青年在领导力和能力建设等关键领域的技能提升，并鼓励青年参与公民生活。因此，该计划成功地将更多青年融入地方治理，避免了青年在利马城市发展进程中的边缘化，并在青年、公共和私营部门及学术界之间建立更紧密的联系，最终构建更公平的城市治理体系。至关重要的是，城市可以通过为青年参与创造有利环境来投资未来发展，因为获得支持的青年更有可能成为城市发展的生产力和积极参与者，从而推动公平和繁荣的城市发展。

2. 通过量身定制的青年参与政策支持制度机制

有关青年参与地方治理的城市政策对于打造充满活力、包容性和前瞻性的城市至关重要。"利马青年行动"将青年视为核心城市行动者，强调通过量身定制的青年政策来支持制度机制，将青年融入地方治理。特别值得一提的是，都会区青年战略的发展确保了青年拥有正式的渠道参与地方治理，同时也确认了青年在城市发展中的作用。重新启动和规范都会区青年政策推广与管理系统也有助于确保将青年参与地区治理纳入都会区治理结构之中，简化不同地方机构的工作流程。这种政策设计不仅赋予了城市青年公民权，还培养了青年对社区的归属感和责任感。因此，该计划展示了城市如何采用结构化的青年政策框架，确保青年参与地区治理不仅仅是象征性的，而是具有实质性影响，从而提升青年在城市发展中的参与度。

肯尼亚蒙巴萨：沿海城市社区基于青年主导的红树林生态系统韧性和气候适应行动

案例背景

第26届联合国气候变化大会（COP26）指出，即使海平面仅上升2%，也可能带来城市被淹没的风险，肯尼亚第二大城市、人口逾百万的蒙巴萨市（Mombasa）亦在此列。事实上，蒙巴萨海岸社区的生态系统正遭受红树林退化，以及城市扩张和气候变化带来的多重威胁。

红树林是生态系统的重要组成部分，为各类物种提供栖息地，保护海岸线免受侵蚀和风暴潮的风险。红树林每单位面积储存的碳比地球上任何其他生态系统都多。虽然红树林仅占地球表面的0.1%，但每公顷的碳储量是陆地森林的10倍[1]。这种碳储存的超级能力使得红树林成为解决气候变化问题的关键部分。

都铎河（Tudor Creek）位于蒙巴萨岛西北部，将位于蒙巴萨岛上的蒙巴萨市和大陆分隔开来，并和蒙巴萨市6个行政单位中的5个相邻，流经正面临贫困和废弃物管理问题的低收入社区。都铎河是红树林的家园，但由于人为的过度利用，加之基础设施的发展和土地侵占，红树林面积不断减少（图8.6）。过去30年的排水、伐木和污染等问题进一步恶化了红树林的健康状况，加剧了海洋生态系统的退化，都铎河已被列为肯尼亚退化最严重的城市周边红树林生态系统之一[2]。根据覆盖变化数据，1992—2009年，都铎森林面积损失了86.9%，这意

1　Share the Facts About Mangroves[EB/OL]. https://www.conservation.org/act/share-the-facts-about-mangroves.
2　Diana Anyoso Big Ship, Peter Bulimo. MIKOKO ENDELEVU: TIBA YA TABIA NCHI[EB/OL]. https://www.youth4nature.org/blog/mkokoendelevu, August 18, 2023。

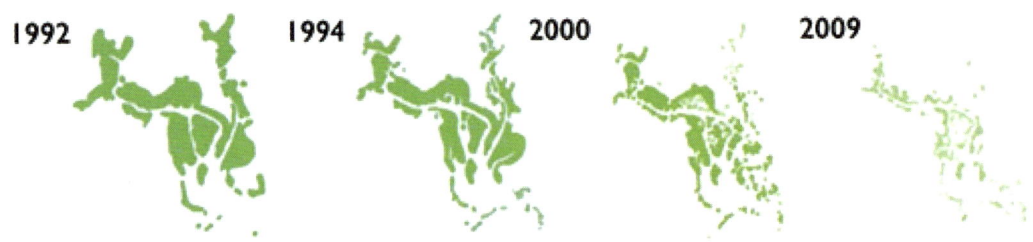

资料来源：National Mangrove Ecosystem Management Plan Final 170628 – DocsLib[EB/OL]. https://docslib.org/doc/3655326/national-mangrove-ecosystem-management-plan-final-170628

图 8.6　1992—2009 年期间都铎河红树林覆盖面积变化情况

味着迄今为止未记录的年退化率分别为 5.1%，远远超过 1%～2% 的全球平均水平[1]。依赖红树林生态系统生存和获得收入的邻近的沿海社区内，贫困和边缘化的青年和妇女受到最直接的影响，难以维持生计。此外，由于都铎河郊区生态系统环境的恶化，该地区的生态旅游业潜力未能得到充分发挥，进一步削弱了当地经济的发展机会。

由于红树林自身及其在应对气候变化方面具有重要价值，为了保护红树林，肯尼亚当局于 1997 年禁止其用于建筑。尽管遏制了红树林木材的公开交易，但滥砍滥伐问题仍然存在[2]。因此，邻近的社区尤其是青年应该意识到保护沿海森林的迫切性。

尽管青年发展普遍面临着社会、经济和政治的障碍，但是青年在应对气候变化中可发挥关键作用。"大船环境组织"（BIG SHIP Environmental Organisation），也被称为"大船社区组织"（BIG SHIP Community-Based Organization，BIG SHIP CBO，简称"大船"），是 2009 年由青年人创立和主导的一个社区组织，他们结合地方生态基础，采取独特的参与策略和工作方法，促进社区积极参与经济发展、自然资源保护利用和气候适应相结合的行动。该组织专注于通过社会经济和环境创新项目实施基于自然的解决方案（Nature-Based Solutions），解决城市红树林邻近社区的环境退化和贫困问题，尤其关注青年和女性，主要在海岸红树林生态系统保护和恢复、废弃资源回收、社区赋权和教育培训方面做了大量工作，其项目和运营范围为都铎河沿岸 5 公里宽的区域[3]。

实践过程

"大船"的社区实践迄今已持续开展十余年，

1　BOSIRE J O, KAINO J J, OLAGOKE A O, et al. Mangroves in peril: unprecedented degradation rates of peri-urban mangroves in Kenya[J]. Biogeosciences, 2014, 11: 2623-2634。

2　Mongabay Environmental News. Mangrove conservation takes root with local communities on Kenya's coast[EB/OL]. https://news.mongabay.com/2021/10/mangrove-conservation-takes-root-with-local-communities-on-kenyas-coast/. October 22, 2021。

3　EPTF. Big Ship: A Reclamation Story.[EB/OL]. https://eptf.org/big-ship-a-reclamation-story/. December 6, 2021。

在沿着都铎溪的海岸线上恢复红树林面积200公顷，种植了三十多万棵红树苗，存活率高达95%[1]。他们还开辟了20万株的托管苗圃，合作伙伴有58个，领养地点有65个，就业联系点有500个，志愿服务和实习生与导师制计划受益人有120位[2]。

"大船"在实践中创新推行了一种恢复性项目模式——认养一个地点（Adopt A Site）[3]，旨在通过树木种植促进社区发展。该模式寻求来自公共和私营部门的合作伙伴，以投资增加森林覆盖率，促进体面工作和经济增长。该模式采用四阶段方法，促进可持续恢复，具体包括：（1）开展地理信息系统（Geographic Information System，GIS）分析和恢复规划。（2）建立社区合作关系。（3）促进生态恢复和成效评估。（4）聚焦社会经济发展。

1. 针对退化区域开展GIS分析和恢复规划

"大船"通过和肯尼亚森林服务局、当地社区组织、内罗毕大学的环境与生物系统工程学生会（the Environmental and Biosystems Engineering Student's Association，EBESA）等机构和组织合作，确定最适合种植红树林的区域，并对现有红树林种类和区域环境进行全面分析（图8.7）。"大船"综合运用现场勘察、卫星影像、无人机技术，精准识别退化区域的具体位置与范围，并深入分析土壤、水质、植被覆盖等生态数据，"大船"为后续恢复

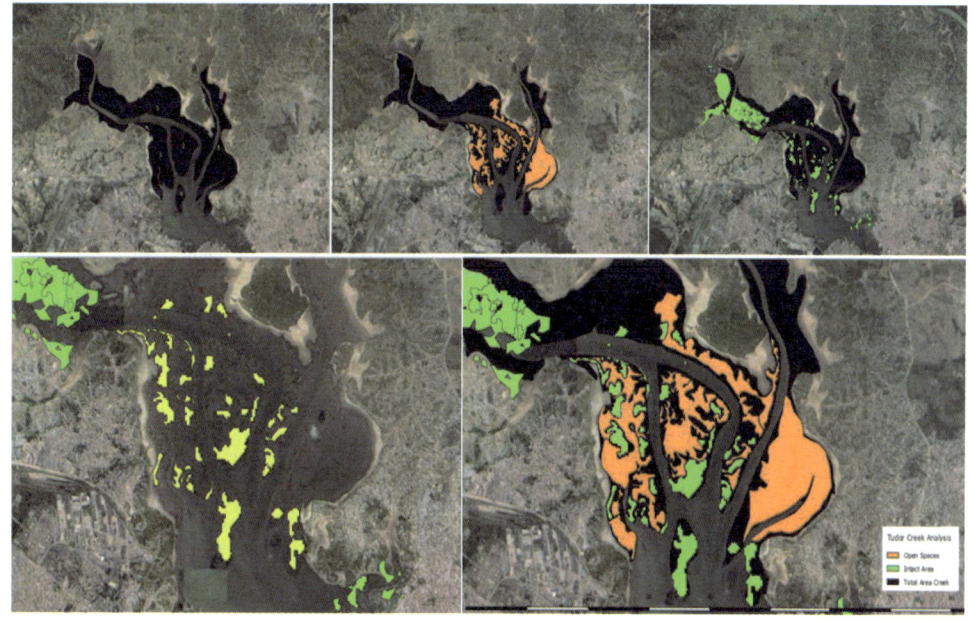

资料来源：Programs-Bigship[EB/OL]. https://bigship.org/programs/

图8.7 都铎河流域的GIS分析结果（包括总面积、退化面积和树冠覆盖面积）

---

1 Big Ship's solutions for a flourishing Kenyan coastline[EB/OL]. https://inhabitat.com/big-ships-solutions-for-a-flourishing-kenyan-coastline/。
2 Projects-Bigship[EB/OL]. https://bigship.org/programs/。
3 DEPARTMENT OF ENVIRONMENTAL & BIOSYSTEMS ENGINEERING. Mangrove Restoration through Adopt-A-site Program (UoN and Big Ship C.B.O) [EB/OL]. https://ebe.uonbi.ac.ke/index.php/latest-news/mangrove-restoration-through-adopt-site-program-uon-and-big-ship-cbo。

工作奠定坚实基础。同时，"大船"使用GIS技术对退化区域进行测绘，制定包含科学种植方案及长期监测维护策略的恢复计划。

2. 建立社区合作

项目秉持"红树林属于社区"这一理念，实施过程中采取以社区为中心的策略，确保社区不仅仅是项目的受益者，更是积极的参与者和决策者[1]。具体措施包括：

（1）社区动员和宣传。通过召开社区会议、举办讲座和宣传活动，提高社区成员对红树林保护重要性的认识，增强社区成员的环保意识。通过分发宣传材料、播放教育视频等方式，使更多人了解并参与到红树林保护中来。在世界红树林日等相关环保纪念日，"大船"通常会和阿迦汗基金会（the Aga Khan Foundation）等组织联合举办活动，提升公众对红树林保护重要性的认识。

（2）培训和赋能。开展"志愿服务、实习生和导师制计划"（Volunteering, Internship and Mentorship Program），为多个实践领域的专业人士提供一个互动和学习的平台。另外，作为阿迦汗基金会的"绿色卫士"计划（Green Champions Programme）的合作伙伴，"大船"携手青年和失业技术人员，培训红树林种植、环境管理、金融知识和创业技能，赋能社区，拓宽就业渠道。他们也和非营利组织肯尼亚航海家（EPTF）信托［the Navigators（EPTF[2]）Kenya Trust］等合作，为青年和妇女提供创业技能、金融知识和商业指导，以帮助他们开发低碳价值链[3]（图8.8）。

资料来源：Diana Anyoso Big Ship, Peter Bulimo. MIKOKO ENDELEVU: TIBA YA TABIA NCHI[EB/OL]. https://www.youth4nature.org/blog/mkokoendelevu，August 18, 2023

图8.8 Inuka[4]团队、大船组织和社区成员之间的信息和知识分享会

（3）建立合作机制。成立社区合作组织，制定合作规则和管理办法，确保每个社区成员在项目中都有明确的角色和责任。如社区森林协会负责红树林幼苗的培育和种植，监察员（scouts）负责监督和管理红树林恢复工作。

3. 促进生态恢复和进行成效评估

"大船"在红树林恢复项目中选择适合当地环境的红树种类，如速生而有利于固土的红茄苳（Rhizophora mucronata）、可以吸引蜜蜂的木榄

---

1 Aga Khan Foundation UK. "The mangrove forest belongs to the community": Working with nature to protect livelihoods and boost climate resilience[EB/OL]. https://www.akf.org.uk/the-mangrove-forest-belongs-to-the-community-working-with-nature-to-protect-livelihoods-and-boost-climate-resilience/. July 26, 2023-07-26。
2 The Economic Projects Transformational Facility，经济项目转化设施。
3 EPTF. Big Ship: A Reclamation Story.[EB/OL]. https://eptf.org/big-ship-a-reclamation-story/. December 6, 2021。
4 Youth4Nature组织于2023年3月在肯尼亚内罗毕启动的一个为青年设定、并由青年开展的修复项目名称。Inuka在斯瓦希里语中是"崛起"的意思。

（Bruguiera gymnorrhiza），以及具有极强适应性的角果木（Ceriops tagal）等。这些树种可以进行无性繁殖，而且它们的种子更易于大规模繁殖，有助于恢复红树林生态系统[1]。在种植过程中，社区成员首先在苗圃中培育幼苗，然后将健康的幼苗移植到指定的退化区域（图8.9）。种植活动不仅包括将幼苗植入土壤，还包括后续的浇水、施肥和病虫害防治等管理工作。每次种植活动都以社区集体活动的形式进行，不仅增强了社区的凝聚力，还提高了项目的成功率。青年进行种植工作，老年人可以提供有关红树林历史生长情况和最佳种植季节的信息。

项目创新性地使用回收的塑料酸奶容器代替一次性聚乙烯袋来种植红树林幼苗。这一举措不仅环保，还提高了幼苗的种植成活率。每年通过废弃资源收集计划（Resource Collection Project，RECO）收集1万个塑料酸奶容器，将主要垃圾场的塑料减少了60%[2]。

通过现场评估、GIS技术和社区知识相结合的方式，定期监测种植区域的红树林生长情况。定期监测在种植后3个月、6个月和18个月进行，确保植树成活率达到100%。监测活动包括测量幼苗的生长高度、检查病虫害情况、评估土壤和水质等。培训海滩管理单位（Beach Management Units，BMU）的社区环境资源管理成员，定期对种植区域进行巡视和记录，确保红树林能够健康生长[3]。

4. 聚焦社会经济发展

在项目的第四阶段，"大船"聚焦于社会经济发展，旨在通过综合的经济赋权和社会发展计划，实现红树林生态的可持续保护和社区的全面繁荣。例如，培训社区成员成为专业导游，引导游客深入了解红树林的价值，既拓宽了社区的收入渠道，又增强了公众的环保意识；发展红树林蜂蜜业务，推广水产养殖，利用自然资源优势，为社区带来额外的经济收益，有助于保护红树林免遭砍伐。"大船"还雇用社区成员参与红树林的种植、监督和管理工作，这不仅确保了红树林的健康生长，也为居民提供了稳定的工作机会。此外，"大船"也会采购社区成员培育的红树林幼苗，从而为社区经济贡献稳定收入；还会提供金融知识培训，来帮助社区成员管

资料来源：About-Bigship[EB/OL]. https://bigship.org/about/

图8.9 红树林幼苗移植

---

1 Diana Anyoso Big Ship, Peter Bulimo. MIKOKO ENDELEVU: TIBA YA TABIA NCHI[EB/OL]. https://www.youth4nature.org/blog/mkokoendelevu，August 18, 2023。

2 Big Ship's solutions for a flourishing Kenyan coastline[EB/OL]//Inhabitat-Green Design, Innovation, Architecture, Green Building | Green design & innovation for a better world. (2022-06-24)[2024-07-09]. https://inhabitat.com/big-ships-solutions-for-a-flourishing-kenyan-coastline/。

3 Diana Anyoso Big Ship, Peter Bulimo. MIKOKO ENDELEVU: TIBA YA TABIA NCHI[EB/OL]. https://www.youth4nature.org/blog/mkokoendelevu，August 18, 2023。

理收入和投资，为社区未来的发展打下坚实的基础。

在市场拓展方面，"大船"和公共、私营部门建立合作关系，和企业合作，吸引更多的投资和支持，扩大项目的影响力和可持续性。在市场拓展过程中，"大船"通过为合作伙伴提供品牌宣传和企业社会责任（corporation social responsibility）机会，吸引更多企业参与。此外，"大船"还积极参加各类环保和可持续发展论坛，分享项目成果，扩大其影响力。

在制定长期的社会经济发展计划时，"大船"依据社区需求，实施了多个项目，提供手工艺、农业、营销等培训，促进收入来源多样化，最终实现社区经济的独立与可持续发展，和红树林生态保护形成良性循环。通过和社区成员的深入沟通，强调社区参与和需求导向，制定切实可行的项目计划，并通过不断的评估和改进，确保项目能够长期惠及社区。

经验借鉴

蒙巴萨市沿海社区由青年主导的红树林生态系统韧性和气候适应行动的经验，展示了青年在社区动员、资源整合和环境保护方面的能力，可广泛适用和推广至世界许多沿海城市地区的红树林保护和气候适应行动，为类似沿海社区提供解决办法和实施过程的实践参考。

1. 发挥青年引领作用

发挥青年在城市生态环境保护、气候行动和社区发展中的创新主导作用，培育关注领域各有侧重、技能多元、充满活力的青年社区组织或青年志愿者团队。通过鼓励青年扎根地方社区、开展可持续实践，为青年赋予明确的角色和责任，提升项目的整体效果，以及经济、社会、环境、文化和治理方面的可持续性。通过制定量身打造的专业培训计划，开展环境资源管理和保护的宣传教育培训、国际交流合作等，使青年志愿者成为连接社区和生态系统韧性和气候适应行动的桥梁。青年可以充分利用社交媒体和各种宣传平台，推广保持生态系统韧性和气候适应性的重要性，成为环保宣传的先锋，同时也提高了他们未来的治理能力。

2. 发挥青年专业潜力

蒙巴萨市沿海社区由青年主导的红树林生态系统韧性和气候适应行动中，青年们不仅参与现场调查，还通过操作无人机和分析卫星影像，帮助精确识别退化区域的具体位置和范围，通过参与项目各个阶段的定期评估和反馈，为项目团队提供改进建议，确保项目的持续优化和有效实施。通过培训，提升青年快速掌握先进的生态监测技术、参与生态数据的收集和分析能力，为生态恢复提供科学依据，帮助团队调整策略。

3. 开展社区动员和社区参与

以社区为核心发展是"大船"项目成功的关键。通过青年主导加强社区动员和宣传，引导社区成员参与调查勘测红树林现状，减少沿海森林砍伐，有效恢复红树林数量，提升生态环保效率，以减轻对沿海森林的压力，对于红树林生态系统韧性的长期恢复至关重要。同时解决气候适应问题和社会经济问题，也保护了地域文化。在这个过程中，青年通过组织和参与社区会议、讲座，以及宣传活动，不仅提高了社区对生态保护的认识，还通过创意和热忱，发展更多样的活动形式提高社区参与度，激发社区创新活力，提高社区成员能力，增强社区凝聚力。此外，还可以进一步建立社区监督机制，确保项目长期可持续。

4. 实现经济赋权和市场拓展

"大船"项目可持续的关键在于，让当地低收入社区能够分享到保护和恢复红树林生态系统的经济效益，帮助贫困的边缘群体获得收入和提升地位，推动社区朝着更公平、包容的方向发展。可持续的经济发展可以防止社区因生计压力而破坏环境。通过推进多种社区经济赋权计划活动，包括付费导游、红树林蜂蜜业务、水产养殖，以及通过社区森林协会销售幼苗等，为社区创造新的收入来源和就业机会，增强社区的经济实力。此外，关注青年和妇女的参与，为青年和妇女提供创业技能支持、金融知识培训和商业指导，提升青年和妇女的财务管理和经营能力，可以为社区的长期发展打下坚实基础。

政策建议

建议1：鼓励青年引领，发挥青年的先锋作用

打破青年被边缘化的限制，释放青年的变革潜力，赋权并支持他们在各个领域的参与和领导，充分利用他们对全球生态环境和气候挑战的贡献。发挥青年引领的非政府组织（NGO）发展在引导公众形成正确环境行为方面起到的重要作用，提高人们从事保护活动的积极性。强调以社区为基础的青年参与，提供青年和社区居民技术培训、网络支持，增加社区青年和妇女的就业机会和收入来源；促进青年、儿童、妇女等多群体参与的社区共治体系，培养他们的责任感和公共参与意识。鼓励青年发挥专业潜力和实施创新方案，构建社区的生态监测、反馈、决策、监管机制，带动社区层面的生态系统韧性和气候适应的科技普及和教育。突出以青年为主导，鼓励社区居民、企业和组织共同参与社区自然资源的开发和管理，形成资源利用和保护的良性循环，确保收益可以回馈社区，增强社区自我发展能力；并以此加强地方社区对城市生态系统韧性和气候应对的贡献。

建议2：建立青年友好型治理平台

建议城市和社区建立并完善青年友好型的治理平台，鼓励青年积极参与城市和社区的气候行动和可持续发展。这些平台应包括青年议事会、参与式预算、公众论坛、青年大使计划等机制，为青年提供正式的决策参与渠道，确保他们的声音在地方政策制定中得到重视和回应。通过设立青年咨询委员会和专题工作组，城市管理者可以定期听取青年意见，了解他们的关切和建议。此外，为了提升青年参与的深度和广度，治理平台应组织定期的气候行动工作坊和模拟训练营，让青年在模拟真实情境中学习和实践决策过程。引入青年导师计划，由经验丰富的政策制定者和行业专家为青年提供一对一指导，帮助他们更好地理解和参与城市治理。平台还应建立反馈机制，定期评估青年参与的效果，调整和优化参与渠道和工具，确保多样化的青年群体能够在政策制定过程中得到公平的代表，并促使更多青年参与。

建议3：支持青年主导的生态和经济赋权项目

鼓励支持青年主导的生态恢复和经济赋权项目，通过社区动员和多方合作，促进青年在城市和社区可持续发展中的领导作用。这些项目应包括环境保护、生态恢复，以及绿色经济发展等领域，帮助青年获得在地资源管理和环境保护方面的实际经验。同时，这些项目应提供必要的资金和技术支持，如小额资助计划、绿色创业奖和创业孵化器，以帮助青年创新和实施他们的生态项目。此外，通过与私营企业、非政府组织，以及学术机构的合作，可以为青年提供实习机会和职业发展机会，进一步增强他们的职业技能和就业前景。还应发展青年互助网络，让有经验的青年项目领导者分享他

们的经验和教训，帮助新项目更快地获得成功。通过这些努力，不仅帮助青年创造就业机会和经济支持，还可以增强他们对社区和环境的责任感和归属感，促进社区的长期可持续发展。城市和社区还应建立青年奖学金和研究基金，支持青年进行可持续发展和生态保护相关的学术研究和创新项目。

建议4：推动数据透明度和青年参与的开放政策

实施开放数据政策，提高环境和气候变化信息的透明度，激励青年广泛参与气候行动和决策过程。通过建立开放的环境数据平台，使青年能够直接访问和利用城市的环境数据，如空气质量、温室气体排放、能源使用等信息，促进基于证据的公共参与和决策。此外，城市应通过合作开发应用程序和工具（如碳足迹计算器、环境监测仪器、虚拟现实环境教育工具等），让青年能够更便捷地了解和参与环境保护活动。还可以举办数据黑客马拉松和创新竞赛，激励青年开发新的数据可视化工具和决策支持系统，提升公众对气候变化和环境问题的认知和行动能力。城市应建立开放数据使用者社区，支持青年与专家共同讨论和分析数据，共同探索创新的环境解决方案。通过这些开放政策，不仅增强了政策透明度和问责制，还促进了青年群体在气候治理中的深度参与和创新能力的发挥，推动更具包容性和前瞻性的环境政策发展，增强城市和社区的应对气候变化的韧性和适应力。

第九章 | 青年领导的城市气候行动中的科技与数字创新

引言[1]

在全球各大城市积极应对日益复杂的气候影响之际，科技与数字创新为各城市加快落实具有深远意义的解决方案提供了重要契机。科技与数字的迅猛发展不仅为城市应对气候挑战开辟了新模式，更让青年有机会深入了解气候影响，跨越行业障碍，制定创新解决方案，切实守护城市。智慧城市技术的兴起和城市的数字化转型正在重塑城市面貌，使青年能够在其中探索和创新，汇聚集体力量，调整气候议程的实施方向，及时修正城市的发展轨迹，使城市的未来更加繁荣。将科技应用融入城市规划和管理，不仅能增强城市的安全性和治理能力，还能提升建成环境的可持续性和韧性。因此，在气候变化的背景下，技术应用能为城市带来诸多益处，如改善气象数据的获取方式，提高防灾备灾能力，以及通过众包方式收集城市的负面热点信息等，助力城市及时应对自然灾害等挑战。此外，数字解决方案可以提升城市应对气候变化的能力，提高关键城市服务的交付效率，减少资源消耗，并改善城市居民的生活质量。

这一代青年成长于数字技术普及的时代。他们凭借这一独特优势站在了数字创新的最前沿，能够通过技术解决方案推动城市转型。科技与数字创新为城市发展参与者提供了全新的动态工具，并在赋能青年参与地方气候行动方面发挥着重要作用。本章将批判性地探讨这些工具在推动城市地区青年主导型气候行动方面的潜力。首先，本章将分析新兴的绿色智慧城市数字技术在制定城市气候变化解决方案和促进气候韧性城市转型方面所带来的机遇和展现的能力。其次，本章将探讨教育、培训和创业在帮助青年有效融入绿色产业并利用新兴科技与数字创新中的关键作用。最后，本章将强调数字平台和网络在强化集体气候行动、增进青年与城市发展参与者之间的联系，以及动员和赋能青年参与地方气候行动方面的潜力。

运用智能数字技术和绿色技术推动城市气候行动

智能数字技术在构建气候友好型城市中的作用

数字化浪潮和新兴技术在21世纪城市化进程中发挥着重要作用，对气候变化应对战略的实施和城市地区生态系统的管理产生了显著影响。城市是创新的中心，往往处于气候智能型数字工具开发、测试和推广的前沿。数字技术日益融入战略性城市发展框架（包括情景规划、前瞻性研究和韧性基准设定等），以优化城市功能，使城市能够适应多变的环境挑战。面对日益严峻且频发的极端高温、洪水等极端天气事件，尖端数字技术、数据分析，以及高精度气候模拟已成为城市制定气候变化适应计

---

[1] 本章由联合国人居署撰写。

划的关键工具。这些技术能够帮助城市识别脆弱性热点地区,建立早期预警系统,强化风险降低措施,并优化能源和资源配置,从而推动减缓气候变化的工作的发展。特别值得注意的是,气候相关风险对城市社区的影响并不均衡,对儿童的影响最为显著。如果这些技术能够得到妥善规划和整合,它们将发挥关键作用,遏制、阻止和扭转气候变化,引领城市迈向更具气候韧性的未来。新型数字技术和创新方案能够激发无限潜力,青年在利用这些潜力方面扮演着不可或缺的角色,帮助城市重建系统架构和发展战略。因此,城市应利用这些潜力,鼓励青年参与气候创新生态系统。

对于城市而言,生成高质量的数据是做出明智决策、提供定制化气候解决方案和实现气候目标的必要条件。然而,数据获取目前仍然是许多地方政府(尤其是南半球地区的政府)面临的一个重大障碍。数字解决方案能够赋能城市运用各类技术处理数据、实现系统自动化,为城市决策提供重要信息,从而解决数据获取难题。数据分析正在改变城市应对气候变化的方式,其中,物联网(IoT)、大数据分析和人工智能(AI)等智慧城市数字技术在收集和测量实时信息方面发挥着核心作用。大数据技术依托历史数据和机器学习算法,能够助力城市决策者洞悉趋势、预测结果并优化城市发展战略。物联网技术的部署可以构建智能基础设施,增强城市抵御气候变化的韧性,蕴含巨大潜力。通过传感器和智能电表等收集和交换数据的多功能互联设备,城市能够实时监测空气质量、水质、温度、温室气体排放、湿度、噪声等环境参数,形成不间断的实时数据流,从而帮助城市更好地了解和应对气候相关的挑战。此外,物联网技术还支持城市有效跟踪能源消耗模式,以优化能源利用、减少排放并开发智能电网和节能系统。值得一提的是,建筑自动化系统、动态电价系统和特定交通系统等应用有望实现10%至15%的减排[1],并支持可持续的城市交通规划。智能交通信号灯、联网车辆和智能交通系统等技术均可改善交通流量,最大程度减少拥堵,并减少车辆排放。智能移动系统不仅适用于电动汽车,还通过整合数字技术的数字交通服务,提供优化和可持续的多模式交通解决方案。人工智能技术通过自动化、建模和模拟功能,进一步提高了决策和资源管理的效率,实现了气候情景模拟、土地利用变化和基础设施开发等多种功能。因此,这些数字技术通过处理大量环境参数数据和利用监测和预测分析功能,在提升气候韧性方面展现出巨大潜力。

城市数字孪生体在增强城市应对气候变化的能力和实现可持续发展目标方面也发挥着关键作用。它展现了从智慧城市规划和基础设施监测到能效优化、灾害风险管理和气候监测等广泛的潜在应用场景。作为城市的虚拟镜像,数字孪生技术整合并直观展现来自多个来源的数据,分析现有的城市环境,为城市参与者提供用于评估城市内部结构的4D空间信息。通过执行基于机器学习和人工智能的高级模拟技术,数字孪生体能够向决策者演示城市转型的预期影响。城市可以根据雨水径流、地表渗透性、城市密度、城市形态,以及植被覆盖和绿化程度等因素,确定最易受洪水和极端高温等气候变化风险影响的地区,从而在制定全面气候行动计划的过程中综合考虑多重因素。数字孪生体依托详细信息,使城市能够根据最佳情景和可用资源对韧

---

[1] McKinsey and Company. URL: https://www.mckinsey.com/capabilities/operations/our-insights/smart-cities-digital-solutions-for-a-more-livable-future。

性策略进行微调。许多城市目前已经采用了本地数字孪生体，芬兰的坦佩雷市和赫尔辛基市是欧洲地区的先行者。赫尔辛基市在过去二十多年里一直致力于使用数字孪生技术，其现有的城市规划数字副本已形成能源和气候地图集。赫尔辛基市的建筑供暖碳排放量占全市碳排放总量的56%。赫尔辛基市采用数字孪生技术对建筑能耗数据进行建模，能够测量每栋建筑表面的全年每天/每小时太阳辐射和阴影面积，这有助于实现2030年碳中和目标[1]。坦佩雷市已利用数字孪生技术测试自动驾驶汽车，优化能效和能耗，并启动"数据驱动型城市"计划，以更好地了解市民在城市服务交付方面的需求。不仅如此，坦佩雷市还将"我的世界"（Minecraft）游戏整合为教育工具，鼓励儿童与3D城市模型互动并设计自己的环境，这种独特的方式能够激发儿童积极参与本地发展。

此类数字技术与地方气候行动的整合不仅提升了现有实践水平，还从根本上转变了城市的运营方式和应对气候变化挑战的策略。然而，这种转变不仅依赖于先进智能数字技术的推动，还需要更广泛的生态系统支持，包括创新的数字服务、治理体系和公民参与。要充分发挥这些技术的潜力并打造气候智能型城市，必须将信息系统在线访问、电子政务流程和数字公民身份作为独特的组成部分独立运营。信息系统的在线访问使市民和城市官员能够随时了解现有的环境状况、气候风险，以及当前气候倡议的有效性等信息，从而通过提供可获取的信息提高透明度和建立问责制。此外，电子政务流程利用信息通信技术（ICT）提高了政府管理服务效率，帮助城市轻松根据数据实施政策和应对策略，进而通过数字转型实现更高效、更透明和更有参与性的决策过程。数字公民身份则反映了公民充分获取ICT所需的教育、技能发展和行为规范过程。对于主导气候行动的青年而言，具备数字素养并积极参与其中将确保他们能够更好地获取和利用数字工具，从而在社区内推进气候行动。这也将使青年们有能力更积极地参与电子政务流程。因此，城市务必确保青年（尤其是来自边缘化社区的青年）能够获得负担得起的可持续数字技术，以便他们能够有效参与绿色倡议。

整合绿色技术，保障城市的可持续未来

低碳发展对于城市减少温室气体排放并实现净零过渡至关重要。绿色技术为加快各行业温室气体减排、保护资源，以及开展调整气候变化减缓和适应工作提供了机遇。城市能否保持正轨，取决于其是否部署了绿色技术。当前，建筑施工行业占全球与能源相关的二氧化碳排放量的近40%，若不实现建成环境的去碳化，就无法实现净零未来的目标[2]。提高建筑能效是目前成本效益最高的温室气体减排措施，也是降低城市电力需求、减少能源支出和缓解能源贫困的最有效策略。然而，目前清洁能源建筑节能改造的速度仅为实现2030年去碳化目标所需速度的六分之一[3]。因此，城市迫切需要优先加

1　Stardust. URL: https://stardustproject.eu/news/virtual-cities-for-very-real-benefits-from-local-digital-twins-to-the-cityverse/。
2　OECD. URL: https://www.oecd.org/en/about/programmes/decarbonising-buildings-in-cities-and-regions.html。
3　World Resources Institute. URL: https://www.wri.org/insights/urban-climate-action-5-priorities。

快建筑行业的转型，以实现气候目标，并同时提供经济适用房、绿色就业机会、韧性基础设施，以及健康的生活和工作空间。通过利用绿色建筑技术的潜力，将地方建筑政策与国家和国际气候变化议程紧密结合，帮助城市实现短期和长期目标。在全球范围内，共同合作是进一步进展的关键。在第28届联合国气候变化大会（COP 28）上，法国政府、摩洛哥政府和联合国环境规划署共同发起了"建筑突破"倡议，旨在加快建筑行业的转型，通过清洁技术与可持续解决方案，使近零碳建筑和韧性建筑到2030年成为所有地区的新常态。此外，加拿大和阿联酋发起了"水泥和混凝土突破"倡议，得到了英国、爱尔兰、日本和德国等国家的支持。该倡议旨在推动清洁水泥成为全球市场的主要选择，目标是到2030年在全球实现近零水泥生产。

荷兰阿姆斯特丹市：Energiesprong 项目

Energiesprong 项目于2011年在荷兰启动，致力于提供净零住房改造与可扩展市场解决方案，为减少建筑物的碳排放、缓解燃料贫困和提高能源效率作出贡献（图9.1）。该项目主要与社会住房提供商合作，同时改造多栋建筑，以降低成本并最大限度地提高交付效果。具体工作包括在场外预制绝缘墙板，然后在现场进行安装，从而提供可扩展、低成本的建筑改造解决方案。改造后的建筑采用节能技术，平均能减少70%~80%的能耗。该项目现已扩展至法国、德国、意大利、英国和美国这五个国家，迄今已完成一万多个净零改造项目。

资料来源：Energiesprong. URL: https://energiesprong.org/high-rise-net-zero-retrofit-the-netherlands/

图9.1 Energiesprong 项目对荷兰乌得勒支一座老旧的 Intervam 公寓楼完成净零改造

巴西库里提巴市：太阳能金字塔项目

在推动绿色城市建设的进程中，清洁能源解决方案正日益成为城市景观的重要组成部分。库里提巴市位于巴西南部的巴拉那州，采用太阳能发电系统，在清洁能源革命中占据了领先地位。该市于2023年3月29日启动了太阳能金字塔项目，这是拉丁美洲首个在废弃垃圾填埋场上建设的太阳能发电厂，具有里程碑意义（图9.2）。该项目得到了C40城市金融机构（CFF）的支持，在库里提巴市南部外围卡辛巴（Caximba）地区的一个废弃垃圾填埋场，以及全市多个公交车站的屋顶上安装了大约8 600个光伏（PV）电池板[1]。"太阳能金字塔"项目提供了可负担的清洁能源，同时降低了城市对化石燃料驱动的能源电网的依赖程度。该项目在库里提巴市公交车站和垃圾填埋场的总装机容量达到8兆瓦，预计在2020年至2050年间将减少90 000吨二氧化碳排放，每年可节省超过50 000美元的用电支出。此外，"太阳能金字塔"项目还与当地从业者网络AB Solar合作，收集太阳能行业就业数据（按性别分类），以深入了解就业方面存在的性别障碍，并在项目规划和实施阶段提升性别包容性[2]。值得注意的是，库里提巴市已确定大约2 600座建筑适合安装类似的光伏发电装置[2]。

资料来源：Photo by Daniel Castellano / SMCS. URL: https://www.c40.org/news/curitiba-from-landfill-to-solar-revolution/

图9.2 卡辛巴废弃垃圾填埋场上的太阳能电池板

1　Climate Scorecard. URL: https://www.climatescorecard.org/2024/01/brazil-model-community-climate-mitigation-programs/。

2　C40 Cities. URL: https://www.c40.org/news/curitiba-from-landfill-to-solar-revolution/。

发展可持续交通系统也是城市转向低碳发展模式的关键优先事项。虽然绿色技术仍在不断发展，尚未实现大规模应用，但其已为城市交通革命提供了有效的解决方案。这些技术有望将依赖化石燃料的传统交通系统转变为基于清洁能源的可持续交通系统，帮助城市减少排放并提高交通效率。在这一转变中，城市交通的电气化处于前沿位置。为了支持电动交通工具的广泛应用，城市需要推动电动汽车及基础设施的普及。然而，在绿色交通的转型过程中，城市还面临着技术、社会和监管方面的多重障碍。城市可以通过系统化的方法将全球合作、领导联盟、技术创新和知识共享结合起来，提供综合性的低碳交通系统，为所有人提供优质和积极的交通方式。

支持青年城市创新者开展绿色教育、培训和创业

随着数字和绿色技术的迅速发展，城市社会应对气候变化的方式正经历深刻变革。青年在地方行动中发挥主导作用，这种新机遇的出现为青年提供了推动积极、动态气候解决方案的工具，同时也激发了青年在绿色经济领域的新一轮创新和创业浪潮。通过为青年提供必要的知识和技能，城市能够培养出新一代具备气候意识的领导者，他们能够有效应对气候变化带来的挑战。城市应致力于提供与气候技术和创新相关的教育和培训，这将使青年掌握进入绿色产业所需的技能，更好地理解气候变化给城市带来的独特挑战。此外，城市鼓励青年参与绿色创业，使他们能够开发和推广适用于特定城市环境的解决方案，为城市的整体韧性与可持续发展作出贡献。

发展包容青年的绿色职业道路

如今，人们普遍认为绿色经济可以支持未来增长并实现全球净零排放目标。要推动城市向气候韧性城市转型，推广绿色经济至关重要。创造绿色就业机会是这一进程的核心要素，它不仅有助于摆脱城市对化石燃料的依赖，还能保护自然资源，推动实施创新型城市气候解决方案。根据预测，全球 74 个大都市中有近 1 600 万个优质绿色就业岗位，而进一步的绿色就业投资预计将使空气污染下降 30%，从而改善空气质量并保护人类健康[1]。要实现这些益处，城市必须为即将进入职场的青年开辟包容性的绿色就业市场。通过确保绿色就业路径的可及性，城市可以充分利用青年人才，在逐渐实现本地气候目标的同时，促进城市的繁荣发展。因此，城市在绿色就业创造中处于核心地位。通过投资未来技能培养并优先发展绿色劳动力，城市可以为所有青年提供高薪且可获得的就业机会。然而，必须注意的是，由于城市经济条件的特殊性，绿色就业岗位因地而异，涉及的领域包括交通、能源、水和垃圾管理、建筑，以及其他新兴产业。

随着各行各业逐步向可持续发展转型，城市愈发需要掌握绿色技术和工艺最新知识和技能的劳动力。在气候影响不断加剧且日益复杂的背景下，青

---

[1] C40 Cities. URL: https://www.c40.org/campaigns/good-green-jobs/。

年要使用相关的前沿技术并提出新的解决方案，就需要接受优质的职业教育和技能发展培训。科学、技术和创新对于有效培养青年进入绿色就业领域至关重要。在这方面，城市有责任为绿色行业的培训、技能培养，以及数字教育提供支持，以确保青年在日益数字化的世界中获得广泛的机会。通过与主要教育机构、私营部门和非政府组织合作，城市可以共同设计和实施教育与培训项目，专注于满足本地绿色经济的具体需求。对于青年而言，初始职业教育培训和继续职业教育培训对绿色技能的培养、提升和再培训至关重要。因此，那些重点关注人才培养、特殊气候和可持续发展模块、教学技能培养等工作因素的教育与培训项目具有很高的价值。技能提升和再培训的继续教育有助于弥补技能鸿沟，而认证培训证书和人们对培训效果的认可能够提高雇主的接受度，增强学员的就业能力，并促进专业人员的流动。地方政府完全可以根据当地的具体情况，将弱势群体纳入职业教育和培训的范畴，以解决劳动力进入绿色就业市场所存在的性别差异问题。通过加快职业教育和培训并支持年轻一代进入绿色行业，城市将变得更加绿色和智能，从而推动公正的气候转型。

"青年代理市场"（Youth Agency Marketplace）

创新工具"青年代理市场"（YOMA）是一个活跃的数字市场（图9.3）。在这个平台上，来自资源不足的弱势社区的青年可以通过工作匹配、指导、技术和可迁移技能培训、基于经验的学习和基于工作的学习等功能，积极参与社会影响项目，并获得学习和赚钱的机会（图9.4）。这些都可以纳入学员的数字简历。YOMA于2020年开发，是智能开发黑客松（#SmartDevelopmentHack）计划的九个

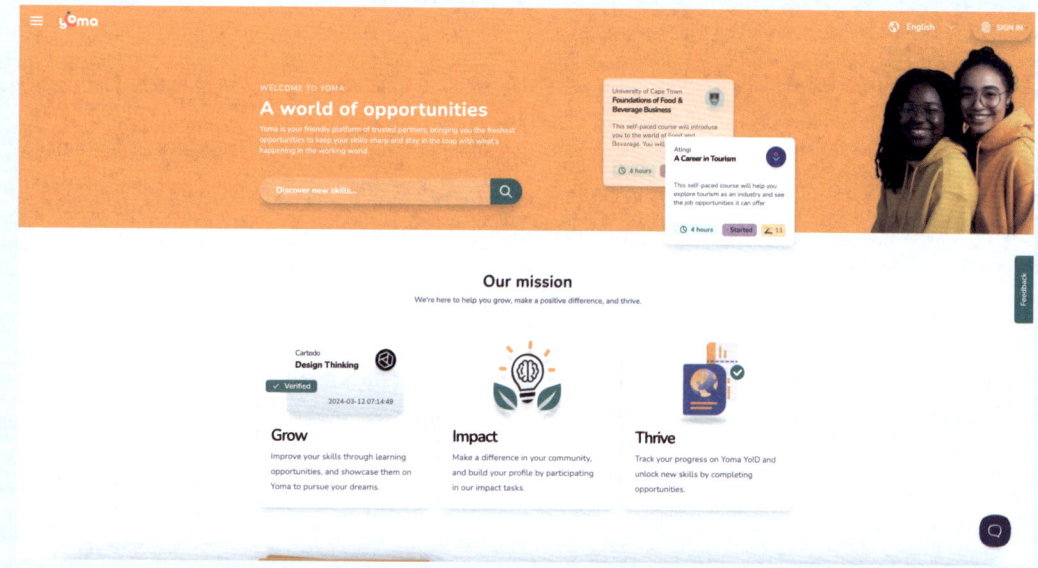

资料来源：Image captured from Yoma Official Website. URL: https://yoma.world/

图9.3　YOMA 平台

资料分析：European Commission. URL: https://international-partnerships.ec.europa.eu/policies/programming/projects/digital-marketplace-yoma-empowering-african-youth-their-journey-learning-earning_en

图 9.4 得益于 Yoma 提供的包容性数字机遇，来自布隆迪马康巴省的青年使用母语参与 Yoma 挑战

获奖项目之一。智能开发黑客松是欧盟委员会和德国联邦经济合作与发展部发起的计划，旨在寻找应对新冠肺炎疫情危机的创新数字对策。通过 YOMA 数字平台，青年可掌握面向未来的技能，这不仅有助于应对气候变化的影响，还为青年就业和创业提供了机会。截至目前，已有超过 25 万名青年直接从 YOMA 数字平台受益。值得一提的是，在"环保冠军"（Enviro-Champs）培训项目中，1 060 名来自边缘化社区的青年掌握了水质监测技能，成为污染预警系统的一员。在马拉维，YOMA 青年参与了植树造林项目，而 YOMA 非洲无人机和数据学院（African Drone and Data Academy）的毕业生则利用无人机、卫星影像等创新工具对吸收二氧化碳的生物质进行检测。总之，通过融合科学数据和遥感技术，YOMA 实现了高成本效益的精准监测，为推动可持续发展目标（SDG）的实施作出了贡献。

支持青年主导的绿色创业和创新

由于技术和绿色经济同步发展，越来越多的青年正积极投身于绿色行业。青年企业家往往更愿意尝试与气候行动相关的新型解决方案和商业模式，因此城市可以借助他们的技能和创意来推动本地的气候行动。通过培育有利于气候变化相关技术和数字创业创新的环境，城市将在支持青年主导的初创企业蓬勃发展方面发挥重要作用。通过营造有利的环境，鼓励青年在关注气候的数字和技术领域进行创业，城市不仅能够创造新的绿色就业机会，还能推动可持续经济增长并应对气候挑战。然而，青年在追求创业机会和推动气候行动创新方面受到许多障碍的制约。青年往往面临资金不足、缺乏指导和网络资源等问题，而监管障碍也构成了不小的挑战。此外，某些社会文化规范阻碍了青年女性从事数字技术和创新职业，而优质数字素养、创业和创新教育与培训机会的缺乏，仍然阻碍着大批青年进入这些领域。因此，为了充分释放青年的潜力，城市必须打造支持性环境来应对这些挑战。

青年主导的创业和创新活动往往由于资金短缺（如无法获得补助金、风险投资和其他形式的融资）而难以取得进展。对此，城市和地方政府可以通过拨款，解决企业在扩大规模的过程中面临的资金问题。尤其是，城市可为关注气候的技术和数字领域的年轻企业家提供补助金和补贴，支持他们开发和推广创意。青年创新基金是城市促进青年创新的有效手段，财政资金可用于支持项目研究和开发，而补贴则可覆盖早期业务阶段的运营成本。随着全球青年对气候不作为问题的关注日益增加，彭博慈善基金会（Bloomberg Philanthropies）于2024年4月设立了"青年行动基金"（Youth Action Fund），该基金将为100位市长提供技术和资金支持，以动员数万名15至24岁的青年积极参与其所在城市的气候应急解决方案设计、开发和管理工作。该基金涵盖了38个国家，代表了六千两百多万居民，旨在推动实现关键社区目标，如兑现脱碳承诺或减少基于消费的排放。每个城市将获得50 000美元的小额补助金，用于资助由青年主导的、针对当地城市环境和目标的气候倡议。通过营造方便创业青年获得投资的良好环境，城市可推动气候行动方面的科技与数字创新，从而建立有利于青年创业的良性城市生态系统。

许多青年虽然具备成功解决气候问题的激情和创意，但往往缺乏将这些愿景转化为初创企业所需的技术技能和商业思维。整合数字创新中心可以为青年企业家提供重要支持，使他们能够获得指导、合作、新技术和数字基础设施等资源。作为创新生态系统，数字创新中心可以推动数字化转型，并通过提供必要的支持系统，为青年主导的气候行动倡议提供助力，使青年企业家和活动家能够有效扩大规模并建立相关网络和合作伙伴关系。企业孵化器在这方面扮演着重要角色，它们将青年企业家与经验丰富的导师强强联合，让导师指导青年企业家克服创办绿色企业所面临的复杂问题。通过指导，企业家能有效地应对与气候有关的挑战，如监管合规、影响监测和市场进入策略等问题。许多企业孵化器专注于清洁能源、垃圾管理或可持续农业等特定行业，在环保技术开发或实践中提供技术指导和支持，确保初创企业具有可持续性和创新性。此外，企业加速器作为短期的密集型项目，能够快速推动已有一定进展的初创企业的发展，帮助他们扩大运营规模、进入新市场并提升影响力。因此，企业加速器可用于帮助绿色初创企业做好投资准备并进入竞争激烈的市场。它们提供有关筹资、产品开发和营销增长机会的沉浸式教育和接触校友和投资者的关系网，成为支持初创企业在早期和中期阶段发展的有力工具。城市可以通过提供资本获取渠道、导师指导、法规简化、教育培训和文化支持等有利条件，赋予年轻企业家和创新者直接应对气候挑战的能力。如此，城市就能凭借青年的独创性和创造力，产生新的解决方案，并推动有影响力的气候行动。

青年气候行动实验室是班加罗尔市一个由青年主导的气候变化应对运动。自2021年11月启动以来，该实验室已经培训、动员并支持了12位青年气候领袖和6位青年研究人员，帮助他们收集并分享证据、数据和定性经验，为青年主导的解决方案提供信息。同时，该实验室还与一百二十多名青年变革者合作，加快推进城市的气候行动。

数字化弥合城市与青年之间的鸿沟

作为数字创新者，全球越来越多的青年站在了创新城市气候行动的前沿，带来了全新的视角和独特的创意。全球青年运动呼吁在地方决策过程中体现青年人的声音。随着公民科技、地理信息系统（GIS）、开放数据和数字平台等创新技术的普及，城市参与模式正在发生改变，而数字工具的兴起进一步增强了青年开发和主导气候倡议的能力，使他们在全球应对气候变化的行动中变得不可或缺。因此，青年不仅仅是气候变化的受益者或领袖，更是强有力的共同创造者和变革推动者，能够实施更具雄心的解决方案。如果城市希望加快实施有意义的气候行动，并充分发挥公民主导的解决方案的潜力，那么赋能和支持青年气候领袖至关重要。因此，城市需要积极增加对青年的支持，制定战略承诺，为青年提供资源、平台和机会，使其能够将想法转化为有影响力的解决方案，而不仅仅是给予认可。多样化的合作机制将扩大青年在城市气候行动中的参与度，从而有助于制定新的前沿气候解决方案，并推进实施包容性气候行动。然而，目前在这些方面仍然面临诸多挑战。城市必须搭建桥梁，加强与青年气候创新者的合作。

青年在数字科技领域的声音为城市和地方政府提供了新的手段，帮助他们深入了解当前有关气候变化的对话并紧跟新兴趋势。随着数字领域的不断发展，城市能够通过数字平台与青年变革者建立联系，并将他们纳入气候行动进程。作为公民参与的重要媒介，数字平台为城市提供了一个直接渠道，使得不同社区的青年能够表达他们的不同观点。在此背景下，数字平台不仅是沟通的工具，更是青年进行全球联系、开展跨国合作、分享想法和知识的平台，更是他们与城市和城市决策者携手合作的空间。因此，数字平台在弥合青年与城市官员之间的鸿沟方面具有巨大潜力，能够确保青年的声音在城市各个层面的决策中得到倾听和重视。这不仅有助于提升民主治理的水平，还能激发青年对城市事务的主人翁意识和责任感，为持续对话提供有效途径。

青年通过社交媒体、视频博客和在线请愿等方式引领数字激进主义，为来自不同背景的个体提供了分享气候危机故事、表达想法和担忧的独特途径。社交媒体经常用于提高公众意识、动员社区并敦促政策制定者采取行动，同时也用于通过增加曝光度来凸显青年主导的气候项目的成就。在这一过程中，社交媒体和数字通信平台可以放大青年的声音，广泛传播气候相关信息并动员更多的支持者。城市可以借助社交媒体的力量，融入数字叙事，积极参与社交媒体活动，从而在气候对话和行动中与青年建立联系。整合互动网站和应用程序也将有助于加强城市与青年在气候问题上的参与和合作。在哥伦比亚，两大青年主导组织 Digital CoBosques Collective 和 Fundación Tierra Montemariana 通过社交媒体、视频、播客和采访等多媒体手段，吸引当地青年参与亚马孙河流域的环保工作。这些组织支持一项与哥伦比亚政府合作的"自然财富计划"（Natural Wealth Programme），旨在保护生物多样性和关键生态系统。该计划与原住民和青年主导组织直接接触，倡导保护原住民和当地的环境习俗和领地。在该计划的支持下，青年主导组织正致力于引导和动员当地青年保护自然资源，并在当地社区中推动可持续生计的发展。

数字教育资源也是传递青年主导气候行动相关知识的有效工具之一。智慧城市仪表板可以整合气候信息，是吸引青年参与气候行动的有力工具。仪表板将原始数据转化为直观的可视化格式，可以使那些没有相关技术背景的青年更容易获取和理解复杂的信息。交互式数据可视化工具可以让青年自主探索数据，追踪气候变化的进展，而气候数据的游戏化处理，以及针对个人和集体气候工作的实时反馈则可以使数据更具吸引力，激发青年参与的积极性。北马其顿采用数字参与战略，设计了"青年气候咨询平台"。这一平台面向中小学生和大学生，采用互动参与的方法，结合了前瞻性工具和在线游戏化元素，可吸引青年参与气候危机教育。此外，平台还为青年团体与公共管理部门之间的长期沟通奠定了基础。平台的教育和分析活动鼓励参与者分享他们参与气候行动的视频、照片和故事，共同构想个人及社区的未来愿景，并将他们信任的人物绘制成令人印象深刻的气候领袖和活动家。

爱沙尼亚塔林市：克林迪公园（Klindi Park）项目——整合数字公民参与解决方案

克林迪公园位于拉斯纳迈埃区（Lasnamäe）、中成区（Kesklinn）和皮里塔区（Pirita）的行政区边界，是塔林市根据《塔林2035》（Tallinn 2035）建立的绿色运动网络的重要组成部分。为了开发这座长达九公里的绿色公园，塔林市使用了"Maptionnaire"在线软件即服务平台（图9.5），设计了一项调查，

资料来源：Maptionnaire. URL: https://www.maptionnaire.com/customer-stories/examples-of-civic-engagement-from-tallinn

图 9.5　克林迪公园在线地图公民参与平台

并鼓励当地公民（包括青年）参与公园项目的设计。该调查旨在了解当地市民对现有空间的看法，以及他们对新公园的期待。调查设计和推广策略提供了爱沙尼亚语、英语和俄语版本，以确保少数语言群体的个人和国际居民都能为公园的开发献计献策。在开展针对性调查以收集所需数据的过程中，塔林市还利用社交媒体广告联系目标受访者。这种方式不仅让规划人员能够轻松创建调查问卷并导出数据进行分析，还使得居民无需下载其他应用程序即可提交问卷回复。截至2022年，共计收到四百多份市民提案，提案的核心内容集中在保护现有绿地和历史景点上。塔林市利用地理信息系统和情感分析对调查数据进行分析，生成了地理定位数据和定性数据，从而帮助规划师更好地了解当地市民的愿景，并将市民反馈融入公园规划过程中。该项目采用这种创新的市民参与策略，充分体现了整合数字解决方案的优势，不仅扩大了包容性发展的参与机会，还为城市规划者提供了可轻松纳入规划过程的实用反馈意见。

整合数字解决方案能激发创新的合作模式。城市拥有多种多样的数字工具，可加强与青年合作，并有效动员他们参与地方、区域和国际层面的气候行动。然而，要让这些工具真正成为有效的参与和合作机制，城市必须努力提高数字包容性，以实现气候行动的民主化。为了实现真正的包容性，在线工具和平台必须能够促进青年在地方气候行动中的多元化参与，让青年无论身处何地或社会经济地位如何，都能积极贡献力量。气候行动的民主化可确保城市的气候行动既包容又能反映青年的担忧、想法和愿望。然而，某些城市地区在整合数字技术方面仍面临诸多障碍。由于经济限制、缺乏数字素养，以及基础设施不足等原因，并非所有居民都能平等地获得数字工具，从而导致数字鸿沟的存在。这使得城市边缘社区更加落后，造成参与的不平等现象，并加剧了气候影响风险更高的弱势群体的不利处境。因此，城市必须采取切实措施弥合鸿沟，确保所有居民和青年都能从数字工具中受益。这些措施包括为低收入的边缘化社区提供免费的或有补贴的互联网接入和开展数字素养培训等，可以显著提高数字包容性，确保城市气候行动的公平性，不让任何人掉队。

城市可以将青年视为气候行动的积极参与者和实施伙伴，借助他们的活力、创造力和独特视角，生成新设计解决方案，并加速推进地方层面的气候行动。城市行动者必须与青年合作，加大力度探索新的高效合作方式，大胆推进富有远见的气候行动。然而，青年在与地方政府合作时往往会遇到诸多障碍，导致他们无法有效地影响地方发展。这进一步凸显了城市需要构建更广泛的合作伙伴关系和网络，健全生态系统，更好地将青年与城市行动者联合起来。因此，城市必须加强与青年的合作，通过赋能和促进合作，激发有抱负的青年气候行动者参与其中。青年、地方政府市长和领导人、私营部门、学术界、非政府组织和民间团体还应建立新型动态战略伙伴关系，推动地方气候解决方案的落实，搭建支持性生态系统，培养青年人才。

许多全球性倡议正在致力于建立网络，将青年气候领袖与城市联合起来。2019年第25届联合国气候变化大会（COP 25）期间启动的联合国教科文组织青年气候行动网络是一个连接全球青年气候网络的创新平台，旨在加强合作，扩大青年主导的气候行动和研究。该平台支持青年创造和传播知识，针对当地气候挑战提出创新行动和解决方案，增强青年能力，并通过引导青年参与高级别气候活动和对话，帮助青年发声。此外，C40青年中心（C40 Youth Hub）向活跃于城市青年气候委员会和青年主导气候组织的15至29岁青年气候领袖开放，将来自各个城市和国家的气候领袖联合起来。青年中心允许成员在全球青年领袖网络中推广他们的活动，并与致力于推动地方气候行动的同行分享成功经验和挑战。与此同时，C40城市青年参与网络（CYEN）进一步协助城市官员动员青年参与气候行动。CYEN是对等网络，将不同城市的官员聚集在一起分享经验，以便成员共同探索新方法，使青年的参与更有意义。CYEN还是实用的学习网络，通过研讨会、虚拟活动和网络研讨会等为城市提供积累资源和提升能力的机会，帮助城市优化青年参与平台。

城市脆弱性地图集

作为"崛起旗舰计划"（RISE UP Flagship Programme）的重要里程碑，城市脆弱性地图集（Urban Vulnerability Atlas）是一个先进的虚拟互动网络平台，旨在协助国家和地方政府识别、分析和减轻与气候变化、生物多样性丧失及城市化相关的复杂脆弱性。该平台致力于增强城市韧性，推动城市的可持续发展。通过整合多层次数据并突出脆弱性热点地区，该平台为优化国家和地方的抗灾战略和可持续城市发展行动计划提供宝贵见解。它以一种易于被广泛受众理解的方式，直观展示了城市和城市地区的多层次脆弱性。

城市脆弱性地图集的核心功能包括：

（1）崛起项目城市的综合数据层：该地图集结合了气候数据、生物多样性指标、城市增长模式和社会经济变量，提供了城市脆弱性的整体视角。

（2）交互式可视化：用户可以通过动态地图、图表、图形和故事地图来探索数据，使广大受众能够轻松获取复杂的信息。

（3）热点地区识别：该地图集能够精确定位高脆弱性地区，帮助确定社区、基础设施、服务、资产和生态系统干预措施的优先次序。

（4）可扩展性：该地图集的设计具有可复制性，可适应全球各类城市环境和地区，尤其对资源匮乏的最不发达国家（LDCs）和小岛屿发展中国家（SIDS）有利。

（5）决策支持：该地图集为多标准决策、情景分析和影响评估提供了工具，支持基于证据的政策和规划。

该地图集将气候数据、生物多样性指标、城市增长模式和社会经济变量整合到一个综合性工具中，从而为城市提供增值服务。它的交互式可视化和热点地区识别功能帮助城市基于证据作出决策，弥补了城市规划和数据方面的不足，提供了对脆弱性的整体认识，这对数据稀缺、资源贫乏的最不发达国家和小岛屿发展中国家来说更为重要。此外，该地图集还支持知情决策，并通过基于证据的数据推动获取气候融资。该地图集是一个包容性工具，即使没有技术或科学专长的人也能使用，因此成为包括年轻人在内的广泛受众在增强城市韧性和推动城市可持续发展时采用的宝贵工具。

为下一代打造可持续的城市韧性（SURGe）

SURGe是第27届联合国气候变化大会（COP 27）主席国发起的一项倡议，旨在联合地方、国家和全球机构共同采取气候行动。其愿景是通过有效的多层次治理实现全球气候目标，将城市转变为健康、可持续、公正、包容、低排放和有韧性的城市系统，为所有人创造更美好的城市未来。SURGe倡议的重点在于提升城市的能力,加快实施地方气候行动和促进战略性可持续城市化,推动城市成为帮助实现《巴黎协定》和可持续发展目标的有利环境。该倡议由COP 27主席国主导并携手联合国人居署和地方可持续发展协会(ICLEI)联合制定。在COP 27城市化和气候变化部长级会议上,该倡议正式启动,并得到了一百八十多个全球合作伙伴的支持(图9.6)。

SURGe倡议认识到,城市气候行动在国家和国际层面上缺乏足够认可,其核心目标是通过有效的多层次治理加强气候议程在城市中的实施。为此,该倡议依托《格拉斯哥气候公约》,为多方利益相关者搭建起合作推动地方气候行动的桥梁。此外,考虑到地方层面的气候融资不足,该倡议将与国家政府合作,建立针对具体情况的融资机制、多边开发银行和其他双边和垂直气候基金。这些合作通过城市网络、融资设施和其他合作伙伴为全球城市项目的实施提供资金支持,并在五个工作组中开发可投资项目渠道。为了解决地方政府在气候问题上的技术和人力资源不足问题,该倡议还将与城市网络和合作伙伴合作,为地方政府提供技术支持,并在城市中建立技术和人力资源。通过全球多方利益相关者的专家社区,倡议将促进知识和最佳实践的共享,以实现城市间的相互学习。此外,该倡议还将加快城市中的技术和创新,填补研究和行动方面的空白,确保项目设计适用于最脆弱的社区,促进社区广泛参与。

资料来源:UN-Habitat and ICLEI. URL: https://unhabitat.org/sites/default/files/2023/06/cop27_surge_initiative_updated_concept_note.pdf

图9.6 SURGe倡议过程

结论

随着城市经济去碳化和推动地方气候行动的紧迫性日益增加，绿色技术和智能数字技术正加速融合。

正是这种融合为潜在的颠覆性城市转型创造了平台，使绿色转型和数字转型能够相辅相成。绿色技术可直接缓解气候变化，使城市能够实现净零排放。而智能数字技术是绿色技术的补充，可为城市提供所需的数据和意见，最大限度地提高绿色技术干预措施的效率和影响。通过大数据分析、机器学习、人工智能和数字孪生等技术，城市能够产生有针对性的、以用户为中心的解决方案，从而校准和优化城市系统。提高能源效率、监测空气质量、加强智能水资源管理和垃圾管理等仅仅是智慧城市的一部分功能。尽管这些技术在推动气候响应型城市基础设施系统中发挥了重要作用，但我们也必须认识到，它们可能使城市基础设施面临新的风险，并产生依赖性。因此，建立安全和适应性强的系统将至关重要，以确保这类技术的益处得到实现，同时不影响城市系统的安全性和效率。

重要的是，青年完全有能力在实践中推进、完善和整合此类技术，从而在地方层面提出有影响力的气候解决方案。然而，我们必须认识到，提供有关气候变化、绿色技术和可持续发展的包容性优质教育是发挥城市潜力的关键第一步。提供充分的教育和培训机会将确保青年具备必要的技术和知识，从而顺利进入绿色行业，并制定有针对性的气候解决方案。同样显而易见的是，青年（尤其是来自城市边缘化群体和社区的青年）亟需更多进入绿色就业市场的途径。城市必须努力打造便利的环境，鼓励和促进绿色数字创业，以激发年轻的城市创新者提出新的气候解决方案。

因此，青年是地方应对气候变化的重要参与者。由于他们成长于数字时代，精通各种技术，因此数字工具已成为青年动员地方气候行动的核心沟通机制。数字化在提高青年气候活动家和领袖话语权方面发挥了重要作用。数字平台和网络为青年提供了倡导、交流和制定气候解决方案的宝贵空间，但城市尚未充分利用这些数字平台来联合青年气候行动者。虽然数字工具能够开辟与青年接触的新渠道，但城市同样需要认识到数字工具可能加剧潜在的技术鸿沟。随着全球数字网络的发展，城市必须提高边缘化群体和社区的数字素养和关键数字技能，尽可能地增加让青年公民使用数字工具的机会。因此，投资用于学习和教学的数字技术已成为当务之急。加强数字合作机制，发展与青年、地方政府、私营部门、学术界和民间团体之间的战略伙伴关系，同时制定包容性的城市政策，可以进一步提高青年在地方气候行动进程中的话语权。城市和企业相互关联的知识网络将继续推动创新，增加绿色和数字技术的益处。因此，城市显然必须努力确保气候行动以使命为中心，并以青年为先锋，促进技术的战略性应用，以有效应对气候危机，并确保紧跟最新趋势。

免责声明

本出版物中名称的使用及相关内容的表述不代表联合国人居署、国际展览局、中华人民共和国住房和城乡建设部、上海市人民政府对任何国家、城市、地区及其政府的法律地位、其边界或界线的划定，以及其经济制度或发展程度的任何观点。报告的分析、结论和建议并不代表联合国人居署及其成员国、国际展览局、中华人民共和国住房和城乡建设部、上海市人民政府的观点。人名、电影、商业产品等相关内容的提及并不代表联合国人居署、国际展览局、中华人民共和国住房和城乡建设部、上海市人民政府的认可。本出版物的内容（不包括照片）可未经授权复制，但必须注明来源。

图书在版编目（CIP）数据

上海手册：21世纪城市可持续发展指南. 2024年度报告 / 联合国人居署，国际展览局，上海市人民政府主编；中华人民共和国住房和城乡建设部支持. -- 上海：上海科学技术出版社，2024. 12. -- ISBN 978-7-5478-6969-7

Ⅰ. F299.275.1

中国国家版本馆CIP数据核字第2024GM7192号

权利保留，侵权必究。

责任编辑：楼玲玲　汪　茜

上海手册——21世纪城市可持续发展指南·2024年度报告
联合国人居署　国际展览局　上海市人民政府　主编
中华人民共和国住房和城乡建设部　支持

上海世纪出版（集团）有限公司
上　海　科　学　技　术　出　版　社　出版、发行
（上海市闵行区号景路159弄A座9F-10F）
邮政编码 201101　　www.sstp.cn
上海雅昌艺术印刷有限公司印刷
开本 889×1194　1/16　印张 13.75
字数 341 千字
2024 年 12 月第 1 版　2024 年 12 月第 1 次印刷
ISBN 978-7-5478-6969-7/F·56
定价：200.00 元

本书如有缺页、错装或坏损等严重质量问题，请向工厂联系调换